Anna Mayer

Die vortheilhafteste Art billig und schmackhaft kochen zu lernen

AF131056

Anna Mayer

Die vortheilhafteste Art billig und schmackhaft kochen zu lernen

ISBN/EAN: 9783743314269

Hergestellt in Europa, USA, Kanada, Australien, Japan

Cover: Foto ©Lupo / pixelio.de

Manufactured and distributed by brebook publishing software
(www.brebook.com)

Anna Mayer

Die vortheilhafteste Art billig und schmackhaft kochen zu lernen

Die wohlunterrichtete
und
sich selbst lehrende Köchin
oder
Die Kunst

in der kürzesten Zeit, ohne alle Vorkenntnisse, auf
die vortheilhafteste Art billig und schmack=
haft kochen zu lernen. Ein unent=
behrliches Handbuch für
Hausfrauen und
Köchinnen.

Nach vieljähriger Erfahrung bearbeitet
von
Anna Mayer.

———o———

Siebente Auflage.

Neu durchgesehen und mit einem Anhange über
homöopathische Kochkunst, sowie einer Ser=
vier und Tranchirtabelle vermehrt.

———◆—◆◆—◆———

New York:
Zu haben bei A. Mayer, 240 East 55. Str.

zu haben scheint, und ich daher nicht nöthig habe, eine weitere Empfehlung vorangehen zu lassen; bemerke also nur, daß ich meine Recepte alle sehr deutlich und ausführlich abgefaßt habe, mithin weitere Erklärungen überflüssig sind; ich begnüge mich daher, einige allgemeine Verhaltungsregeln für Köchinnen folgen zu lassen.

1) Aufmerksamkeit und Ordnungsliebe sind zwei Dinge, welche einer Köchin nicht fehlen dür= fen; denn durch Unachtsamkeit und Unordnung entspringt Geld= und Zeitverlust, anderer Unan= nehmlichkeiten nicht zu gedenken.

2) Reinlichkeit ist eine der unentbehrlichsten Eigenschaften einer Köchin, da Unreinlichkeit in der Küche nicht nur den Geschmack verdirbt, son= dern auch auf die Gesundheit höchst schädlich ein= wirkt.

3) Die Geschirre, worin die Speisen gekocht und aufbewahrt werden, haben ebenfalls Einfluß auf die Gesundheit. Irdene Geschirre, so wie die von Glas, Porzellan und Steingut, sind die unschädlichsten; auch nehmen, wenn sie gut sind, die Speisen keinen Nebengeschmack davon an. Geschirre von Eisen, Kupfer und Messing sind zwar vortheilhaft zum Kochen der Speisen, doch

üffen solche stets sehr reinlich gehalten werden,
nd dürfen die Speisen, besonders säuerliche, nicht
arin stehen bleiben, indem daraus die nachtheis
chsten Folgen für die Gesundheit entstehen.

4) Jede Köchin muß natürlich genau Acht
eben, daß die Speisen nicht überlaufen, daß sie
eder zu viel, noch zu wenig, weder zu schnell
och zu langsam kochen oder braten, daß sie nicht
abrennen, und daß das Feuer ihnen angemessen
i.

5) Man dürfte es vielleicht hin und wieder
s einen Mangel betrachtet haben, daß die Per-
nenzahl, für welche die in den Recepten angege=
me Quantität ausreicht, nicht bestimmt ist; allein
) habe dies absichtlich nicht gethan, da es sich
rchaus mit keiner Bestimmtheit angeben läßt,
eil an Tafeln, wo vielleicht 8 und mehr Gerichte
sgetragen werden, bei weitem weniger von jedem
braucht wird, als an solchen, die sich auf 2 bis
beschränken. Es bleibt daher der Köchin über=
ssen, im Verhältniß ihrer Haushaltung die
nantität jedes Gerichts zu bestimmen

Zur Bereicherung dieser siebenten Auflage
be ich einige Bemerkungen über homöopathische
chkunst hinzugefügt.

Die Verfasserin.

3. Wein-Suppe mit Zitronat.

Man nimmt halb Wein und halb Wasser, thue geriebenes Brod hinein und läßt es kochen; dann schlägt man es durch, thut Zucker, Zimmet, Cardamomen, Muskatnuß, Zitronenmark und Schalen hinein, läßt es aufkochen, schneidet würflichten Zitronat in eine Schüssel und richtet die Suppe darauf an. Will man sie recht gut haben, so thut man ein wenig Ambra hinein.

4. Jus-Suppe.

Zu dieser nimmt man ein halb Pfund Rindsfleisch, auch so viel Kalbfleisch, nebst einem Stückchen mageren Schinken, alles in kleine Stücke zerschnitten, der Topf, worin es gekocht, wird zuvor mit Rindsmark belegt, und das Fleisch darauf. Zum Zusatz kommen: eine Sellerie-, Petersilien- und Bori-Wurzel, auch eine gelbe Rübe mit etwas Nägelchen; gut gesalzen und recht gut kochen lassen, bis es dunkelbraun wird. Alsdann wird Fleischbrühe darüber gegossen, bis es sich aufgelöst hat; nachher mit Fleischbrühe aufgefüllt und so lange kochen lassen, bis das Fleisch recht weich, und die Kraft herausgekocht ist. Die Suppe wird alsdann durch einen feinen Durchschlag geschüttet, etwas Butter dazu gethan, und somit angerichtet.

5. Sago-Suppe.

Der Sago wird rein ausgelesen, gewaschen und angebrühet. Wenn die Fleischbrühe siedet, so thut man denselben daran, und läßt ihn, unter öfterem Umrühren, langsam kochen, damit er nicht knollig wird, und thut ein wenig Muskatenblüthe und Salz daran; vor dem Anrichten aber ein Paar Eierdotter verkläppert, und die Suppe darüber geschüttet.

6. Sago-Suppe mit Kartoffeln.

Diese wird von Kartoffelmehl zubereitet. Bevor dieses ganz dürre ist, wird es durch einen feinen Durchschlag geschlagen, und gibt dem Sago ähnliche Körner. Wenn nun die Fleischbrühe siedet, so rührt man diese Kartoffelkörner daran, und läßt sie eine halbe Stunde mitkochen; zur wirklichen Aehnlichkeit des Sago thut man etwas Bratenbrühe bei dem Anrichten in die Schüssel, und gießt die Suppe darüber.

7. Sago-Suppe mit Milch.

Der Sago wird in Milch nebst einem auf Zitronen abgeriebenen Stück Zucker langsam weich gekocht, und beim Anrichten mit Zucker und Zimmet bestreut.

8. Sago=Suppe mit Wein.

Ein viertel Pfund gelesenen und gewaschenen braunen Sago kocht man erst in einem Topf in Wasser so lange, bis er recht dick und aufgequollen ist; dann aber kocht man ihn in einem größeren Topfe, zugedeckt, in einem Maaß rothen Wein vollends weich, und thut kurz vor dem Anrichten Zucker, Zimmet und etwas kleingeschnittene Zitronenschale daran.

9. Gebrannte Mehl=Suppe.

Man röstet weißes Mehl in einer Pfanne braun; die Pfanne darf aber nicht fettig sein, weil sonst das Mehl anhängt und anbrennt. Alsdann rührt man das Mehl in kochendes Wasser, läßt die Suppe noch ein wenig kochen, und richtet sie über in Butter geröstete Brodschnittchen an. (Oder schneidet Brod in eine Schüssel, thut ein verhältnißmäßiges Stück Butter dazu, und richtet sie an.)

10. Milch=Suppe.

Nimm ein halb Maaß abgesottene Milch, zu dieser einige Löffel voll feines Mehl, mit einem Eierdotter angerührt, und mit Milch dünne verrührt; auch wird Zucker und Zimmet nach Belieben daran gethan. Ist dieses unter beständi=

gem Rühren aufgesotten, so wird es über weiße Brodschnittchen angerichtet.

11. Blumenkohl-Suppe.

Dieser wird zuvor sauber geputzt, und in Wasser aufgesotten, solches abgegossen, und mit Fleischbrühe, einige Petersil-Wurzel und gelbe Rüben dazu, sofort gedämpft. Wenn er weich wird, streut man einen Löffel voll Mehl darüber, schüttet es zum öftern um, gießt noch so viel Fleischbrühe daran, als zur Suppe nöthig, und läßt es so lange kochen, bis der Blumenkohl weich ist. Bei dem Anrichten nimmt man zwei bis drei Eiergelb, verrührt solche bei dem Ein-schütten der Suppe, und thut in Butter geröstete Weißbrod-Stückchen in Würfel geschnitten, daran.

12. Weißkraut-Suppe.

Schneide die Blätter vom Weißkraut ganz klein, und dämpfe den Weißkohl in Butter, mit Fleischbrühe aufgekocht, und so über geröstete Weißbrodstückchen angerichtet, und mit geriebener Muskatnuß bestreut.

13. Gerstensuppe.

Für vier Personen wird ein halb Pfund Gerste genommen, diese rein gewaschen, und mit einem Stückchen Butter und kochendem Wasser unter beständigem Umrühren, an das Feuer gestellt, wenn so die Gerste gekocht hat, wird solche mit Fleischbrühe aufgefüllt ; auch eine Scheibe Zitrone nebst dem gewöhnlichen Gewürz dazu gethan.

14. Nudel=Suppe.

Zu dem Teig nimmt man zwei bis drei Löffel voll feines Mehl, etwas Salz und 2 — 3 ganze Eier, wirkt dieses unter einander zu einem Teig, und arbeitet solchen so lange, bis er recht glatt ist ; dann wird er zu mehreren Stücken zerschnitten, und ganz dünne gewalzt, auf ein reines Tuch gelegt, bis er abgetrocknet ist, somit jedes Stück mit etwas Mehl bestreut, zusammen= gerollt, und nach Belieben so fein geschnitten, als man will, in Wasser abgekocht, legt sie in Fleisch= brühe, und läßt sie noch einmal aufkochen.

15. Zwetschen=Suppe.

Von guten Zwetschen schneidet man die Kerne aus, und läßt sie in Wasser weich kochen ; dann wird es durch einen Durchschlag geschlagen ; man thut nach Belieben Zucker, Zimmet, Nelken und Wein daran, läßt dieses noch mit aufkochen,

und richtet sie über in Butter geröstete Weißbrod-
bröckchen an.

16. Hagebutten-Suppe.

Diese werden entweder frisch oder getrocknet
in Wasser weich gekocht; dann treibe man sie
mit Wein durch einen feinen Durchschlag, thut
etwas Zucker und Zimmet dazu, und läßt es bis
zum Anrichten mitkochen, welches letztere gewöhnlich über in Butter geröstete Weißbrodschnittchen
geschieht.

17. Habergrütz-Suppe.

Man nimmt Habergrütze nach Belieben, kocht
sie so lange, bis sie recht schleimig wird, und
treibt sie alsdann durch einen Durchschlag. Hierauf läßt man sie mit Butter, Salz und etwas
Zucker wieder kochen, quirlt sie dann mit einigen
Eiern und etwas süßer Milch ab, und richtet sie
über in Butter geröstete Milchbrodwürfel und
kleine Rosinen, welche man zuvor in heißem
Wasser aufgequellt hat.

18. Reis-Suppe.

Der Reis wird vorher sauber gelesen, mit
kaltem, (man kann ihn auch sogleich mit kochen-

dem Wasser abbrühen), und nachher mit kochendem Wasser abgespült, sonach wird solcher mit
Fleischbrühe und Wasser beigesetzt, auch einige
Scheiben Zitronen mit Gewürz dazu gethan,
und recht kochen lassen; wenn die Suppe nicht
stark genug ist, kann ein Löffel voll Mehl mit angerührt, und bei dem Anrichten mit etwas geriebener Muskate bestreut werden.

19. Fisch-Suppe mit Reis.

Gewöhnliche Weißfische sauber ausgeputzt und
gewaschen, mit einem Tuch abgetrocknet, thut man
mit einem Stück Butter in einen Topf, nebst etwas Petersilikraut, Salz und einer Zwiebel, läßt
den Fisch dämpfen, bis er gut ist; alsdann auf
eine Schüssel gelegt, die meisten Gräten herausgenommen, und alles in einem Mörser fein gestoßen,
treibt es durch einen dünnen Durchschlag, thut
das Durchgetriebene in einen Topf, gießt etwas
Gerstenschleim dazu, läßt es aufkochen, in eine
Suppenschüssel angerichtet, und gießt die kochende
Suppe darüber.

20. Reis-Suppe mit Krebsen.

Nimm Reis nach Gutdünken, stelle denselben
mit Wasser und Salz bei; wenn er ungefähr eine
Stunde gekocht, so nimm ein Viertelhundert Krebse

in Wasser abgekocht, zerstoßen, und mit Butter geröstet, die durchgeschlagene Brühe wird zu dem Reis geschüttet und mitkochen lassen; jedoch muß die Krebsbutter vorher abgenommen und nach dem Anrichten auf die Suppe gegossen werden.

21. Wurzel=Suppe.

Man nimt von allem Wurzelwerk, als: Sellerie, Petersilienwurzel und gelbe Rüben, schneidet es; nachdem es geputzt und gewaschen worden ist, in dünne Scheiben, und läßt es in einem Kasserole auf Kohlen in frischer Butter weich dämpfen, gießt dann etwas Fleischbrühe vollends auf, macht kleine Klößchen, läßt sie in dieser Suppe kochen, und richtet sie sodann mit Krebsbutter an.

22. Wurzel=Suppe anderer Art.

Nimm ungefähr zwei Petersilienwurzeln, zwei gelbe Rüben und zwei Sellerieköpfe, reinige und wasche dieses gehörig, alsdann mit einem Stückchen Butter geröstet, bis die Wurzeln weich sind; so= nach in Stückchen geschnittenes Weißbrod auf dem Rost gebraten, und die kochende Fleischbrühe bei dem Anrichten darüber geschüttet.

23. Gewöhnliche Rindfleisch=Suppe.

Ein gutes Stück Rindfleisch wird mehrmals

gewaschen, bis es sauber ist, alsdann wird es in einem Topf mit Wasser und Salz zum Feuer gesetzt, und recht kochen lassen; hierauf wird es abgeschäumt, Petersil, Sellerie und etwas Borie daran gethan, wieder kochen lassen, bis Alles weich ist; alsdann schneidet man Milchbrod in eine Schüssel, (man kann auch selbiges rösten), schüttet die kochende Fleischbrühe darüber, und reibt etwas Muskatnuß daran.

24. Fleischbrüh-Suppe mit Klößchen.

Diese Suppe wird, wie die vorstehende gewöhnliche Fleischsuppe bereitet. Zu den Klößchen aber wird ein halb Pfund Mark genommen, dieses ganz zart verarbeitet, unter zwei trocken geriebene Milchbrödchen gemengt, etwas Salz, Muskatnuß und zwei Eier untereinander angemacht, alsdann einige Minuten vor dem Anrichten in die Suppe gethan und aufkochen lassen.

25. Fleischbrühsuppe mit Kartoffelmehl.

Auf ein halb Maaß Fleischbrühe rührt man einen Eßlöffel voll Kartoffelmehl in kaltem Wasser klar, gießt die kochende Fleischbrühe dazu, thut einige Zitronenscheiben und klein geschnittene Zitronenschalen daran, und läßt sie damit noch einmal aufkochen.

26. Eine kräftige Fleisch-Suppe.

Ein altes Huhn, nachdem es sauber geputzt und ausgewaschen ist, wird an allen Gliedern und Knochen zu Stücken zerschlagen; man nimmt dazu nach Belieben noch so viel Rindfleisch, wie es die Haushaltung erfordert, und läßt es 3 Stunden lang mit etwas Salz kochen. Die gewöhnlichen Wurzeln werden in Butter geröstet, und über Weißbrod angerichtet.

27. Wasser-Suppe mit Brod.

Man röstet ein halb Pfund Schwarzbrod in Butter gelb-braun, thut dasselbe in verhältnißmäßig kochendes Wasser, und läßt es einige Zeit mitkochen. Die Suppe rührt man vor dem Anrichten mit Eiern ab, und thut etwas Ingwer hinein.

28. Wasser-Suppe anderer Art.

Einige Milchbrode in eine Schüssel geschnitten und auf die Kohlpfanne gestellt, mit kochendem Wasser überschüttet, damit es quillt, etwas Mehl mit Butter geröstet dazu, und bei dem Anrichten einige Eier mit Wasser und Salz angerührt, darüber geschüttet.

29. Gries-Suppe.

Man rührt in kochende Fleischbrühe 2–3 Hände voll guten Gries, läßt ihn mit klein gehackter Zitronenschale und Muskate etwas kochen, und quirlt die Suppe mit einigen Eierdottern ab.

30. Zerfahrene Eier-Suppe.

Für ungefähr 6 Personen nimmt man 8 Eier, quirlt sie mit etwas Milch, Muskate und 2 Löffel voll geriebenem Milchbrod zusammen, (auch kann man etwas kleingehackte Petersilie und einige zarte Stückchen von Sellerie dazu nehmen), gießt es in kochende Rindfleischbrühe, ohne zu quirlen, und läßt es ein wenig kochen. Beim Anrichten hat man darauf zu sehen, daß so viel als möglich, große Stücke bleiben.

31. Bier-Suppe.

Man thut in ein Maaß Bier etwas Zucker, Zimmet und Zitronenschale, und setzt es zum Feuer. In etwas Milch zerrührt man einige Eier und etwas Mehl, quirlt das Bier, wenn es zu kochen anfängt, damit ab, und richtet die Suppe über in Würfel geschnittenes Weiß- oder Schwarzbrod an. Statt der Milch kann man auch Wein nehmen, und die Eier darin zerrühren;

dann richtet man die Suppe über geröstete Milchbrodwürfel an.

32. Biersuppe auf eine andere Art.

Man nimmt ein Maaß Bier, läßt dasselbe
kochen, und schäumt es ab, thut Zucker daran, zerrührt 2 Löffel voll Mehl mit einem Schoppen
Milch, schneidet Milchbrod, so viel als nöthig in
kleine würflichte Stückchen, und thut beides, unter
beständigem Rühren, in das Bier, und läßt es
nochmals langsam kochen, bis es gar ist.

33. Chocoladen-Suppe.

Nimm eine halb Maaß Milch, wenn diese im
Kochen ist, so thue man 6–8 Loth geriebene Chocolade hinein, auch nach Gutdünken etwas Zucker,
und lasse solchen unter beständigem Umrühren noch
etwas aufkochen; dann wird sie über in Butter
geröstete Brotschnittchen angerichtet; zuvor müssen
aber noch 2 oder 3 Eierdotter daran gerührt werden.

34. Falsche Chocoladen-Suppe.

Man röstet in einem neuen Topfe einige Löffel
voll Mehl schön gelb ohne Butter, schüttet Milch
daran, etwas Zucker, gestoßenen Zimmet und
Nägelchen, und läßt solches noch eine Zeitlang

kochen, so wird, wie oben, mit 2 oder 3 Eierdotter und in Butter gerösteten Brodschnittchen angerichtet.

35. Linsen-Suppe.

Die Linsen werden rein gelesen, gewaschen, kaltes Wasser beigeschüttet und so zum Feuer gebracht, bis solche weich gekocht sind, etwas Sellerie und Fleischbrühe hinzu gethan, zuletzt wird etwas Mehl in Butter braun geröstet, läßt dieses mit aufkochen, und richtet sie an. (Die Schotenfrüchte sind auch oft besser, wenn sie mit ganz kochendem Wasser beigemacht und recht zugedämpft werden).

36. Erbsen-Suppe.

Die Erbsen werden sauber gelesen, mit lauem Wasser zum Feuer gesetzt, bis sie weich gesotten sind, dann werden sie durchgeschlagen, mit Fleischbrühe aufgefüllt, Sellerie dazu gethan, bis es recht aufgekocht hat, und so über geröstete Weißbrodstückchen angerichtet.

37. Zucker-Erbsen-Suppe.

Von gewöhnlichen Kern- oder Zuckererbsen werden die Kerne genommen, solche mit einem Stück Butter, fein geschnittenem Petersilienkraut und einigen Löffeln voll Fleischbrühe zum Feuer geſtellt, daß ſie weich dämpfen; wenn ſie nun weich ſind, werden ſie in einen Topf mit Fleiſch= brühe aufgefüllt und gekocht, bei dem Anrichten nimmt man das Gelbe von zwei Eiern, und rührt die Suppe daran.

38. Kartoffel=Suppe.

Die Kartoffeln werden abgeſchält und in vier Viertel zerſchnitten, gewaſchen und mit Salzwaſſer abgekocht; wenn ſie gar ſind, wird das Waſſer abgeſchüttet, die Kartoffeln ganz klein zerrührt, alsdann werden ſie mit Fleiſchbrühe angerührt, etwas Sellerie und Borie daran gethan, und nochmals aufkochen laſſen.

39. Kartoffelſuppe beſſerer Art.

Man nimmt verhältnißmäßig Kartoffeln; wenn ſolche roh geſchält und in kleine Würfel geſchnitten ſind, ein viertel Pfund Mark ebenfalls zerſchnitten zuſammen in den Topf gethan, doch ſo, daß das Mark unten zu liegen kommt; zu dieſem das ge= wöhnliche Gewürzel ganz fein geſchnitten, mit einem Stückchen geräucherten Fleiſch, und gießt ein wenig Fleiſchbrühe dazu mit etwas Salz. Sind nun die Kartoffeln weich gekocht, ſo wird es durch einen feinen Durchſchlag geſchlagen und

wieder in den Topf gethan; man gießt so viel
Fleischbrühe hinzu, daß sie ihre gehörige Dicke bei
dem Aufkochen erhält, und richtet sie über kleine,
geröstete, in Würfel geschnittene Weißbrodstückchen
an.

40 Eier-Gersten-Suppe.

Man nimmt 3 trockene Milchbrode, reibt sie
auf dem Reibeisen, schlägt 2 Eier dazu, macht
alsdann beides recht untereinander, läßt solches
unter beständigem Umrühren langsam in die kochende Fleischbrühe laufen, und noch langsam kochen; beim Anrichten reibt man etwas Muskatnuß daran.

41. Eiergerstensuppe auf eine andere Art.

Nimm Fleischbrühe mit einem Stückchen Butter und setze solches zum Feuer. Wenn sie siedet,
so nimmt man 3 Eier, etwas geriebenes Weißbrod
und weniges Mehl, rühre solches mit den Eiern
und der kalten Brühe an, und läßt es so, langsam umgerührt, in die Fleischbrühe laufen. Bei
dem Anrichten wird etwas Muskatnuß auf die
Suppe gerieben.

42. Sauerampfersuppe.

Nimm Sauerampfer, belese und wasche ihn

rein, alsdann hacke und verschneide denselben, röste ihn in ein wenig frischer Butter, und sobald er wohl geröstet, schüttet man Fleischbrühe daran; hernach nimmt man die Brosamen von **2 Milch-bröd**chen, thut sie daran, und läßt sie wohl kochen, daß das Milchbrod ganz glatt wird; richtet man nun an, so thue 3 Eierdotter nebst drei Löffel voll Rahm hinein, rühre es um, und thue ein wenig Muskatnuß hinzu. (Man kann auch Mehl mit dem Sauerampfer rösten, statt Milchbrod, nachdem es beliebt)

43. Körbelsuppe.

Wird ganz auf diese Art behandelt, wie die Sauerampfer-Suppe.

44. Eier-Milch-Suppe.

Ein Maaß Milch, lasse dieselbe kochen, alsdann schlage 4 Eier recht durcheinander, schütte nach und nach die kochende Milch daran, nimm etwas Rosenwasser dazu, stelle es bei Seite, lasse es kalt werden, und schneide Milchbrod hinein. Hat man mit dieser Milch oder Suppe nicht genug, so nimmt man verhältnißmäßig noch so viel Milch und Eier, als man nöthig hat, und behandelt es auf die vorhergehende Art.

45. Eierlauf-Suppe.

Man nehme einen starken Löffel voll Mehl,
einen Schoppen Milch, und 2 Eier, mache hieraus
einen Teig, setze ein Maaß Fleischbrühe zum
Feuer, lasse sie mit etwas gehackter Petersilie
recht kochen, und dann unter beständigem Umrühren den Teig in die Fleischbrühe fließen, und es
noch ein wenig kochen. Beim Anrichten reibt
man Muskatnuß darüber.

46. Krebs-Suppe.

Man rupft den Krebsen den Schwanz und die
Scheeren aus, zieht den mittleren Vogt oder sogenannten Darm heraus, kocht selbige in Salzwasser
ab, schält sie, und thut sie alsdann zur Suppe.
Den obern Theil der Krebse bricht man von einander, macht das Bittere weg, wäscht sie sehr rein
ab, und stößt sie in einem Mörser. Dieses wird
in Butter geröstet, mit Fleischbrühe aufkochen
lassen, nebst etwas abgeschälter Weißbrodkruste,
dann durch einen Durchschlag getrieben, und über
geröstete Weißbrodschnittchen mit Eiergelb in
Rahm angerichtet. (Dazu kann man noch nach
Belieben Mark- oder Fleischklösse machen).

47. Eine grüne Kernsuppe.

Man nimmt für circa 8 Personen ein viertel

Geſcheit grüne Kerne, trocknet ſie erſt, und ſtößt ſie in einem Mörſer ſo fein wie Mehl, röſtet ſelbiges in Butter, verdünnet es mit guter Fleiſchbrühe, läßt es eine Stunde kochen, durch einen Durchſchlag getrieben, und mit einigen Eierdottern angerichtet. Alsdann Butterklößchen oder geröſtetes Milchbrod darein gethan.

48. Berg-Suppe.

Eine Quantität geriebenes ſchwarzes Brod läßt man mit ſo viel Butter, daß das Brod nicht zu trocken bleibt, mit etwas geriebener Zitronenſchale, Zucker und kleinen Roſinen braten, drückt es in einen hohen Trichter, damit es einen Berg formirt, und läßt es darin erkalten. Indeſſen kocht man ein halb Maaß Wein mit eben ſo viel Waſſer (oder ſtatt deſſen auch Bier) ſoviel man zur Suppe nöthig hat. Mit Zucker und abgeriebener Zitronenſchale, Butter und Salz quirlt man vier Eierdotter und einen halben Löffel voll Mehl in ein wenig Wein oder Bier, und rührt vor dem Anrichten die Suppe damit ab; der Berg wird behutſam aus dem Trichter genommen; man ſtellt ihn in die Mitte der Schüſſel, ſchüttet die Suppe achtſam um den Berg herum, und beſtreut denſelben mit Zucker und Zimmet.

19. Zitronen-Suppe.

Man nimmt die Brosamen von einem Milchbrod, röstet solche in Butter gelb, und thut die
Butter, so noch übrig ist, davon; hernach 3 Theile
Wein, 1 Theil Wasser und das Mark aus der
Zitrone dazu gethan, und wohl zergehen lassen,
dann durchgeseiht und in einen Topf gethan, auch
noch ein Stück ganzen Zimmet und Zucker, die
Schale von einer halben Zitrone auf dem Reibeisen dazu gerieben, und beim Anrichten das Gelbe
von einem Ei daran gethan.

50. Mandel-Suppe.

Nimm eine kräftige und ungesalzene Fleischbrühe, thue feingestoßene Mandeln hinein, lasse
sie gut sieden, und reibe es durch einen Durchschlag; dann nimmt man frische Butter, Mandeln, Muskat, 3 Eierdotter und Weißbrodschnittchen geröstet, in die Schüssel gelegt und die
Suppe darüber angerichtet.

51. Kraft-Suppe.

Nimm einen Kapaun, rupfe ihn trocken, nimm
ihn sauber aus, und wasche ihn mit Wein, schneide
das Fett alles ab, und zerschlage die Beine ganz
klein; hierzu nimm ein Markbein von einem

Ochsen, das kein Fett, sondern nur etwa ein halb Pfund Fleisch hat, und von einem Kalbshals 2 Pfund, von einem Hammelskolben 1 Pfund, Alles mit Wein gewaschen und die Knochen zerschlagen, solche in eine Zinnflasche gethan, dazu ein wenig Muskatenblüthe, etwa eine Handvoll Bareßblumen und ein wenig Salz. Die Flasche wird hart zugeschraubt und in einen Topf mit Wasser gesetzt, das Wasser 12 Stunden sieden lassen, und immer mit warmen Wasser angefüllt, damit es immer im Sieden bleibt, hernach in einen steinernen Krug geschüttet und in den Keller gethan.

52. Kraft=Suppe anderer Art.

Man nimmt ein altes Huhn oder Kapaun, schlägt die Gelenke entzwei, ein Stück Rindfleisch, vom Kalbfleisch die Beine, und vom besten Gewürz, legt es in eine Zinnflasche, stellt es in einen Kessel voll Wasser und läßt es 2 oder 3 Stunden kochen. Dann nimmt man die Flasche heraus, und die Brühe ist fertig.

53. Buttermilch=Suppe.

Man nimmt ein Maaß Butter und ein Maaß süße Milch, rührt einen Löffel voll Mehl mit

Milch an, stellt sie zum Feuer, und rührt so lange,
bis es kocht. Dann schneidet man Milchbrod
würfelig, und schüttet es in die Suppe, zerrührt
4 Eierdotter, und richtet die Suppe darüber an.

54. Geriebelte Mehlsuppe.

Man nimmt 3 Löffel voll Mehl und ein Ei,
macht solches wohl untereinander, und läßt es,
wenn die Fleischbrühe kocht, unter beständigem
Umrühren hineinlaufen.

55. Geriebelte Milchsuppe.

Wird auf die nämliche Art behandelt, wie die
obige, und wenn die Milch kocht, läßt man den
Teig ebenso, wie bei der vorigen, hineinlaufen.

56. Gedörrte Zwetschensuppe.

Drei Pfund Zwetschen werden sauber gewaschen
in einen Topf gethan, ein Stück Brod hineinge=
schnitten, Wasser darüber geschüttet und einige
Stunden lang kochen lassen. Alsdann wird ein
Löffel voll Mehl mit Butter schön gelb geröstet,
von der Zwetschenbrühe daran geschüttet, und läßt
es recht stark kochen, dann über dir Suppe geschüt=
tet und angerichtet.

Auch kann man dieselbe, wenn sie besser sein

soll, durchschlagen, dann Zucker und Zimmet nebst etwas Wein dazu thun, und wieder aufkochen lassen.

57. Panadel Suppe.

Hierzu schneide man weißes Brod würflich in einen Topf, gieße gute, fette Fleischbrühe hinzu, bis das Brod durchnäßt ist, und schlage ungefähr 3 Eier darunter. Wenn Alles untereinander abgerührt ist, lasse man es ein wenig anziehen, gieße dann die siedende Fleischbrühe darüber, und lasse sie noch eine halbe Stunde lang kochen.

58. Karpfen-Suppe.

Einem zweipfündigen Karpfen zieht man, wenn er gesäubert ist, die Haut ab, und reinigt das Fleisch von den Gräten. Diese nebst dem Kopf, einigen großen Zwiebeln und einer Hand voll Petersilie werden zusammen klein gehackt, ein kleiner Kochlöffel voll Mehl und die gehackten Gräten in einem guten, großen Stück Butter gedämpft, gute Fleisch,- oder helle Erbsenbrühe daran gegossen, ein Lorberblatt und von allen Sorten ganzes Gewürz dazu gethan und recht gekocht, alsdann durch ein Haarsieb getrieben. Das Fleisch von dem Fische wird nebst etwas Petersilie und Zwiebeln ebenfalls klein gehackt und in einem Stückchen

Butter mit etwas Mehl wohl gedämpft, die durchgetriebene Brüh daran gegossen, noch eine halbe
Stunde durchgekocht, über Weißbrodschnittchen,
die in Butter gelb geröstet sind, angerichtet, und
das Gelbe von einigen Eiern darein gethan.

59. Eine gute Aalsuppe.

Man nehme für ungefähr 12 Personen 3 Pfund
Aal, schneide sie in Stücke, bestreue sie mit Salz
und lasse sie stehen bis zum Gebrauch; die Aale
dürfen aber nicht zu klein und dünn sein, sonst
haben sie keine Kraft. Dann setzt man ein Stück
Butter in einem irdenen Kasserole auf's Feuer,
thut 5–6 Hände voll klein geschnittene gelbe Rüben,
Pfeffer, Salz und etwas gehackte Charlotten
darein; ist es halb weich, so thut man eben soviel
grüne Erbsen dazu; sind selbige bald gut, werden
einige Teller voll von allen möglichen Gewürzen
und Kräutern, nämlich Sellerie, Borie, Petersilie,
Kraut und Wurzel, etwas Portlack, Basilikum,
ein Kopf Weißkraut, alles zusammen klein gehackt,
und dazu gethan, mit etwas Fleischbrühe aufgestellt und wieder eine Zeit lang kochen lassen;
alsdann einige Hände voll in Viertel geschnittene
Frühbirnen so lange mitkochen lassen, bis Alles
zusammen weich ist, zuletzt so viel Fleischbrühe

dazu gefüllt, als man zur Suppe nöthig hat, die
Aale abgewaschen, und darein nebst recht guten
Fleisch= oder Butterklößchen gar kochen lassen,
und selbige sodann undurchgeschlagen mit Mus=
katnuß, Eiergelb und Rahm, Alles zusammen in
die Schüssel angerichtet. Will man die Suppe
piquant haben, thut man zuletzt einige Löffel
Weinessig dazu.

60. Braune Suppe von Fischen zur Fastenzeit.

Für 8 Personen setzt man ein viertel Gescheit
Erbsen, nebst Wurzeln, Petersilie, Sellerie, gelben
und weißen Rüben, mit kaltem Wasser und etwas
Salz an das Feuer. Inzwischen werden zwei
Pfund Fische, (es mögen Karpfen, Barben,
Schleien oder Schnuppfische sein) geputzt, ausge=
nommen, zu Stückchen geschnitten, und mit einem
Tuche abgerieben. Hierauf nimmt man in eine
Kasserole oder breite Schachtel ein viertel Pfund
Butter, legt die Fische darein, schneidet große
Zwiebeln und von allen Arten Wurzeln darauf,
streut so viel Mehl, als zwischen 4 Finger gefaßt
werden kann, darüber, läßt sie auf starken Kohlen
dämpfen, treibt die Erbsen, wenn sie weich sind,
darüber durch, kocht alles zusammen noch eine

halbe Stunde, treibt es dann durch ein Haarsieb, erhält die Brühe heiß, und richtet sie über gebackene Erbsen an.

61. Klostersuppe mit Wein.

Für 4–5 Personen beliest man ein viertel Pfund Reis, reibt ihn mit einem leinenen Tuche rein ab, stößt ihn im Mörser, siebt ihn durch, rührt ihn mit einem Schoppen kalten Wasser an, setzt ihn auf Kohlen, rührt fleißig, daß er nicht klößig wird, thut, wenn er eine Weile gekocht hat, noch einen Schoppen weißen Wein, die Schale von einer halben, abgeriebenen Zitrone nebst Zucker dazu. Ist der Reis zu dick gekocht, so wird mit weißem Wein geholfen. Vor dem Anrichten verrührt man sechs Eiergelb stark mit kaltem Wein, gießt die gekochte Suppe langsam daran, richte sie in die Suppenschüssel an, und streut etwas gestoßenen Zimmet darüber.

62. Kalbshirn-Suppe.

Für circa 6 Personen nimmt man von zwei Kälbern das Hirn, macht das Häutchen rein davon, rührt sie dann in einer Schüssel mit einem viertel Pfund frischer Butter und 2–3 Eßlöffel voll geriebenem Milchbrod, Muskatnuß und Salz

darein, thut 3 ganze Eier und von 3 anderen das
Gelbe daran, gießt so viel Fleischbrühe in eine
Kasserole, als man zur Suppe nöthig hat, setzt
dieselbe über ein Kohlfeuer, und legt von der
Masse ein kleines Klößchen ein. Hält es sich, so
wird fortgefahren; im Gegentheil mit etwas geriebenem Milchbrod geholfen. Wenn sie alle eingelegt sind, und eine viertel Stunde gekocht haben,
richtet man sie ohne Brod in die Terrine oder
Suppenschüssel an; man kann auch ein Paar Eiergelb darein thun.

63. Hühnersuppe.

Man setzt ein halbes, altes, geputztes Huhn
(Henne) mit einer Sellerie= und Petersilienwurzel,
gelben Rüben und etwas Salz in einem anderhalb-
mäßigen Topf zum Feuer. Wenn das Huhn
weich ist, so macht man das Fleisch ab, hackt es
mit 12 geschälten Mandeln und dem Gelben von
3 hartgesottenen Eiern zusammen, stößt die Beine
davon in einem Mörser, thut hierauf das gehackte
dazu, stößt es auch noch mit, nimmt dann das
Gestoßene in eine Kachel, rührt es mit der Hüh-
nerbrühe an, läßt es noch ein wenig zusammen
kochen, treibt es dann durch ein Haarsieb, thut ein
wenig Muskatnuß darein, läßt die Brühe nur bis

3

zum Kochen kommen, und richtet sie sogleich über
geröstetes Milchbrod an.

64. Hasensuppe.

Hierzu nimmt man das Geräusche, den Kopf,
Hals, auch die vorderen Läufe, wäscht diese sauber,
zerhauet es ein wenig, setzt es in einen Topf mit
Wasser, Salz, zwei Lorbeerblättern, einer großen
mit Gewürznelken besteckten Zwiebel, etwas Thymian, Basilikum und einigen gequetschten Wachholderbeeren zu, gießt, sobald das Fleisch weich
ist, die Brühe durch einen Seiher, röstet 2 Kochlöffel voll Mehl braun in 6 Loth zuvor zerlassener
Butter, dämpft eine fein geschnittene Charlotten-
zwiebel darin, gießt die durchgetriebene Brühe
daran, läßt es noch ein wenig durchkochen, richtet
dann die Suppe über zart eingeschnittenes schwarzes Brod an, läßt sie noch auf Kohlen anziehen,
und gibt sie zu Tische.

65. Weiße gestoßene Suppe.

Man löset von Bratenresten, dieselben mögen
nun von Kapaunen, Hühnern, Indian, oder auch
nur schönem, weißen Kalbsschlegel sein, und stößt
das Fleisch mit 15–20 abgezogenen süßen Mandeln
und reinem hart gesottenen Hirn in einem Mörser wohl durcheinander, läßt sodann einen Löffel

feines Mehl in einer Kasserole mit etwas Rindsfett oder Butter anlaufen, gibt das Gestoßene
hinein, rührt es gut um, und läßt es, mit Fleischbrühe aufgefüllt, eine volle Stunde kochen. Vor
dem Anrichten würze man es mit ein wenig geriebener Muskatnuß, und seihe es durch ein Haarsieb über geröstetes Milchbrod.

66. Milzsuppe.

Man schneidet ein Milz sammt dem Netz, etwas
grüner Petersilie und Borie klein, und läßt es in
einer Kasserole mit etwas Butter und einigen
Zwiebelscheiben so lange zugedeckt dünsten, bis es
auf dem Boden bräunlich wird. Nun rührt man
ein Paar Kochlöffel roll Mehl daran, und backt
Milchbrodschnittchen in Rindschmalz. Diese nebst
den in der Kasserole befindlichen stößt man sodann
in einem Mörser klein, thut diese Masse wieder
in die Kasserole, füllt gute Fleischbrühe dazu, und
läßt sie damit gut versieden. Zuletzt seiht man die
Suppe durch einen Durchschlag, und richtet sie über
geröstete Milchbrodschnittchen an.

67. Baumwollensuppe.

Für ungefähr 6 Personen wird ein viertel Pfund
Butter leicht gerührt, hierauf schlägt man 4 Eier
darein; wenn diese wohl gerührt sind, werden 5

kleine Kochlöffel voll Mehl, Salz, Muskatnuß
und 4 Eßlöffel voll süßer Rahm dazu gethan;
sobald die Fleischbrühe kocht, wird der Teig mit
dem Kochlöffel hineingezettelt. Die Suppe darf
nicht lange kochen, so ist sie fertig.

68. Buillon auf Reisen.

Auf ein Pfund Buillon setzt man 5 Pfund mageres Rindfleisch mit 8 halben Maaß Wasser,
einer alten Henne und 2 Kalbsfüßen zum Feuer,
und läßt es ganz weich kochen, dann legt man in
eine große Kasserole auf dem Boden geschnittene
Zwiebeln, giebt dann einen zerhackten Kalbsschlegel, 2 Kalbshälse, 2 Pfund mageres Schweinefleisch, 2 oder 3 Pfund Schöpfenfleisch und einen
Schoppen Wasser darauf, und läßt es mit ein
Paar gelben Rüben, Petersilie und Pastinakwurzeln so lange dünsten, bis sich der Saft auf dem
Boden bräunlich anlegt, dann gießt man die abgekochte Fleischsuppe darüber, und läßt Alles zusammen 3–4 Stunden langsam kochen, um die Suppe
schön klar zu erhalten. Ist Alles ganz weich,
und das Fleisch fast nicht mehr genießbar, so seihet
man es durch ein feines Haarsieb, dann durch ein
feines Tuch; gießt gleich die Suppe in eine andere
Kasserole, und läßt es über gelindem Kohlfeuer

langsam so kurz einkochen, bis es einem sehr dicken
Glace ähnlich ist, und von ungefähr 8 halben
Maaß nunmehr eine bleibt; kocht dann noch eine
ganze Muskatnuß oder Blüthe damit aus, seihet
es zuletzt durch ein reines Tuch und läßt es auf
einer flachen Schüssel auskühlen. Ist es ausge=
kühlt oder gut gestockt, so macht man Täfelchen
von der Größe einer Chocoladetafel, legt sie auf,
und stellt sie an einem kühlen Ort in die Zugluft,
und bewahrt dann die gut ausgetrockneten zum
fernern Gebrauch. Noch muß man merken, daß
sie, wenn man sie auf Reisen in warmem Wasser
auflösen läßt, um schnell eine gute Suppe zu er=
halten, nicht mehr gesalzen werden dürfen, weil
sie sonst zu sauer würden; will man sie aber ver=
bessern, so kann man auch ein Paar Rebhühner,
einen Fasan oder einen Birkhahn dazu nehmen.

Kalteschalen.

---

69. Weinkalteschale mit Zitronen.

Zwei Zitronen werden auf Zucker abgerieben,
der Saft davon darauf gedrückt, halb Wein und
halb Wasser zugegossen; dann rührt man es um

damit sich der Zucker auflöst, gießt es durch ein
Haarsieb, und setzt es an einen kühlen Ort. In
die Terrine thut man entzweigebrochenen Zwieback, gießt die Kalteschale darüber, und bestreut
sie mit Zucker, wenn man will, auch mit etwas
Zimmet.

70. Erdbeeren Kalteschale.

Ausgelesene Wald-Erdbeeren thut man in eine
Terrine, gießt halb Wein und halb Wasser, welches
man mit Zucker, worauf eine Zitrone abgerieben,
versüßt, darüber, und stellt sie einige Zeit an einen
kühlen Ort. Beim Anrichten gibt man gewöhnlich
auf einem Teller noch besonders geriebenes Brod,
oder Zwieback, damit man nach Belieben davon
zusetzen kann.

71. Kirsch-Kalteschale.

Man löst völlig reife, saure Kirschen von den
Stielen, stößt sie mit den Kernen, einigen Nelken
und etwas Zimmet in einem Mörser, läßt sie
einige Stunden in einem irdenen Gefäße stehen
und preßt sie hernach durch ein leinenes Tuch.
Dann gießt man zur Hälfte rothen Wein in den
ausgepreßten Saft, versüßt ihn gehörig, läßt ihn
durch einen feinen Durchschlag laufen und servirt
ihn mit Bisquit.

72. Weinkalteschale mit Brod.

Man thut fein geriebenes Brod nebst etwas gereinigten und abgekochten Rosinen in eine Terrine, gießt zwei Theile Wein und einen Theil Wasser darüber, preßt, nach Verhältniß der Quantität Kalteschale, den Saft von einer oder mehreren Zitronen dazu und versüßt sie nach Belieben mit Zucker, auf welchem man die Zitronen abgerieben hat.

73. Bier-Kalteschale.

Man reibt Brod auf dem Reibeisen, mischt klar gestoßenen Zucker darunter, thut gereinigte, abgekochte und wieder erkaltete kleine Rosinen und abgeriebene Zitronenschale dazu, gießt das Bier darüber, rührt es um, und läßt es einige Zeit an einem kühlen Orte stehen.

74. Himbeer-Kalteschale.

Man zerquetscht in einem irdenen Gefäße Himbeeren, drückt sie durch ein Tuch, gießt die Hälfte Wein und den Saft von einer Zitrone hinzu, läßt Alles durch einen feinen Durchschlag laufen, versüßt es, und servirt es mit Mandelbrödchen.

75. Heidelbeer-Kalteschale.

Man zerquetscht die Heidelbeeren in einem

Topfe, thut etwas geriebenes Schwarzbrod, einen
Theil Waſſer und zwei Theile Wein nebſt Zucker
und Zimmet dazu, ſtellt es an einen kühlen Ort
und trägt es auf.

76. Milch-Kalteſchale.

Ein Maaß gute Milch läßt man mit auf Zitronen abgeriebenem Zucker und etwas abgeſchäl-
ten, klein geſtoßenen, ſüßen Mandeln kochen, quirlt
ſie ſodann mit 2 — 3 Eierdottern ab, gießt ſie in
die Terrine, belegt ſie mit dem von dem Eiweiß
geſchlagenen und in Milch geſottenen Schnee, und
ſetzt ſie zum Abkühlen an einen friſchen Ort. Sie
wird mit Oblaten, Zucker und Zimmet ſerviert.

Eingelegtes zu Suppen.

77. Gebackene Reisſchnitten.

Man liest und wäſcht ein Paar Hände voll
Reis, stößt ihn gröblich, läßt ihn in guter Rinds-
brühe dick einkochen und dann erkalten. Hierauf
ſchlägt man ein Stück Krebsbutter zu Milch, thut
ſo viel Eier als Löffel voll Reis dazu, wie auch etwas fein geriebenes Milchbrod, klein gehackte
Peterſilie, Salz und geſtoßene Muskatenblüthen,

streicht eine Pfanne oder eine Form mit Butter
aus, streut etwas geriebenes Milchbrod hinein,
füllt sie mit dem Teig halb voll an und backt ihn
bei gelinder Hitze im Ofen. Wenn er ausgebacken ist, schneidet man längliche Schnittchen
davon, und legt sie in die Suppe.

78. Klößchen zur Suppe.

Das weiße Hühnerfleisch wird mit einem kleinen
Stückchen sauber abgehäuteten, frischen Rinds-
Nierenfett, mit ein klein wenig Petersilie, Zitronenschale und etlichen Charlottenzwiebeln recht fein
gehackt. Wenn es halb klein ist, so reibt man
von einem kleinen Milchbrode die Rinde ab,
schneidet es zu dünnen Schnittchen, erweicht es mit
ein wenig süßem Rahm und thut es dazu. Mit
diesem wird es vollends fein gearbeitet, hernach
noch mit einem Ei im Mörser gestoßen, Salz und
ein wenig Muskatenblüthe dazu gethan. Daraus
werden kleine Klößchen gemacht und in siedender
Fleischbrühe gekocht. Sollte der Teig zu dick sein,
so kann man noch ein Ei darein schlagen; ist er
aber zu dünn, so darf noch etwas Milchbrod oder
Mehl dazu genommen werden.

78. Butter-Klößchen.

Vier Loth Butter werden zu Milch geschlagen

drei Eier dazu, so lange gerührt, bis sich Beides ganz vereinigt hat; dann 3 Kochlöffel voll Mehl und Muskat hinein gerührt, mit einem vorher in heißes Wasser getauchten blechernen Löffel kleine Klöße abgestochen, diese in kochende Fleischbrühe eingelegt und zugedeckt. Wenn sie in die Höhe kommen, sind sie gar.

80. Semmel-Klößchen.

Man schlägt ein Stück Butter zu Milch, dann einige Eier, jedoch blos von der Hälfte derselben das Weiße hinzu, schlägt es nochmals, thut geriebenes und gesiebtes Milchbrod, das man eine halbe Stunde zuvor mit etwas süßer Milch befeuchtet hat, um es aufquellen zu lassen, nebst gestoßenem Zucker, klein gehackten süßen Mandeln und Zitronenschale oder Muskate dazu, macht davon kleine, runde Klößchen und legt sie in kochende Fleischbrühe ein; sobald sie in die Höhe kommen, sind sie gar und können angerichtet werden.

Rathsam ist es, erst ein Klößchen zu kochen, um zu sehen, ob es auseinander fällt, oder fest ist, in welchem ersteren Falle noch etwas geriebenes Milchbrod, und im letzteren etwas Milch zum Teig kommen muß. Von dem Milchbrod wird, ehe man es reibt, die braune Rinde abgeschnitten.

81. Kartoffelklößchen.

Gekochte und geschälte Kartoffeln werden, wenn sie erkaltet sind, auf dem Reibeisen gerieben, so viel Eier daran geschlagen, als es große Kartoffeln waren; Salz, Zitronenschale und Muskat hinzu gethan. Aus dieser Masse, die leicht fein und sehr gut untereinander gemacht werden muß, werden Klößchen gemacht und selbige in Butter schön gelb gebacken.

82. Hirnklößchen.

Ein halbes Kalbshirn wird sauber gewaschen und abgehäutet. Bis das Wasser davon abläuft, läßt man ein Stück Butter von der Größe eines halben Hühner-Eies zergehen, aber daß sie ja nicht heiß wird; man rührt sie darnach so lange, bis sie anfängt, zu gerinnen. Mit diesem rührt man das Kalbshirn so lange ab, bis alles einander recht angenommen hat. Nun schlage ein Ei daran, schütte nach und nach eine Kaffeeschale voll Milch dazu, und rühre weißes Mehl nebst Salz und ein wenig gestoßene Muskatenblüthe darein, bis der Teig recht ist; lege die Klößchen in die kochende Brühe, und lasse sie eine halbe Stunde kochen. Man kann sie auch in Schmalz backen, aber da darf man keine Milch, sondern muß lauter Eier dazu nehmen.

83. Weiße Klößchen von Hühnerfleisch

Hacke das Brustfleisch von einer Henne mit ein wenig Zitronenschale recht fein, rühre es mit ein Paar Eßlöffel voll Milch ab, schlage 2 Eier daran, bestreue es mit einer Hand voll weißen Mehls, gieße auf das Mehl ein wenig zergangene Butter, thue Salz und geriebene Muskatnuß dazu, und rühre Alles durcheinander, lasse es eine Weile stehen, lege dann zuerst ein Klößchen in die siedende Brühe. Sollte der Teig zu fest sein, so kann man ein wenig Milch daran rühren; ist er aber recht, so lege man alle Klößchen in die siedende Brühe, und lasse sie eine gute Viertelstunde kochen. Man kann auch gebratenes Kalbfleisch dazu gebrauchen.

84. Gebackenes Kalbsgehirn.

Man häutet ein ganzes Kalbsgehirn gehörig ab, und siedet es in Salzwasser weich. Dann zerläßt man 8 Loth Butter und rührt das Gehirn mit vier in Milch geweichten, wieder ausgedrückten Milchbroden, 8 Loth fein gestoßenen Mandeln, 4 ganze Eier und 3 Dotter, auch etwas Salz darunter. Dann bestreicht man einen Topf mit Butter, streuet geriebenes Milchbrod darein, legt die Masse hinein, (das Geschirr darf aber nur halb voll werden), deckt es zu, thut oben und unten Kohlen hin, doch nicht zu viel darunter, damit es nicht anbrennt; nachdem es eine halbe Stunde gebacken hat, richtet man es in einer Suppe an.

85. Mandelbrödchen.

Auf 12–16 Loth geriebenes Milchbrod gießt man nach Gutdünken süße Milch, und rührt es über'm Feuer zu einem dicken Brei, schlägt dann 12 Loth Butter zu Milch, thut 6 ganze Eier und 4 Dotter, und zwischen jedem Ei einen Löffel voll von dem gerührten Milchbrod hinzu; hierauf 6 Loth fein gehackte Mandeln, 4 Loth fein gestoßenen Zucker und etwas klein gehackte Zitronenschale, rührt Alles zusammen eine Weile auf eine Seite, schmiert kleine, beliebige Formen mit Butter aus, und backt darin die Mandelbrödchen langsam gar.

86. Krebsklößchen.

Man rührt mit etwas geschlagener Krebsbutter kleingehackte Krebsschwänze, geriebenes Milchbrod, 2 Eier und 1 Dotter, 2 Löffel voll Milch, klein gehackte Zitronenschale und Salz, alles zusammen gewirkt; dann macht man Klößchen daraus und siedet sie in Fleischbrühe.

87. Leberklößchen.

Hacke eine Gans- oder Kalbsleber, nachdem sie

zuvor sauber gewaschen und abgehäutet ist, mit ein wenig Mark oder frischem Speck recht fein, (man kann auch einige Zwiebeln dazu thun), röste einen Kochlöffel voll Mehl schön gelb; wenn es kalt ist, so vermische es mit einer Hand voll feinem Mehl, rühre die Leber mit ein wenig Milch ab, und thue diese mit Milch abgerührte Leber auch unter das feine Mehl, schlage einige Eier hinein, nimm Salz und geriebene Muskatnuß dazu, mache indessen Fleischbrühe oder Wasser siedend und lege die Klößchen hinein. Man kann sie auch in Schmalz backen, wo man auch noch Petersilie, in Butter geröstet, dazu nehmen kann.

88. Braune Butterklößchen.

Schneide von zwei kleinen Milchbrödchen die Rinde ab, laß diese Rinde auf einem Blech im Backofen braun werden, stoße sie, wenn sie vorher kalt geworden ist, recht fein, und feuchte sie mit ein wenig süßem Rahm an. Indessen rühre 4 Loth frische Butter mit einigen Eiern ab, thue die angefeuchtete Rinde, Salz und Muskatenblüthe dazu, rühre Alles wohl durcheinander, mache kleine Klößchen daraus, lege sie in die siedende Brühe und lasse sie kochen, bis sie obenauf schwimmen.

89. Klöße mit Krebssuppe.

Es wird ein hart gewordenes Milchbrod auf dem Reibeisen gerieben, mit süßem Rahm angefeuchtet und etwas zergangene Butter dazu gethan; so läßt man es stehen. Dann wird das Weiße von 3-4 Eiern zu Schaum geschlagen, und das Angefeuchtete damit angemacht, daß es wie Klößchenteig ist, Salz und Muskatblüthe dazu gethan und in Schmalz gebacken.

90. Kalbfleischklößchen.

Es wird ein halb Pfund Kalbfleisch, nachdem es sauber gewaschen, recht klein gehackt. Wenn dieses geschehen ist, so stößt man es mit einem Stück Butter, so groß wie ein halbes Ei, in einem Mörser noch ein wenig, damit es recht fein wird. Indessen schneidet man von einem Milchbrod die äußere Rinde ab, weicht das Innere in Milch ein, drückt es wieder gut aus, rührt es mit dem Fleisch, einigen Eierdottern und einem ganzen Ei an, thut Salz und Muskatblüthe dazu, und macht kleine Klößchen daraus. Diese werden dann in kochende Brühe eingelegt, und müssen so lange kochen, bis sie oben schwimmen. Man kann sie auch in Schmalz backen. (Auf diese Art kann man auch von Rindfleisch oder von einer ungekochten Hühnerbrust Klößchen machen, die noch kräftiger sind).

91. Gebackene Erbsen zur braunen Fisch= oder Fleischsuppe.

Man macht einen ganz dicken Teig von 3 Löffel voll Mehl, 3–4 Eier, Salz und Milch), treibt ihn durch einen weiten Schaumlöffel wie Erbsen in's heiße Schmalz. Wenn nun die ganze Pfanne voll ist, und die Erbsen gelb sind, welches gleich ge= schehen ist, so nimmt man sie mit einem andern engern Schaumlöffel heraus, und macht es wie vorher, bis der Teig alle ist. Dann thut man sie in die Suppenschüssel, gießt die siedende Brühe darüber, und trägt sie gleich auf den Tisch, indem sie sonst weich werden.

92. Reisklößchen.

Man läßt Reis in Milch dick kochen, thut dann Butter, Zitronenschale, Zimmet, Eier und Salz dazu und macht kleine Klöße, läßt sie in Fleisch= brühe kochen, und thut sie zur Suppe.

93. Weiße Klöße von Fischen.

Von welcher Art Fische es auch sind, so wird ein Stück von einem Pfund in Salzwasser gekocht. Hat man von Fischen etwas übrig gelassen, so ist es auch zu gebrauchen. Man liest die Gräten sauber davon, hackt den verlesenen Fisch mit etwas Zitronenschale, Petersilie und 2 gebackenen Eiern auf einem Brett, nimmt ihn dann in eine Schüssel, übergießt eine Handvoll Weißbrodmehl mit 2 Loth zerlassener Butter, und rührt es mit drei Eiergelb nebst Salz und Muskaten an das Gehackte. Sollte der Teig noch fest sein, so wird von einem oder 2 Eiern das Weiße zu Schaum geschlagen und noch daran gerührt. Nun legt man ganz kleine Klöße davon in Erbsenbrühe.

Ist es zu keiner Fastensuppe, so kann man sie auch in Fleischbrühe sieden. Die Klöße können zu Fasten- oder Fleischsuppen gebraucht werden.

94. Griesmehlklößchen.

Man rührt 4 Loth Butter leicht, schlägt 2 große Eier darein, und thut 2 starke Eßlöffel voll Gries- mehl dazu. Man muß es entweder lange rühren oder eine Zeitlang unter einander stehen lassen, bis der Gries aufquillt; dann rührt man wieder ein wenig, thut etwas Salz und Muskatnuß da- ran, probiert einen Klöß in der Fleischbrühe, ob er nicht zerfällt, (ist dieses der Fall, so thut man noch ein wenig Gries darunter, dann erst legt man die übrigen Klöße vollends ein, und läßt sie eine Viertelstunde lang zugedeckt kochen.

4

Verschiedene Gemüse.

95. Zuckererbsen oder Zuckerschoten.

Man zieht von den Schoten die Fäden herunter
und wäscht sie ; hierauf wird in einem Topfe ein
Stück Butter heiß gemacht, die Zuckererbsen werden nebst ein wenig Petersilienkraut und Salz hinein gethan, und so eine kleine Stunde gedämpft ;
dann wird ein wenig Fleischbrühe daran gegossen,
Weißbrodmehl oder in Butter gelb geröstetes
Mehl nebst ein wenig Muskatnuß dazu gethan
und noch so lange kochen lassen, bis die Zuckererbsen weich sind.

96. Kohlraben.

Die Kohlraben schmecken am besten, wenn sie
noch jung und in einem fetten Boden gewachsen
sind ; werden sie erst alt, so sind sie gewöhnlich
holzig und unschmackhaft.

Will man die Kohlraben als Gemüse zubereiten, so schält man sie rein ab und schneidet sie in
dünne Scheiben, nimmt das Herz von dem Grünen dazu, und wäscht Alles, jedoch jedes allein.
Wenn man das Wasser abgegossen hat, streut
man unter die Kohlrabenscheiben etwas Salz,
schwenkt sie untereinander und läßt sie kurze Zeit

so stehen; hierdurch verlieren sie den unangeneh=
men, grasartigen Geschmack. Man kann sie dann
schnell abbrühen, doch ist dieses bei den Scheiben
nicht nothwendig, bei dem Grünen aber muß es
geschehen. Man kocht es nun zusammen in Fleisch=
brühe, welche gehörig gesalzen sein muß, weich,
röstet Milchbrodkrummen, und läßt die Kohlraben
damit noch einmal aufkochen. Beim Anrichten
wird Muskatnuß daran gerieben.

97. Kohlraben mit Blumenkohl.

Die Kohlraben werden, wie oben gesagt wur=
de, behandelt. Der Blumenkohl wird geputzt,
gewaschen und mit Salzwasser schnell abgebrüht,
und behutsam wieder herausgethan. Wenn die
Kohlraben gar sind, so thut man den Blumen=
kohl hinzu, läßt ihn einmal mit aufwallen, und
verfährt dabei, wie vorher gesagt wurde.

98. Spargel.

Der Spargel wird der Länge nach rein abge=
schabt, gewaschen, stets eine Handvoll mit Zwirn
zusammen gebunden, in kochendes Wasser mit
Salz gelegt, und darin weich gekocht. Dann
bringt man ihn auf eine flache Schüssel, thut den
Zwirn hinweg, und legt ihn in der Runde breit

auseinander, doch so, daß die Köpfe alle inwendig
zu liegen kommen. Nun schlägt man ein Stück
Butter in einem Topf zu Milch, thut 5–6 Eierdotter, einen Löffel voll feines Mehl und etwas
Weineffig dazu, quirlt es gut untereinander, gieß
unter Umrühren so viel kochende Brühe von den
Spargel hinzu, als man Sauce nöthig hat, bring
sie zum Feuer, und fährt mit dem Rühren fort
bis sie aufstößt. Dann richtet man sie über die
Spargelköpfe an, doch so, daß die Stiele unbe-
rührt bleiben, und streut Muskatnuß darüber.
Man kann auch Zitronensaft und fein gehackte
Schale zu der Sauce nehmen; in diesem Falle
thut man aber weniger Weineffig dazu.

99. Spargel auf eine andere Art.

Man quirlt ein Stück frische Butter, einige
Eierdotter, 1 Löffel voll Mehl, einige Löffel voll
süße Milch und Muskat zusammen, gießt die kochende Spargelbrühe unter Quirlen hinein, und
richtet sie, wenn sie aufgekocht hat, über den Spargel an. Anstatt dieser Sauce kann man auch eine
saure Milchsauce oder Butter dazu geben.

Der Spargel wird zuerst wie bei vorigem behandelt.

100. Gefülltes Weißkraut.

Man nimmt einen Kopf weißes Kraut, sticht

ʼen Torſch aus, macht die Blätter inwendig her=
ʼaus, doch ſo, daß ſie nicht von einander fallen.
Dann hackt man das Herausgenommene, und
ʼoch etwas dazu, mit einer Zwiebel klein, dämpft
es in einem Topfe oder Kaſſerole, und wenn es
beinahe weich iſt, thut man es in eine Schüſſel,
etwas Fleiſch oder Braten darunter, ſo wie etwas
geriebenes Milchbrod und Muskatnuß, auch ein
wenig Salz, bringt ſolches in den ausgeblätterten
Krautkopf, legt ein Blatt darauf, bindet es gut
mit Schnüren, und dämpft es in einer Bratpfanne
oder in einem Topfe mit Deckel in heißem Schmalz;
es muß aber nachgeſehen werden, daß er nicht an=
brennt. Man kann auch Krebsbutter oder gerö=
ſtetes Milchbrod darauf thun. Sollte die Sauce
mangeln, ſo gießt man etwas Fleiſchſuppe daran.

101. Weißkraut gedämpft.

Man ſchneidet die Köpfe, wenn ſie nicht zu groß
ſind, in vier Stücke, (man kann ſie auch in kleinere
Stücke ſchneiden), nämlich ſo viel man nöthig hat,
wäſcht ſie ſauber, legt ſie in eine Schüſſel, gießt
kochendes Waſſer darauf, deckt es zu und läßt es
eine Weile ſtehen; hernach thut man Schmalz in
einen Tiegel, und wenn es heiß iſt, drückt man
das Kraut rein aus und legt es hinein, nebſt einer

ganzen Zwiebel, salzt es und läßt es mit etwas Fleischbrühe dämpfen, thut etwas Muskat daran, und wenn es beinahe weich ist, wird Milchbrod darauf gestreut, damit die Sauce nicht zu dünn wird.

102. Gebackenes Weißkraut.

Zwei Kreuzer-Milchbrode weicht man in Wasser ein, verliest einen nicht sehr großen Krautkopf, schneidet die Rippe rein davon, hackt dann das zuvor gewaschene Kraut klein, dämpft es in einem Stück heißen Schmalz oder in einem Viertelpfund zerlassener Butter nebst einer kleingeschnittenen Zwiebel, bis das Kraut weich ist, thut dann eingeweichtes und zuvor erst ausgedrücktes Milchbrod dazu, läßt es eine Weile mitdämpfen, schlägt dann 4-5 Eier daran, und thut Salz nebst ein wenig Muskatnuß dazu. Wenn alles wohl untereinander gerührt, wird es in einer eisernen Pfanne oder Kachel mit Schmalz (Schmelzbutter) heiß gemacht, das Angerührte darein, ein Deckel mit Kohlen darauf gesetzt, und auf Kohlen langsam gebacken. Es kann auch in einem mit Butter bestrichenen Blech in den Backofen gesetzt werden. Man kann auch geröstete Kastanien und kleinwürfelig geschnittenen Speck daran thun. (Dieses gebackene

Weißkraut kann mit einer Buttersauce gegeben werden).

103. Wirschingkraut.

Nachdem man die äußeren Blätter abgeputzt hat, wird er in vier Stücke zerschnitten, gewaschen und mit kochendem Wasser an das Feuer gesetzt, wo er nur einigemal überwallen darf. Dann gießt man das heiße Wasser davon ab und kaltes darüber, drückt ihn aus und legt ein Stück dicht neben das andere in eine Kasserole, thut Butter daran, und läßt ihn mit guter Fleischbrühe weich und kurz einkochen. Zuletzt röstet man etwas Mehl in Butter lichtgelb, rührt es dazu, um der Brühe die gehörige Dicke zu geben, und läßt den Kohl damit gut durchkochen. Giebt man ihn zu gebratenen Enten, so thut man einige Löffel voll Bratenbrühe dazu.

104. Rosenkohl.

Dieser wird gerade wie das Wirschingkraut behandelt.

105. Berliner Rüben.

Sie werden rein geputzt und gewaschen, und mit kochendem Wasser an das Feuer gebracht. Wenn sie weich sind, röstet man etwas Mehl in

Butter oder Fett bräunlich, schüttet die Rüben hinein, und läßt sie darin mit einem Stück Zucker noch eine Weile dämpfen. Dann verdünnt man sie mit guter Fleisch= oder Bratenbrühe, läßt sie damit gut durchkochen, und gibt sie zu gekochtem Hammelfleisch oder Braten.

106. Hopfen.

Der Hopfen wird abgeschnitten, sauber geputzt, aus etlichen Wassern herausgewaschen und in ge= salzenem kochendem Wasser über das Feuer gesetzt. Wenn er weich ist, wird er in einen Seiher gethan zum Ablaufen, dann thut man ein Stück Butter in eine Kasserole, läßt einen kleinen Löffel voll Mehl darin anziehen, gießt gute Fleischbrühe da= ran, doch so, daß die Sauce weder zu dick, noch zu dünn wird, legt den Hopfen daran und läßt ihn langsam fortkochen.

107. Rawunzel.

Dieses Gemüs wird auf die nämliche Art zu= bereitet.

108. Blaukraut oder Blaukohl.

Dieser Kohl wird erst gelesen, klein geschnitten und in Wasser aufgekocht. Das Wasser wird dann ab und Fleischbrühe darüber gegossen. Vor dem Anrichten thut man etwas Mehl, welches man mit kleinen, geschnittenen Zwiebeln und Butter oder Rindsfett geröstet, an den Kohl, rührt ihn gut untereinander, und läßt ihn noch einmal aufkochen.

109. Gekochter Stoff- oder Kopfsalat.

Der Salat wird rein gelesen, abgewaschen, in Viertel geschnitten und in Wasser und Salz aufgekocht. Alsdann läßt man das Wasser in einen Durchschlag rein ablaufen. Während dessen werden Milchbrodkrummen in Butter gelb geröstet, der Salat dazu gethan, und recht gut aufgekocht; endlich wird noch etwas Fleischbrühe dazu gegossen, und läßt ihn dabei noch einmal aufwallen. Beim Anrichten wird etwas Rahm dazu geschüttet.

110. Antivien.

Die gelben Antivien werden 2–3mal zerschnitten, und, nachdem sie gewaschen sind, in Salzwasser gekocht, doch nicht ganz weich, und dann das Wasser rein abgeseiht. Hernach läßt man ein Stück Butter zergehen, röstet darin einen Löffel voll Mehl lichtgelb, gießt Fleischbrühe hinzu, thut die Antivien hinein, und würzt sie mit Muskatenblüthen. Man läßt sie in der Sauce nur kurze Zeit kochen.

111. Schneidkraut.

Wenn es gelesen und gewaschen, auch abgebrühet, wieder ausgedrückt und gehackt ist, wird etwas Mehl in Butter bräunlich geröstet, dämpft das Kraut mit einer fein geschnittenen Zwiebel darin, füllt es mit guter Fleischbrühe auf, und läßt es so lange kochen, bis es ganz weich ist. Beim Anrichten wird es mit Muskate bestreut. Man gibt es zu Schinken, gepöckelten oder geräucherten Zungen, Gans, Bratwürsten ꝛc.

112. Blumenkohl.

Der Blumenkohl darf im Putzen nicht zu klein geschnitten werden; denn wenn er im Brühen etwas zu weich wird, so fallen die Blumen auseinander. Man hebt ihn mit einem Schaumlöffel heraus, legt ihn auf eine Schüssel schön nieder, und macht eine weiße Sauce mit Butter, schönem Mehl und etwas Fleischbrühe, thut Muskatnuß darein und läßt ihn auf dieser Schüssel aufkochen.

113. Blumenkohl andere Art.

Der Blumenkohl wird gelesen, rein gewaschen, in große Stücke geschnitten und in einen Topf gethan, Wasser und Salz daran, und läßt ihn so lange kochen, bis er weich ist. Dann wird er zum

Ablaufen in einen Seiher geschüttet; hernach wird geriebenes Milchbrod in Butter etwas geröstet, Fleischbrühe daran gegossen, und mit etwas Muskatnuß aufkochen lassen. Hierauf kommt der Blumenkohl in den Topf, läßt ihn noch einigemal aufwallen und richtet ihn an.

114. Frische Bohnen zu dämpfen.

Wenn die Bohnen abgezogen und ganz klein der Länge nach geschnitten sind, werden sie in einem Kasserole auf Kohlen in Butter gedämpft, und ein wenig klein geschnittene Zwiebeln, Petersilie und Bohnenkraut daran gethan. Wenn sie bald weich sind, wird etwas Mehl daran gestreut, Salz und ein wenig Pfeffer dazu gethan, und mit diesem werden die Bohnen etlichemal umgerührt. Dann gießt man gute Fleischbrühe daran, und läßt sie schnell einkochen, daß sie nur noch wenig Sauce haben.

115. Eingemachte Bohnen.

Die eingemachten Bohnen werden gekocht, und wenn sie gar sind, schüttet man sie in einen Seiher, gießt kaltes Wasser darüber und drückt sie hernach gut aus. Die weißen Bohnen werden in einem andern Topf allein gekocht, dann das Wasser davon abgeschüttet. Nun wird ein Kochlöffel voll

Mehl in Butter oder Schmalz schön gelb geröstet, Fleischbrühe mit Salz und Nägelchen dazu gethan, die grünen mit den weißen Bohnen hineingeschüttet, recht untereinander gerührt, und läßt sie noch gut aufkochen.

116. Sauerkohl (Sauerkraut).

Man bringt das Sauerkraut mit Fleischbrühe oder Wasser, einem Stück guten Schweinefleisch und einem in dünne Scheiben geschnittenen Apfel an das Feuer, rührt es öfters um, und läßt es gut einkochen. Wenn es weich ist, röstet man einen Löffel voll Mehl in Schmalz gelb, thut es zum Sauerkraut, und läßt es damit noch einigemal aufkochen. Will man den Geschmack verbessern, so thut man etwas Wein daran, und läßt es damit recht durchkochen. Weil es mehr Zeit zum Weichwerden braucht, als das gewöhnliche Weißkraut, so muß man es früher an das Feuer setzen.

117. Sauerkraut mit Stockfisch.

Das Kraut wird, wie Vorgehendes, gut gekocht. Hierauf macht man 3–4 Stücke Stockfisch in heißem Wasser fertig, reinigt solche, putzt einen Hering, und schneidet ihn nebst einer Zwiebel klein, dann wird eine Handvoll geriebenes Milchbrod

in einem Viertelpfund Butter gelb geröstet, und
der geschnittene Hering und die Zwiebel darin
abgedämpft. Dies alles nimmt man bis auf
etwas Weniges das in der Kachel bleibt, heraus,
thut von dem verlesenen Stockfisch ein Geleg in
die Kachel, von dem herausgenommenen Hering
und Milchbrod wieder ein Geleg hinein, und fährt
so fort, bis beide Theile gleich alle sind. Darauf
gießt man einen halben Schöpf-Löffel voll Fleischbrühe daran, stellt es auf heiße Asche, deckt es zu,
und läßt es bis zum Anrichten stehen. Alsdann
thut man von dem gekochten Kraut ein Geleg auf
die Platte, ein Geleg von dem Stockfisch darüber,
und macht so fort, bis genug auf der Platte ist,
die dann aufgetragen wird.

118. Sauerkraut mit Kartoffelbrei.

Das Sauerkraut wird, wenn es schon alt ist,
mit kaltem Wasser einigemal überschüttet, um die
überflüssige Säure wegzunehmen, dann einige
Löffel voll Schmalz in einen Topf gethan, das
Sauerkraut dazu und so viel Wasser, bis es darüber geht. Nun wird es an das Feuer gesetzt, läßt
es gegen vier Stunden kochen, und kann vor dem
Anrichten auch geröstetes Mehl daran rühren.
Der Kartoffelbrei wird folgender Art gemacht :

Die Kartoffeln werden geschält, in vier Stücke geschnitten, gewaschen, in einen Topf gethan und an das Feuer gesetzt. Wenn sie gar sind, werden sie zerstoßen, und wenn der Brei gehörig gesalzen und angerichtet, so wird zerlassene braune Butter oder eine Zwiebel in Schmalz geröstet, darüber geschüttet.

119. Kartoffeln zu Rinds- oder Schöpsenfleisch.

Nachdem man die Kartoffeln geschält und rein gemacht hat, schneidet man sie in kleine Stückchen, gießt kochendes Wasser auf sie und läßt es darauf erkalten. Sodann gießt man es wieder ab und kochende Fleischbrühe darüber, worin man sie weich kocht. Beim Anrichten bestreut man sie mit geriebenem Milchbrod, welches nebst klein geschnittenen Zwiebeln in Butter geröstet worden ist.

Man kann aber auch die Kartoffeln erst kochen, dann so heiß und schnell wie möglich abschälen und zerschneiden, kochende, gute Fleischbrühe darüber gießen, und darin bloß einigemal aufkochen lassen.

120. Kartoffel mit Senf.

Man nimmt ein Gescheit Kartoffeln, zerschneidet solche, nachdem sie geschält, in Stücke, wäscht sie rein ab, und kocht sie im Salzwasser. Hierauf läßt man ein Viertelpfund Butter braun werden, thut ein halbes Kännchen Senf nebst etwas Essig hinzu, und richtet es über die Kartoffeln an.

121. Gestopfte Kartoffeln.

Die Kartoffeln werden abgesotten, dann geschält und geschnitten, ein Löffel voll Mehl in Butter geröstet, nebst etwas Mayeran, Pfeffer und Salz, nach Belieben auch Zwiebeln hinzu gethan, und in Fleischbrühe aufkochen lassen.

122. Kartoffeln mit Petersilie.

Die Kartoffeln werden geschält, in Stücke zerschnitten, und in Salzwasser abgekocht; sodann läßt man Butter braun werden, und thut, wenn sie recht heiß ist, klein gehackte Petersilie hinein, etwas Fleischbrühe dazu und richtet die Kartoffeln damit an.

123. Kartoffeln mit Petersilie anderer Art.

Man schält die Kartoffeln und schneidet sie in etwas große Stücke. Eine klein geschnittene Zwiebel läßt man in Fett dämpfen, thut einen halben Löffel voll Mehl hinzu, verdünnt es mit guter Fleischbrühe, thue Salz und Pfeffer daran, und läßt die Kartoffeln darin gar kochen. Dann wird klein gehackte Petersilie oder Mayeran dazu gethan.

124. Kartoffeln mit Sardellen.

Die Kartoffeln werden gekocht, geschält und in Scheiben geschnitten; die Sardellen werden rein gewaschen, von den Gräten abgezogen und in kleine Stücke geschnitten. Dann bestreicht man eine Schüssel stark mit Butter, legt eine Lage Kartoffel hinein, eine Lage Sardellen darauf, auf welche man in Butter geröstete, klein geschnittene Zwiebeln streut, hierauf mit der ersten Lage wieder anfängt und so fortfährt, bis man fertig ist. Nun bestreut man die Schüssel mit geriebenem Milchbrod, übergießt sie stark mit zerlassener Butter und einem halben Schoppen sauern Rahm, setzt sie in den Ofen und läßt sie backen, und bringt sie in derselben Schüssel zu Tische.

125. Salzkartoffeln.

Die Kartoffeln werden geschält, in vier Stücke zerschnitten, gewaschen und in Salzwasser abgekocht. Wenn sie gar sind, werden sie auf eine Schüssel gethan, etwas Fleischbrühe darüber gegossen, dann klein geschnitten und in Butter ge-

röſtete Zwiebeln darüber geſchüttet. Zu bemerken
iſt, daß man beim Kochen der Kartoffeln ſo wenig
Waſſer nimmt, als es nur immer möglich iſt.

126. Kartoffeln mit ſüßem Rahm.

Sie werden wie die vorigen, nur ohne Salz geſotten, geſchält, blattweiſe geſchnitten, in einem
Stück Butter mit Salz und Pfeffer, auch etwas
Ingwer gedämpft, und mit ein klein wenig Mehl
überſtreut. Nun füllt man das Geſchirr mit
ſüßem Rahm auf, läßt ſie kochen, verrührt das
Gelbe von 4 Eiern mit ein wenig ſüßem Rahm,
ſetzt die Kartoffeln vom Feuer ab, rührt die Eiergelb darunter, und läßt ſie dann zum Erkalten
ſtehen; ſie müſſen aber ziemlich dick ſein. Hierauf
zerläßt man in einem andern Geſchirr ein Stück
Butter, thut die erkalteten Kartoffeln darein, ſtellt
ſie auf ſtarke Kohlen, bis ſie unten eine gelbe
Kruſte haben, und wendet ſie um, daß ſie auf der
andern Seite auch gelb werden.

127. Gefüllte Kartoffeln.

Gereinigte und gekochte Morcheln werden klein
geſchnitten und mit fein gehackter Borie in Butter
gedämpft, hernach mit geriebenem Milchbrod,
einem Paar Eier, Muskatnuß und zergangener

6

Butter vermischt. Hierauf höhlt man geschält
und gewaschene Kartoffeln gut aus, füllt eine jed
mit der beschriebenen Masse, setzt von den ausge
schnittenen einen Deckel darauf, und setzt sie nebei
einander in eine Kasserole, worin Butter zerlassen
wozu noch so viel Fleischbrühe kommt, daß sie da
1 über kocht und die Kartoffeln weich werden.

128. Artischoken mit grünen Erbsei oder mit sogenannten Kernerbsen.

Man schneidet die Artischoken kurz von dei
Stengeln ab, nimmt die kleinen, harten Blätte
davon zugleich auch das Rauhe ab, und wäsch
Alles in kaltem Wasser sauber; dann werden si
mit kochendem Wasser an's Feuer gesetzt. Wenn
sie weich gekocht sind, läßt man sie durch einei
Durchschlag ablaufen. Zu den, in Wasser mi
Butter und ein wenig Zucker ganz kurz eingekoch
ten, grünen Erbsen wird etwas gute Fleischbrüh
gegossen, ein wenig mit Butter durchknetetes Meh
und fein gehackte Petersilie dazu gethan, die Arti
schoken hinein gelegt und mit den Erbsen noch ei
wenig aufgekocht.

129. Artischoken.

Die Artischoken werden in einem großen Topf

ehr weich gekocht, und die Spitzen von den Blät-
ern abgeschnitten. Dann, wenn sie weich sind,
nimmt man den Pelz davon heraus, macht eine
gute, mittelmäßig dicke Buttersauce mit Muska-
enblüthen daran, thut sie auf eine Schüssel, gießt
o viel Sauce in jede Schote, als sie erlaubt und
äßt sie dann auf Kohlen etwas anziehen.

130. Artischoken mit einer Zitronen-Sauce.

Von den Artischoken schneidet man den Stiel
ab und schneidet sie mit einem großen Messer gerade durch, so daß die Spitzen alle gefaßt werden.
Dann werden die Artischoken in's Wasser gelegt,
auf einem Brett so verkehrt ausgeklopft, daß
nichts Unreines zwischen den Blättern bleibt, und
in Salzwasser so lange gekocht, bis sich ohne
Mühe ein Blatt herausziehen läßt, dann gießt
man das Wasser ab, legt sie in kaltes Wasser,
zieht die innersten Blättchen, deren es ungefähr
6-8 sein können, auf einmal mit der Handher-
aus, daß sie nicht zerfallen, und stellt sie auf die
Seite.

Auf dem Käse der Artischoke befinden sich Haare,
die von dem Käse abgeschält werden müssen; hierauf thut man ein wenig Muskaten und Salz

auf den Käſe, ſtellt die herausgenommenen Bl
ter darein, ſetzt die Artiſchoken in-eine Kaſſer
gießt einen Schöpflöffel voll heiße Fleiſchbri
daran, und läßt ſie ſo auf der heißen Aſche ſteh
daß ſie nur immer heiß bleiben. Dann nim
man ein völliges Halbviertelpfund oder 5 L
Butter in eine kleine Kaſſerole, verknetet ei
Kochlöffel voll Mehl darin, rührt es mit 6 Ei
gelb, Musfaten, Salz und dem Saft einer hall
Zitrone wohl untereinander, gießt einen Schö
löffel voll Fleiſchbrühe daran, und läßt es un
beſtändigem Rühren auffochen. Nun ſetzt m
die Artiſchoken auf eine Platte und gießt
Sauce darüber.

131. Spinat.

Der Spinat wird rein geleſen, gewaſchen u
in kochendem Waſſer mit etwas Salz weich gefo
ſodann in einen Durchſchlag gethan, das Waſ
rein ablaufen laſſen und ganz klein gehackt. Hi
auf röſtet man eine Zwiebel mit Mehl in Fe
thut den Spinat dazu, läßt ihn recht durchröſte
und verdünnt ihn mit Fleiſchbrühe.

132. Peterſilien=Wurzeln.

Dieſe werden rein geſchabt, gewaſchen und
längliche Stückchen geſchnitten, mit kochende

ßer an das Feuer gesetzt, und dabei nur einige-
l aufwallen lassen, um ihnen den herben Ge-
mack zu nehmen; alsdann wird das Wasser
on abgegossen, giebt ihnen fette Brühe, und
t sie nun gänzlich weich kochen. Kurz vor dem
richten thut man noch etwas in Butter oder
t geröstetes Mehl und Milchbrod dazu, und
treut sie beim Anrichten mit Muskatnuß.

133. Schwarzwurzel.

Diese werden auf die oben gesagte Art behan-
t.

34. Weiße Rüben mit Kartoffeln.

Man schält die weißen Rüben und Kartoffeln,
neidet sie in längliche Stücke und wäscht beides,
t die weißen Rüben unten hin und die Kartoffel
en drauf, etwas Wasser und Salz daran und
zt sie kochen. Wenn sie gar sind, werden die
rtoffel wieder herausgenommen und zerstoßen
er zerrührt. Man kann sie auch ganz lassen
d beides mit etwas in Butter gelb geröstetem
ehl durcheinander rühren, alsdann läßt man
noch einmal aufkochen und richtet sie an.

135. Rothkraut.

Man nimmt 2 Köpfe Rothkraut, diese werden

wie Sauerkraut eingeschnitten; dann in einem
Topfe ein wenig Schmalz siedend heiß gemacht,
etwas klein geschnittene Zwiebel darein gethan,
hernach das geschnittene Kraut mit etwas Kümmel
und Salz dazu, zugedeckt und auf Kohle langsam
gedämpft. Nach Verlauf einer halben Stunde
schüttet man ein Glas voll Wein nebst einem
Löffel voll Weinessig daran, und läßt es noch eine
halbe Stunde fortdämpfen. Nun streuet man
einen Löffel voll Mehl darauf, schüttet es unter=
einander, und, nachdem es mit dem Mehl ange=
zogen, thut man ein wenig Fleischbrühe daran,
kocht es wieder so ein, daß keine Brühe mehr daran
ist, und richtet es an.

136 Blaukraut oder Winterkohl.

Für einige Personen nimmt man 4—6 schöne
Stauden Blaukraut, schneidet die Blätter vom
Stocke herunter, streift sie vom Stengel ab, putzt
das Gelbe und Unreine sauber davon weg, wäscht
das Gute davon dreimal aus frischem Wasser
heraus und läßt es ablaufen. Nun wird es mit
siedendem Wasser übergossen, zugedeckt und eine
halbe Stunde hingestellt; dann wird es wieder
fest ausgedrückt und ein wenig gehackt, in einen
breiten Topf mit einer kleingeschnittenen Zwiebel

ethan, geſalzen, ein gutes Stück ſiedendes Rinds-
tt darüber gegoſſen, und ſo lange gedämpft, bis
s weich iſt. Nun ſtreut man einen Löffel voll
Mehl darüber, ſchüttet es untereinander, und
ißt es noch einige Zeit dämpfen. Darnach gießt
man Fleiſchbrühe dazu, läßt es wieder einkochen
nd richtet es an. Man kann auch gekochte und
ngeſchälte Kaſtanien eine halbe Stunde vor dem
[a]nrichten dazu thun und mit kochen laſſen.

137. Sproſſen von Blaukraut oder Winterkohl.

Dieſe bekommt man im Frühjahre, wenn der
B[l]nterkohl wieder treibt. Man läßt ſie ganz,
[w]ie man ſie abgebrochen hat, putzt und wäſcht ſie
echt rein, brüht ſie nicht zu ſtark mit geſalzenem
[W]aſſer ab, legt ſie in kaltes Waſſer und läßt ſie
[d]urch einen Seiher ablaufen. Nun macht man
[e]ine Butterſauce auf folgende Art :

Man zerläßt ein Stück Butter in einer Kaſſer-
le, röſtet ein Paar Löffel voll Mehl darin, aber
[n]icht zu gelb, gießt ſiedende Fleiſchbrühe, etwas
Muskatenblüthe, Pfeffer und Salz dazu, legt die
Sproſſen, wenn ſie abgelaufen ſind, hinein und
[l]äßt ſie vollends recht weich kochen. (Sie dürfen
[a]ber nur bisweilen umgerührt werden, damit ſie

ganz bleiben.) Vor dem Anrichten zerrührt man einige Eierdotter mit ein Paar Löffel voll süßen oder sauren Rahm, thut von der Sauce etwas dazu, rührt sie in einem kleinen Geschirr auf Kohlen so lange, bis sie recht heiß ist, dann thut man sie zu dem Gekochten und richtet sie an.

Hat aber der Winterkohl Stengel getrieben, so bricht man solche ab, zieht die äußere Haut davon, schneidet sie in Stücke, brüht sie mit gesalzenem Wasser ab und macht dieselbe Sauce daran.

138. Römischer Kohl.

Man streift das Grüne von dem Stengel ab, zieht die Fasern so viel als möglich davon, schneidet sie in fingerlange, schmale Stückchen, kocht selbige in stark gesalzenem Wasser ab, läßt dann Mehl in Butter dämpfen, verdünnt es mit guter Fleischbrühe, thut Muskatnuß dazu und läßt die Stengel darin aufkochen; wenn man sie anrichten will, thut man sauern Rahm dazu.

139. Römischer Kohl anderer Art.

Man nimmt die Stengel nebst Blättern, zieht die Fasern sauber davon und schneidet die Stengel einigemal der Länge nach durch, dann schneidet man die Blätter nebst den Stengeln wie Schneid-

kraut, brüht es mit gesalzenem Wasser ab, schüttet
es in einen Durchschlag, kühlt es stark mit kaltem
Wasser ab, drückt es fest aus, und verfährt damit
auf oben beschriebene Weise.

140. Laubfrösche.

Dazu werden die größten Blätter vom römi-
schen Kohl genommen und die Stengel davon abgeschnitten, doch so, daß die Blätter ganz bleiben,
dann werden sie gewaschen und alle aufeinander
gelegt; man übergießt sie mit siedendem Wasser
und läßt sie weich kochen. Hierauf hebt man sie
auf einmal mit einem Fischlöffel auf eine flache
Schüssel, macht eine Fülle von trockenem Milchbrod, schält selbige rings herum ab, weicht sie in
Wasser, drückt sie fest aus, thut einige Eier, gehackte Petersilien, Muskatnuß und Salz dazu,
verarbeitet es gut durcheinander, und röstet es in
frischer Butter, bis es trocken ist. Nun nimmt
man ein Blatt nach dem andern, thut einen Löffel
voll von dem Gefüll hinein, schlägt es über einander, und setzt es neben dem andern auf eine
Schüssel, macht eine kräftige Sauce, wie zum
Blumenkohl, schüttet sie darüber, deckt es gut zu,
und läßt es auf Kohlen dämpfen, bis es gar ist.

141. Laubfrösche anderer Art.

Zwei Kreuzer-Weißbrode werden in Wasser geweicht, statt des Fleisches 6 Eier in einem Stück Butter zerrührt, bis sie hart sind, auf einem Brett mit einer geschnittenen Zwiebel und etwas Peter-silie klein gehackt. Alsdann thut man das aus-gedrückte Weißbrod nebst dem Gehackten in eine Schüssel, Salz und Muskaten darin, rührt ihn mit 4 Eiern an, macht Würstchen davon, und ver-fährt übrigens damit, wie schon oben angezeigt ist. Zu diesen können gebackene Karminaden oder Hühner gegeben werden.

142. Gefüllte Kohlraben.

Man schält die Kohlraben, schneidet an einem Ende ein fingerdickes Stück davon, höhlet sie aus so tief und weit man kann, und kocht das Ausge-hölte in Wasser gar. Dann thut man es in einen Seiher oder Durchschlag und läßt das Wasser ablaufen. Wenn dieses geschehen ist, wird es gehackt. Nun werden 2—3 Eier, so viel Löffel voll Rahm oder gute Milch, dann Milchbrod-krummen, Petersilie, ein wenig Zwiebeln und das gewöhnliche Gewürz genommen, dieses unterein-ander gemengt, und dann in Butter gebacken. Jetzt füllt man das fertige Füllsel in die ausge-

höhlten Kohlraben, legt den abgeschnittenen
Deckel darauf, steckt ein Hölzchen durch, daß es
an beiden Seiten durchgeht, und kocht es in Fleischbrühe gar. Dann macht man eine kräftige Sauce, wie zum Blumenkohl, setzt die Kohlraben ne-
beneinander auf eine Schüssel, schüttet die Sauce
darüber, und läßt es auf Kohlen aufkochen.

143. Frische Morcheln als Gemüse.

Dazu nimmt man gewöhnlich die großen Morcheln. Wenn die Stiele weg sind, verwellt man
sie in Salzwasser, drückt sie fest aus kaltem Wasser
aus, schneidet sie dann rund, aber nicht gar klein,
und thut kleingeschnittene Petersilie dazu. Sind
es viele, so thut man ein etwas großes Stück Butter in eine Kasserole, die geschnittenen Morcheln
nebst der Petersilie daran, streut so viel Mehl darauf, als zwischen 4 Fingern gefaßt werden kann,
legt Muskaten und Salz dazu, dämpft solche wohl,
und gießt gute Fleischbrühe daran; sobald sie in
kurzer Sauce eingekocht sind, werden sie angerichtet, und mit gekochtem Kalbfleisch belegt. (Beim
Sieden muß man eine Zwiebel oder einen silbernen Löffel legen; wird keins von beiden schwarz,
so ist man sicher, daß keine vergifteten darunter
sind).

144. Erdäpfel in einer Butterſauce.

Sie werden geſchabt, in 4 Schnitze geſchnitten und in Salzwaſſer geſotten ; es muß aber wohl Acht gegeben werden, daß ſie nicht verſieden. Im Sieden bekommen ſie einen ſtarken Schaum, welcher abgeſchöpft werden muß ; wenn ſie weich ſind, werden ſie in einen Seiher geſchüttet, und mit kaltem Waſſer abgegoſſen. Hierauf zerläßt man ein Stückchen Butter in einer Kaſſerole, dämpft einen Kochlöffel voll Mehl darin, thut kleingehackte Peterſilie dazu, einen großen Schöpflöffel voll Fleiſchbrühe nebſt etwas Muskaten daran und die Erdäpfel darein, kocht ſie langſam auf Kohlen und rührt ſie nicht viel, ſondern rüttelt nur das Geſchirr. Wenn ſie beim Verſuchen gehörig geſalzen ſind, werden ſie angerichtet ; iſt die Sauce noch dünn, ſo werden zwei Eiergelb daran gethan. Man belegt ſie mit Karminade oder Bratwurſt; ſie haben einen Artiſchoken-Geſchmack.

Verſchiedene Auflagen zu Gemüſen.

---

145. Hirnſchnitten.

Schnitten von Milchbrod werden geröſtet oder in Schmalz gebacken, ein Kalbshirn gewaſchen

und gereinigt, rührt es in eine Schüssel so fein
wie Teig ab, schlägt 2 Eier dazu, thut 4 Eßlöffel
voll süßen Rahm, Salz und Muskatnuß hinzu,
legt eine Wallnuß groß Butter in eine Pfanne,
läßt sie zerschmelzen, rührt das abgerührte Hirn
daran, und läßt es unter beständigem Umrühren
dick werden; (man muß aber auch Acht geben,
daß es sich nicht scheide!); hernach legt man es
auf gebackenes oder geröstetes Weißbrod und die
Hirnschnitten sind fertig.

146. Gebackenes Kalbshirn.

Wenn das Hirn gehäutet und in Salzwasser
blanschirt ist, thut man es in einen Seiher, daß
es trocken abläuft, dann nimmt man zerkleppertes
Eiweiß, wälzt das Hirn darin um, und dann mit
feingeriebenem Weißbrod und Salz bestreut, und
in Butter gebacken.

147. Kalbsmilz.

Dieses wird auf dieselbe Art zubereitet.

148. Gebackene Gansleber.

Eine Gansleber legt man auf ein Papier, sticht
mit einer Stecknadel durch und legt sie mit dem
Papier auf eine heiße Platte, damit es das Blut
herauszieht; dann thut man einen Löffel voll

Mehl in eine Schüssel, rührt es mit Milch zu einem Teig glatt, schlägt ein ganzes Ei daran, thut eine feingehackte Sardelle und Salz hinein, dunkt die Leber, welche zu viereckigen Stückchen geschnitten sein muß, darein, legt sie in heiß gemachtes Schmalz oder Butter, und bäckt sie recht schnell, damit sie nicht hart wird.

149. Gebackene Sardellen.

Große Sardellen werden rein gewaschen, und eine Stunde lang in Milch gelegt; dann spaltet man sie der Länge nach voneinander, und nimmt die mittlern Gräten heraus. Hierauf rührt man etwas Weizenmehl mit warmen Bier zu einem flüssigen Teige, taucht die Sardellen hinein, bäckt sie in Schmalz, und legt sie sodann auf Erbsen oder Sauerkohl.

150. Nudelwürstchen.

Eine Hand voll Hafernudeln kocht man in Milch mit einem Stückchen Vanille weich, thut selbige wieder heraus, und läßt die Nudeln auskühlen. Hierauf treibt man, so groß ein Ei ist, Butter ab, schlägt ein Ei und ein Eigelb hinein, und rührt die Nudeln mit etwas Zucker darein. Nun nimmt man Oblaten, streicht auf jede Nudel einen halben

Eßlöffel voll, rollt sie wie Würstchen zusammen, wälzt diese in einem zerrührten Ei, bestreut sie mit geriebenem Milchbrod, bäckt sie in Butter und giebt sie dann zu Spargeln oder Milchspinat.

151. Gebackene Fleischklöße.

Zwei Pfund junges Schweinefleisch hackt man mit in Wein geweichtem und nicht ausgedrücktem Milchbrod, Zitronenschale, Salz und Pfeffer recht fein, dazu mischt man, wenn es nöthig ist, noch ein geriebenes Milchbrod, macht runde Klößchen davon, drückt sie breit, wälzt sie erst in gerührten Eiern, hernach in geriebenem Milchbrod, und bäckt sie in Butter oder Schmalz.

152. Fleisch-Pastetchen.

Man nimmt eine Handvoll feines Weizenmehl und ein Stückchen Butter, arbeitet beides gut untereinander, macht dann den Teig mit zwei Eierdottern und 3 — 4 Löffel voll Milch schnell an, rollt ihn 2 oder 3mal wie Butterteig aus, und läßt ihn wieder zusammengeschlagen und zugedeckt eine halbe Stunde stehen. Indessen hackt man etwas kalten Kalbsbraten klein, und läßt ihn in zerschlagener Butter nebst feingehackter Zitronenschale, kleinen Rosinen, ein wenig geriebenem

Milchbrod und einem Löffel voll Wein durchdämp=
fen und hernach erkalten.   Hierauf rollt man den
Teig dünn aus, thut die Maſſe löffelweiſe darauf,
ſchlägt den Teig noch einmal darüber ſchneidet
nach einer Obertaſſe mit dem Backräbchen runde
Stückchen aus, bäckt ſie in abgeklärter Butter
oder Schmalz und legt ſie auf's Gemüs.

153. Gebackene Schweinsfüße.

Man ſpaltet die Füße voneinander, kocht ſie
mit Waſſer und Salz gar, bringt die Knochen her=
aus, beſtreicht ſie mit Butter und feingeriebenem
Milchbrod und bratet ſie auf dem Roſte.   Man
benutzt ſie als Auflage zu Gemüs oder giebt ſie
mit einer Sauce, (z. B. mit einer Kirſchſauce).

154. Gebackene Kalbsfüße.

Dieſe werden auf die nämliche Art zubereitet,
wie die vorbenannten ; nur wenn das Fleiſch von
den Knochen abgelöst iſt, werden ſie in Pfannen=
kuchen=Teig gewälzt und in Schmalz oder Butter
gebacken.

155. Frikadellen.

Zu dieſen kann man alles übriggebliebene
Rind=, Hammel= und Kalbfleiſch, ſowohl einzeln,
als zuſammen gebrauchen.   Man hackt ſelbiges

recht klein, thut ein halbes Pfund Bratwurstfülle nebst 2 in Wasser eingeweichten und wieder gut ausgedrückten Milchbrödchen, 2 Eier, Salz, etwas Pfeffer und Nägelchen hinzu, und arbeitet alles gut untereinander. Nun werden davon in der Form eines Eies, nur etwas größer, Klößchen gemacht, und in Butter oder Schmalz gebacken.

156. Kalbs-Karminaden.

Man hauet unten das dicke Bein weg und schneidet sie schön rund. Das Bein wird ganz kurz gelassen, gewaschen und das Fleischigste auf beiden Seiten mit einem nicht zu scharfen Messer gut geklopft oder darein gehackt; man muß aber acht geben, daß es nicht durchgeht. Nun werden sie mit Salz und Pfeffer auf beiden Seiten bestreut, und wenn sie eine Weile so gestanden haben, werden sie in einem verklepperten Ei umgekehrt, mit Mehl oder geriebenen Milchbrod bestreut und langsam aus dem Schmalz oder Butter gebacken.

157. Gefüllte Kalbs-Rippen.

So viel Personen, soviel Kalbs- oder Hammelsrippen klopft man stark, daß sie breit werden, salzt sie auf beiden Seiten ein, bis die Fülle gemacht

ist, nimmt zu derselben ein Pfund mageres Kalbfleisch, 4 Loth Ochsenmark, einige Charlottezwie-
beln, ein wenig Petersilie, Schnittlauch, etwas
Zitronenschale, einen Eßlöffel voll Kapern und
einen halben Häring auf ein Hackbrett, hackt es
ganz klein, dämpft es in einem Stückchen Butter,
thut es in eine Schüssel, 2 Eßlöffel voll geriebenes
Milchbrod, Muskatnuß, Pfeffer, einige gestoßene
Nägelchen und etwas Salz daran, rührt es mit 2
ganzen und 2 gelben Eiern an, streut die eine Seite
der Rippen mit geriebenem Milchbrod, auf die
andere unbestreute Seite die gerührte Masse fingerdick, nachdem zuvor auf jedes Stückchen 4 Kapern gelegt worden sind, streut sie oben auch mit
geriebenem Milchbrod, bestreicht eine Kasserole
oder ein anderes Geschirr, worauf ein Deckel paßt,
stark mit Butter, legt die gefüllten Rippen hinein,
setzt sie auf schwache Kohlen und den Deckel mit
dergleichen darauf. Wenn sie fertig sind, werden
sie ganz warm auf eine Schüssel angerichtet, mit
Petersilie und grünem Lorbeerlaub garnirt, kleingeschnittene Zitronenschalen darüber gestreut und
ganze Zitronen dazu aufgestellt.

158. Schweins-Karminaden.

Sie werden wie die übrigen zugerichtet. Wenn

sie geklopft, gesalzen und gepfeffert sind, läßt man
sie ein Paar Stunden stehen; hierauf macht man
Butter in einer Bratpfanne heiß und läßt sie darin
gelb braten. Zuletzt thut man feingeschnittene
Zwiebeln und ein klein wenig guten Essig daran
und läßt sie noch eine kurze Zeit braten.

159. Karminaden mit Flor.

Man klopft die Rippen, von welcher Fleischgat-
tung sie sind, recht durch, schabt sie ab, salzt sie ein
wenig ein, legt sie in eine mit Butter belegte Kasserole, und bratet sie auf beiden Seiten gelb.
Inzwischen hackt man 2 Loth Kapern, 2 Loth gewaschene und ausgegrätete Sardellen, etwas Petersilie und Schnittlauch, etliche Charlotten- oder
andere Zwiebeln recht fein, rührt das Gehackte mit
3 Eßlöffel voll Provenceröl 4 Löffel voll Essig und
2 Eßlöffel voll guter Fleischbrühe an, thut, wenn die
Rippen auf beiden Seiten gelb sind, die Hälfte
von dem Angerührten darauf, läßt sie noch ein
wenig dämpfen, und wenn sie fertig sind, erkalten.
Nun werden die Rippen in ein weißes Papier,
welches vorher neben in die Höhe gerichtet und
schön und rund geschnitten ist, gelegt, mit diesem
auf einen Rost gethan und nur warm gemacht.
Vor dem Anrichten wird das übrige Vermengte

vollends darüber gegossen, und sammt dem Papier aufgetragen.

160. Kalbsleber.

Die Kalbsleber wird abgehäutet, gewaschen, zu
fingerdicken Stückchen geschnitten und etliche Stunden in Milch gelegt. Hierauf läßt man in einem
glasirten Topfe oder in einer Pfanne Butter heiß
werden, nimmt die Leber aus der Milch heraus,
bestreuet sie mit feinem Mehl und geriebenem
schwarzen Brode nebst Pfeffer und Salz, thue sie
in die heiß Butter und läßt sie auf allen Seiten
schnell gelb backen.

161. Kalbsrippen mit Papier umbun-
den auf französische Art:

Die Kalbsrippen werden wohl gekocht, mit
einem Messer sauber abgeschabt und ein Paar
Charlottenzwiebeln, ein Stückchen Speck nebst ein
wenig Petersilie zusammen klein gehackt. Zu 2
Pfund Rippen weicht man ein halbes Milchbrod
in Milch ein, nimmt das Gehackte und das ausgedrückte Milchbrod in eine Schüssel, geriebenen
oder fein geschnittenen Thymian, etwas Basilikum, Salz und ein wenig Pfeffer dazu, rührt solches mit 3–4 Eiergelb untereinander, schneidet zu

jeder Rippe weißes Papier, streift das Fleisch von
den Rippen zurück, daß das Bein leer bleibt, bestreicht jedes Papier mit Butter, legt ein Stückchen frischen Speck darauf, überstreicht die Rippen
auf beiden Seiten mit der angerührten Fülle,
wickelt sie in das Papier, umbindet sie mit einem
Faden und bratet sie langsam auf dem Rost. Hierauf werden die Fäden abgeschnitten, die Rippen
sammt dem Papier auf die Schüssel gelegt und mit
Petersilie garnirt; sie taugen zu jedem Gemüse.

Saucen.

162. Zwiebelsauce.

In längliche Stückchen geschnittene Zwiebeln
dämpft man in Fett weich, thut dann geriebenes
Milchbrod dazu und läßt es härtlich rösten. Hierauf gießt man Fleischbrühe hinzu und läßt die
Sauce nur ein wenig damit kochen. Man gibt sie
zu gekochtem Enten= und Schweinefleisch.

163. Ragoutsaucen.

Man röstet einige Löffel voll Mehl in Butter
braun und verdünnt es mit guter Fleischbrühe,
dann thut man Essig, ein Glas Wein, 2 Lorbeer-

blätter und etwas Charlotten oder eine Zwiebel
dazu, läßt es gut aufkochen, und kann dann jeden
übrig gebliebenen Braten, als Kalbs= und Schwei=
nebraten, auch Wildbrett in Stücke hineinschnei=
den, und dann so auftrazen.

164. Kirschsauce.

Es werden 1 Pfund süße und 5 Viertelpfund
saure, frische Kirschen ausgekernt und die Kerne
davon in einem Mörser gestoßen.   Dann kocht
man sie nebst dem Fleische der Kirschen und etwas
geriebenem, in Butter gerösteten Milchbrod in 1
Schoppen Wein und 1 Schoppen Wasser, treibe
nachher die Sauce durch einen feinen Durchschlag,
thut abgeriebene Zitronenschale, Zitronensaft, ge=
stoßenen Zimmet, einige gestoßene Nelken nebst
hinreichendem Zucker dazu, und läßt Alles zusam=
men noch etwas einkochen.

165. Rahmsauce

Man nimmt ein Stückchen Butter, rührt sie
nebst einem Löffel voll feinem Mehl mit ein wenig
kaltem Wasser und Weinessig gut zusammen, gießt
dann einen halben Schoppen dicken, sauern Rahm
hinzu, und läßt es unter beständigem Rühren
aufkochen.   Vor dem Anrichten rührt man sie mit

einigen Eierdottern ab; doch kann man diese auch bald dazu thun und mit aufkochen lassen. Die Sauce wird zu Spargeln, gebartenen Kalbfleisch u. dgl. gegeben.

166. Kalte Sauce über Rindfleisch.

Man nimmt ein Paar Löffel voll starken süßen oder jungen sauern Rahm, einen Löffel voll Provenceröl, etwas kleingehackte Zwiebeln, Pfeffer, Petersilie, Sardellen, Milchbrodkrummen und ein hartgesotenes, kleingehacktes Eierdotter, rührt Alles gut untereinander, und gibt es kalt auf den Tisch.

167. Gewöhnliche Weinsauce.

Man reibt in einem Topfe ein Stückchen Butter zu Milch, rührt 4 Eierdotter, etwas Wasser und einen halben Löffel voll Mehl hinein, gießt kochenden, weißen Wein langsam hinzu und läßt die Sauce nebst Zucker, gestoßenem Zimmet, Zitronenscheiben und Zitronenschalen, unter beständigem Rühren aufkochen. Man gibt sie zu Pudding und andern Mehlspeisen, wie auch zu Hecht und Barben, doch bleibt bei letztern der Zimmet weg.

168. Rothe Weinsauce.

Gereinigten Sago setzt man mit Zitronenschale

und rothen Wein kalt an's Feuer und läßt ihn
langsam kochen. Zuletzt thut man Zucker und ge=
stoßenen Zimmet hinzu; diese Sauce eignet sich
vorzüglich zu n englischen Pudding.

119. Hagenbutten=Sauce.

In einem Schoppen Wasser kocht man einen
halben Schoppen rein gewaschene Hagenbutten
nebst der braunen Kruste von zwei Milchbroden.
Wenn sie recht weich sind, treibt man sie in einem
Schoppen Wein durch einen feinen Durchschlag,
läßt sie mit kleingehackter Zitronenschale, Zucker
und gestoßenem Zimmet recht durchkochen. Man
giebt sie zu verschiedenen Puddings und Auflagen.

170. Gelbe Roberts=Sauce.

Einen Löffel voll Mehl und einige Eierdotter
quirlt man etwas Wasser, thut etliche Löffel
voll Senf, etwas Essig und Zucker dazu und
rührt es auf dem Feuer ab.

171. Spanische Sauce.

Man hackt einige Sardellen mit einem Stück=
chen frischer Butter klein, und dämpft sie mit klein=
gehacktem Schinken, Charlotten und etwas Baum=
öl braun. Hierauf gießt man Fleischbrühe hinzu,
läßt es gut kochen und treibt es durch einen Durch-

schlag. Nun thut man einige Gläser Wein, etwas Zitronensaft und Champignons daran und
läßt es noch einmal aufkochen.

172. Eine Sauce über Geflügel.

Man schneidet das Beste von dem übrig gebliebenen Geflügel ab und hackt das Uebrige ganz
klein. Nun werden Zwiebeln und Möhren in
Butter gedämpft, etwas Mehl und einige Gläser
Wein hinzu, thut gröblich geschnittene Charlotten
daran und läßt es mit einigen ganzen Nelken und
ganzen Pfeffer weich kochen. Wenn es weich ist,
schlägt man es durch einen Durchschlag, thut einige
Zitronenscheiben und Lorbeerblätter dazu, das
geschnittene Fleisch hinein und läßt es noch einmal
aufkochen. (Mit übrig gebliebenen Hasen kann
man auf die nämliche Art verfahren).

173. Milchsauce mit Krebsbutter.

Ein Stückchen Krebsbutter, 4 Eierdotter, ein
wenig kalte Milch, einen Löffel voll Kartoffelmehl
und etwas Muskate rührt man gut zusammen,
gießt 1 Schoppen kochende süße Milch hinzu, und
läßt Alles über Feuer unter stetem Rühren auf-
stoßen. Beim Anrichten begießt man die Sauce
mit Krebsbutter. (Auch kann man Krebsschwänze

hinein legen). Man kann sie zu allen Arten Krebsspeisen, auch zu Blumenkohl geben.

174. Milchsauce.

5 Eierdotter werden mit einer Messerspitze voll Mehl, etwas kalter Milch und ein wenig Salz gut durchgequirlt; ein Schoppen kochende Milch, in welche man ein auf Zitronen abgerie= benes Stück Zucker gethan hat, wird unter Rühren an die Eier gegossen und damit fortgefahren, bis die Sauce aufstößt. Man giebt sie zu Pudding, Plinzen und dergleichen.

175. Milchsauce auf eine andere Art.

Ein halbes Maaß Milch wird mit einem Stück Butter und ein wenig klar gehackten Petersilie gut durchgekocht und mit 6 Eierdottern abgezogen. Beim Anrichten thut man rein gewaschene, ge= kochte, in Butter gedämpfte und kleingeschnittene Morcheln hinein und giebt die Sauce zu Hecht, Schleien, Stockfisch und dergleichen.

176. Charlottensauce.

Man lasse in einer Kasserole etwas Butter zergehen, rühre etwas Mehl und eine Hand voll kleingehackte Charlotten hinein, gieße Fleischbrühe darauf, und lasse es etwas dick kochen; zuletzt gießt man noch Weinessig nach Gefallen hinzu und läßt es noch einmal aufkochen.

177. Zitronensauce.

Man rührt etwas Mehl in Wasser ab, schlägt dann 3 — 4 Eierdotter dazu und läßt es auf dem Feuer mit kochender Fleischbrühe oder Wasser, wozu man zur Hälfte Wein nehmen kann lang- sam, etwas dick kochen. Wenn dieses geschehen ist, so thut man ein Stückchen Butter, die abge- riebene Schale von einer Zitrone und deren Saft hinzu und rührt es um. Man kann sie auch mit Zucker versüßen.

178. Senf-Sauce zu Fischen.

Man setzt halb Fischbrühe, halb Wein nebst etlichen Löffeln voll zubereiteten Senf, Zitronen- scheiben, Zucker und einem Stückchen Butter an das Feuer, quirlt einige Eierdotter mit etwas Mehl und Wasser klar, gießt die kochende Sauce hinein und läßt sie unter beständigem Umrühren aufkochen. Sie ist vorzüglich zu Zander, Hecht und Aalraupen, wie auch zu Bratwürsten, wenn man, statt der Fischbrühe, Fleischbrühe dazu nimmt.

179. Speckſauce.

Man ſchneidet ein Stück Speck in kleine Würfel, bratet ihn und röſtet ſo viel Mehl darin braun,
als man zur Sauce nöthig hat. Hierauf gießt
man nach und nach Fleiſchbrühe hinein und rührt
es auf dem Feuer recht durch, damit es keine
Klümpchen erhält, thut noch Weineſſig, Zucker,
geſtoßenes engliſches Gewürz und Nelken hinzu,
und giebt die Sauce, wenn ſie gut durchgekocht
iſt, zu Aalraupen Barben und Schleien u. dgl.

180. Sauerampfer-Sauce.

Man wäſcht Sauerampfer und hackt ihn ziemlich fein. Hierauf röſtet man in Butter Mehl
gelb, thut den Sauerampfer dazu und läßt ihn damit eine gute Weile dämpfen; dann gießt man
gute Fleiſchbrühe hinzu, läßt ihn damit etwas kochen und thut zuletzt noch Muskatnuß und ein
wenig ſüße Milch dazu, womit die Sauce nur einmal aufkochen darf; ſie paßt zu Rind- und Läm-
merfleiſch.

181. Capernſauce.

Man läßt in zerlaſſener Butter 2 — 3 Löffel
voll Mehl durchſchwitzen, ſchüttet eine Hand voll
recht-klein geſchnittene Capern dazu und läßt ſie

eine Weile darin dämpfen ; dann thut man gute Fleischbrühe, etwas Weinessig und Pfeffer dazu, läßt Alles zusammen aufkochen und richtet die Sauce an.

182. Trüffelsaucen.

Zwei Loth Trüffeln kocht man in einem Schoppen Wein, röstet etwas Mehl in Butter gelb, dämpft einige kleingeschnittene Tharlotten darin und thut gute Fleischbrühe, Zitronenscheiben, Muskatnuß, Pfeffer und einige Nelken hinzu. Zuletzt giebt man die Trüffeln nebst dem Weine dazu und läßt Alles zusammen gut durchkochen. Auch kann man übrig gebliebene Gänse- oder Entenbrühe zur Verbesserung des Geschmacks dazu nehmen, und das übrig gebliebene Gänse- oder Entenfleisch, wozu die Sauce gebraucht wird, darin aufkochen lassen.

183. Senf=Sauce.

Auf den Senf gießt man etwas Wein, thut ein Stück Butter und Zucker dazu und läßt es einige Zeit kochen. Mann kann auch die Butter zerzehen lassen, und sie mit gestoßenem Zucker zu dem Senf rühren, ohne es kochen zu lassen.

184. Petersiliensauce zu Hammelfleisch.

Man nimmt das abgeschöpfte Fett von gekochtem Hammelfleisch, dämpft einige Löffel voll Mehl darin, doch so, daß es weiß bleibt, dann verdünnt man es mit guter Hammelfleischbrühe thut Muskatnuß und gehackte Petersilie dazu, läßt es nicht zu lange kochen, damit die Petersilie schön grün beibt. Wenn man dicke Petersilienwurzel hat, so läßt man das Grüne weg und schneidet die Wurzeln in dünne, runde Scheiben, kocht sie in obiger Fleischbrühe gar und verfährt damit auf obenbeschriebene Weise.

185. Petersiliensauce.

Man reinigt die Petersilie, wäscht sie, hackt sie recht fein und läßt sie mit Butter dämpfen. Man kann auch einen Löffel voll Mehl dazu nehmen. Hierauf gießt man kochende Fleischbrühe zu und läßt es zu einer ziemlich dicken Sauce einkochen.

Wenn man diese Sauce zu Fischen geben will, so gießt man etwas Fleischbrühe hinzu, doch nicht zu viel, damit die Sauce nicht zu stark wird. (Nach Belieben kann man auch zur Petersilie etwas fein gehackte Zwiebeln nehmen).

186. Austernsauce.

Man nimmt eine gewisse Anzahl Austern, nachdem man viel oder wenig Sauce machen will,
löset sie aus, nimmt die Bärte hinweg und behält
den Saft davon zurück; dann läßt man in einer
Kasserole Butter zergehen, dämpft die Austern
ein wenig darin, thut nach Verhältniß derselben
feingeriebenes Milchbrod und Zitronenschalen
dazu und läßt Alles zusammen noch etwas dämpfen. Hierauf giebt man Fleisch- oder Bratenbrühe,
Zitronensaft, den Saft von den Austern, Wein
und Muskate hinzu und läßt Alles mit einander
ein wenig aufkochen. Man giebt diese Sauce gewöhnlich zu gebratenen Kapaunen.

187. Sardellensauce zu Rindfleisch.

Vier Loth Sardellen, einige Charlotten, eine
Handvoll Petersilie, die Schale und das Mark
von einer halben Zitrone hackt man recht fein,
röstet Mehl in Butter gelb, läßt das Gehackte
darin dämpfen, gießt so viel Fleischbrühe hinzu,
daß die Sauce nicht zu dick wird, und thut vor
dem Anrichten noch Muskatnuß daran.

188. Braune Sardellensauce.

Man röstet das Mehl in Butter schön braun,

verdünnet es mit Fleischbrühe, und thut dazu noch
Nelken, Zitronen und Wein ; die Sardellen löst
man von den Gräten ab, läßt sie eine Weile in
frischem Wasser, damit sich das Salz heraus zieht,
dann schneidet man sie zu dem Uebrigen, und
läßt es gut aufkochen.

189. Eine gute Sauce zu allen kalten Braten und Rindfleisch.

Man nimmt die Milch aus einem Häring, zerdrückt sie zu Brei, verrührt einen Löffel voll
Baumöl dazu, dann einen Löffel voll sauern,
Senf, einen Löffel voll Kapern, etwas Pfeffer,
von 2 hartgesottenen Eiern das Gelbe, ebenfalls
zart zerdrückt, dann Petersilie, Schnittlauch,
Bimbernel, Kreße und Zitronenschale, dieses und
4 Loth Sardellen, dann die Hälfte vom Häring,
wird recht fein gehackt; dies miteinander wird
nun mit Essig verdünnt, damit die Sauce nicht zu
dick ausfällt.

190. Sauce zu jungen Hühnern.

Man stößt im Mörser geweichte und ausgedrückte Milchbrodschnitten mit 2 oder 3 hartgesottenen Eierdottern fein zusammen, seihet es durch
ein Sieb, gibt das Durchgeseihte in ein Stück zer-

laſſener Butter und läßt es anlaufen, gibt dann
Suppe und etwas Muskatenblüthe, ein wenig
Limonienſaft dazu, und iſt die Sauce zu dick, ſo
verdünnt man ſie durch Fleiſchbrühe. Auch zu
gedünſteten Hühnern wird dieſe Sauce gegeben.

Verſchiedenes Fleiſchwerk und Ragout.

1 Rindfleiſch.

191. Rindfleiſch auf gewöhnliche Art.

Das Rindfleiſch muß, wenn es recht ſchmackhaft
ſein ſoll, einige Tage gehangen haben, dann wird
es vor dem Waſchen recht tüchtig geklopft, damit
es mürbe wird, und mit kaltem Waſſer beizeſetzt.
Wenn es zu kochen anfängt, ſo wird es rein abge=
ſchäumt, das gewöhnliche Gewürz und von allen
Arten Wurzeln und Zwiebeln daran gethan;
(nachdem man es gerne ißt, kann man eins oder
das andere weglaſſen.) Das Salz muß, wenn
es bald weich werden ſoll, ſpäter dazu kommen.
will man mehr ein kräftiges, ſchmackhaftes Fleiſch
als Brühe haben, ſo deckt man den Topf nicht zu;
ſieht man aber mehr auf eine ſtarke, kräftige

7

Brühe, so muß es fest zugedeckt, langsam 3—4 Stunden, nachdem das Stück klein oder groß ist, kochen. Nach einigen Stunden wird das Fett davon abgeschöpft und das Fleisch gewendet. Sollte man nun Brühe abgießen wollen, oder wäre dieselbe so eingekocht, daß das Fleisch nicht völlig damit bedeckt wäre, und also trocken werden könnte, so muß man kochendes Wasser hinzu gießen welches man jederzeit hierzu, so wie zum Hinzu= gießen an andere Speisen, bereit halten muß. Beim Anrichten muß die schönste Seite des Feisches oben zu liegen kommen, welche man, so wie den Rand der Schüssel, mit grüner Petersilie belegt.

192. Gerolltes Rindfleisch.

Man schneidet ein gutes, aber mageres Stück Rindfleisch, (gewöhnlich vom Pastenstück), in dünne, lange Schnitten, salzt sie ein und klopft sie recht gut. Dann hackt man ein Stückchen gekochtes Rindfleisch, eben so viel Schweinefleisch, ein wenig Rinds=Nierenfett, Zitronenschale, Petersilien und Zwiebeln fein, thut in Milch geweichte und wieder ausgedrückte Milchbrode, 3 ganze Eier, ein wenig Rahm, Salz und das Gelbe von 3—4 Eiern dazu, rührt Alles gut zusammen und streicht es auf die Schnitten. Nun rollt man sie zusammen, legt sie

in eine Kasserole nebst Lorbeerblättern, Zitronenschale, Zwiebeln, Nelken, ein wenig ganzen Ingwer und ganzen Pfeffer, gießt etwas Rindfleischbrühe, Essig und einen Theil Wein darauf, deckt
die Kasserole fest zu und läßt das Fleisch recht gut
dämpfen. Wenn es gehörig weich ist, nimmt
man es heraus, rührt etwas in Butter lichtbraun
geröstetes Mehl in die Sauce, seihet sie, wenn sie
gehörig eingekocht hat, durch ein Sieb über das
Fleisch, läßt es noch einmal aufwallen und trägt
es auf. Man kann es auch kalt, in Scheiben geschnitten, mit Senf oder Essig und Pfeffer zum
Gemüse geben.

193. Gerolltes Rindfleisch auf eine andere Art.

Man nimmt Rindfleisch, so wie das Obige,
schneidet es in handbreite Stücke, so viel man
nöthig hat, wäscht solche und klopft es wohl mit
dem Rücken eines Hackmessers, salzet und bestreut
es mit allerhand gutem Gewürz, belegt es auch
mit kleinen Stückchen Speck, rollt es dann zusammen und bindet jedes Stück mit einem starken Faden; so legt man es in einen Tiegel in heißes
Schmalz und läßt es in seiner eigenen Sauce mit
einer Zwiebel und einigen Lorbeerblättern dämp-

fen. Wenn es beinahe weich ist, gießt man etwas Fleischbrühe und ein Glas Wein daran, und wenn es fertig ist, nimmt man das Fleisch heraus und die Fäden davon hinweg, legt es auf die Schüssel und gießt die Sauce durch einen Durchschlag darüber.

194. Rindfleisch mit Wein.

Ein Stück Rindfleisch von der Brust oder Ober-schale klopft man gut, wäscht es rein ab, salzt es ein und legt es in ein dazu passendes Gefäß. Sodann gießt man Wein darauf, thut Lorbeer-blätter, gröblich gestoßene Nelken, englisch Ge-würz, Cardamomen und Muskatenblüthen hinzu, und läßt es an einem kühlen Orte einige Tage und Nächte zugedeckt stehen. Man darf jedoch nicht unterlassen, es während dieser Zeit einigemal umzuwenden, damit sich der Wein recht hineinzieht. Wenn es verspeiset werden soll, setzt man es mit dem Weine, worin es gelegen hat, und der Würze nebst einer in Scheiben geschnittenen Zitrone, wohl zugedeckt zum Feuer und läßt es langsam weich kochen. Wenn das Fleisch gar ist, verdickt man die Sauce mit einigen Löffeln voll trocken geröste-tem Mehl und läßt sie noch ein wenig durchkochen. Beim Anrichten belegt man das Fleisch mit Zit-

ronenscheiben und gießt etwas Sauce darüber, da=
mit es nicht trocken aussieht. Man seihet die
Sauce durch einen feinen Durchschlag und giebt
sie besonders zum Fleisch.

195. Gesalzenes Rindfleisch.

Ein Stück Rindfleisch aus der Keule salzt man
gut ein, legt es in ein Geschirr, einen Deckel darü=
ber, den man mit einem Stein beschwert, und läßt
es an einem kühlen Orte 2–4 Wochen stehen. Nun
kann man es entweder in Wasser kochen und
mit Gemüs oder mit einer Sauce auf die
Tafel geben, oder auch in Weinessig und Wasser,
zu gleichen Theilen, mit ein wenig Mohrrüben
und Sellerie in einer Kasserole weich dämpfen.
Dann nimmt man das Fleisch heraus, rührt einige
Löffel voll gebräuntes Mehl ein, gibt es zur Sauce
und richtet sie, wenn sie damit aufgekocht hat, durch
einen feinen Durchschlag über das Fleisch an.

196. Rindfleisch mit Sardellen.

Man hauet das Fleisch in Stücke, wäscht es und
siedet es in gesalzenem Wasser, jedoch nicht ganz gar.
Hernach legt man es in eine Kasserole, gießt etwas
von der Brühe daran, thut ein Stück Butter und
geschnittene Muskatenblüthen dazu, und läßt es
damit eine Weile kochen. Nun thut man zu 2 Pfund

Fleisch 4–8 Loth gewaschene und von Gräten ge=
reinigte Sardellen, geschnittene Zitronenschalen
nebst dem Saft, und läßt es damit vollends auf=
kochen; es darf aber nur noch wenig Brühe haben·

197. Gedämpftes Rindfleisch.

Man klopfe ein fleischiges Stück Rindfleisch recht
stark, dann wird es sauber gewaschen und mit
Speck und Zitronenschalen gespickt. (Man kann
den geschnittenen Speck vor dem Spicken in unter=
einandergemischtem Salz, gestoßenen Nelken und
Pfeffer umrühren). Wenn dieses geschehen ist,
so legt man in eine Kasserole auf den Boden,
kleine Hölzer, etwa einen halben fingerdick, das
gespickte Fleisch darauf, salzt es aber nicht stark,
gießt Fleischbrühe und Essig, wenn man will auch
Wein dazu, und die Brühe in der Kasserole so
hoch herauf, als das Fleisch geht, thut etliche ge=
schälte und mit Nelken bestreute Zwiebeln, einige
Lorbeerblätter, Zitronenscheiben und ein Stück
Speck dazu, und läßt es zugedeckt kochen, bis es
weich ist. Hernach gießt man die Brühe herunter,
schöpft das Fett davon wieder in das Geschirr,
worin das Fleisch gedämpft worden ist, läßt es
heiß werden, bestreut das Stück Fleisch mit Mehl
und legt es hinein, daß es gelb wird. Dann gießt

man die vorige Brühe durch einen Seiher wieder
daran, und läßt es noch eine Zeitlang kochen.
Sollte die Sauce nicht braun genug sein, so kann
man etwas Zucker daran brennen; wer das Saure
liebt, kann eine halbe Stunde vor dem Anrichten
ein wenig Essig oder Zitronensaft an die Sauce
thun und hernach das Fleisch, mit geschnittenen
Zitronenschalen bestreut, auf den Tisch geben.

198. Boeufsteaks.

Man schneidet von dem sogenannten Hasen unter dem Nierenbraten vom Rindfleisch drei fingerdicke Scheiben, klopft solche mit Salz und Pfeffer
recht ein, und bratet sie unter öfterem Beträufeln
mit Bratensauce auf dem Roste. Es darf aber
nicht zu stark ausgebraten werden, damit es saftig
bleibt. Hierzu werden geröstete Kartoffeln gegeben.

199. Boeufsteak mit Austernsauce.

Man gießt die den Austern eigene Flüssigkeit
von ihnen ab, seihet sie durch, wäscht die Austern
in kaltem Wasser sehr rein, während man die
Flüssigkeit mit Muskatenblüthe, Zitronenschalen,
Rahm und Butter, in welche man etwas Mehl
gegeben hat, unter beständigem Umrühren einmal
aufsiedet. Im Augenblicke des Anrichtens gießt
man die Austernsauce auf ein gut gebratenes und
gewürztes Boeufstak.

200. Boeuf a la Mode.

Man nimmt hierzu ein Stück Fleisch ohne Knochen, besonders aus den Lenden und dergleichen,
legt es 14 Tage in Essig, dann besteckt man es
mit fingerlangen Stückchen Speck recht dick, legt
einige reingewaschene Speckschwarten unten in
einen Topf, das Fleisch darauf; dazu kommt noch
1 oder 2 Zwiebeln, ganzer Pfeffer, Nelken, Muskatenblüthen und Lorbeerblätter, eine gelbe Rübe
und ein Stückchen schwarze Brodkruste, thut so
viel Wasser, Essig und Salz dazu, daß es nicht
an Brühe mangelt, dann den Topf mit einem
wohlschließenden Deckel zugedeckt und läßt es 3
Stunden auf einem gelindem Feuer kochen. Hierauf wird Mehl in Butter schön braun geröstet
und mit der Brühe von dem gekochten Fleisch verdünnt; sollte noch zu viel Brühe übrig sein, so
läßt man zurück, schüttet die fertige Sauce durch
einen Durchschlag über das Fleisch und läßt es
noch ein wenig damit aufkochen.

201. Gebratene Rindszunge.

Die Zunge wird in Wasser mit Salz weich gekocht, dann abgehäutet und der Länge nach voneinander geschnitten. Hierauf wendet man sie in
feinem Weizenmehl um, daß sie ganz damit be-

deckt wird, legt sie in gelbbraune Butter und läßt sie darin braun braten. Damit sie recht saftig werden, wendet man sie oft um; dann kann man sie in die Nro. 167 beschriebene Sauce legen, und darin einigemal aufkochen lassen.

202. Rindszunge mit Weinsauce.

Man kocht die Zunge gehörig in Salzwasser weich, häutet sie ab und schneidet sie der Länge nach voneinander, schneidet etliche Schnitte hinein, aber nicht ganz durch. Zur Sauce nimmt man ein halbes Quart weißen Wein und etwas weniger Wasser, thut Muskatnuß, Zitronenschale, Zucker, abgeschälte, länglich geschnittene Mandeln, große und kleine Rosinen, ein wenig Safran und ein Stück Butter, mit etwas Mehl durchknetet, hinzu, läßt Alles zusammen eine halbe Stunde kochen, schüttet dann die Sauce über die Zunge und läßt sie damit noch einmal aufkochen.

203. Rindszunge mit kleinen Rosinen und Capern.

Nachdem man eine Rindszunge recht weich gekocht hat, läßt man ein Stück Butter gelbbraun werden, röstet darin ein Paar Löffel voll Mehl braun und gießt dazu etwas Brühe von der Zunge.

Wenn die Sauce auffocht, thut man gut gelesene und rein gewaschene Rosinen, Capern, kleingehack= te Zitronenschale, Zitronenscheiben, einige Lorbeer= blätter, klargestoßene Nelken und englisch Gewürz, Wein und viel Zucker dazu, damit sie recht süß werde. Findet man, daß sie noch nicht kräftig ge= nug schmeckt, so gießt man noch etwas Wein oder Weinessig dazu. Nun zieht man die Haut ganz rein von der Zunge ab, schneidet sie der Länge nach voneinander und legt sie in die Sauce, damit sie noch ein wenig darin koche; beim Anrichten belegt man sie mit Zitronenscheiben.

204. Gehirn zu kochen.

Man wäscht das Gehirn rein aus frischem Wasser, legt es sodann in warmes Wasser und putzt die Haut und das Blutige davon ab. Hier= auf wäscht man es noch einmal, legt es in ein Geschirr, gießt Fleischbrühe und Essig dazu, salzt es und läßt es eine gute halbe Stunde kochen. Dann röstet man Mehl in heiß gemachter Butter, thut ein wenig Safran und Muskatenblüthe nebst einer Zwiebel dazu, und wenn es damit noch eine Viertelstunde gekocht hat, so richtet man es an.

2. Kalbfleisch.

205. Kalbfleisch mit Sellerie.

Man wäscht das Fleisch etlichemal aus frischem Wasser rein heraus, legt es in eine Schüssel, gießt siedendes Wasser darüber, deckt es zu und läßt es eine halbe Stunde stehen. Dann legt man es auf einen Deckel, damit es abläuft, thut ein Stück Butter in eine Kasserole, läßt sie heiß werden, thut das Fleisch nebst Salz hinein, deckt es zu und läßt es eine Viertelstunde auf Kohlen dämpfen. Hierauf bestreut man es mit so viel Mehl als nöthig ist, schüttelt es einigemal um und läßt es noch eine Weile dämpfen ; man muß aber Acht geben, daß es nicht anhängt. Nun gießt man ein wenig siedende Fleischbrühe und Wasser darüber, und wenn das Fleisch wieder in Kochen ist, so thut man auf 2 Pfund zwei große Selleriewurzeln, sauber geschabt und gewaschen, in 4 Theile geschnitten hinzu, reibt nach Gutdünken Muskatnuß daran und läßt es so lange kochen, bis das Fleisch und die Wurzeln weich sind.

206. Gedämpftes Kalbfleisch.

Man schneidet mageres Kalbfleisch in Scheiben

klopft solche gut, und reibt sie ein wenig mit Salz
ein. Hierauf legt man sie in eine Kasserole mit
einem Stück Butter, Thymian, Basilikum, klein,
geschnittenen Zwiebeln, Mohrrüben, Petersilien=
wurzeln und Sellerie und läßt sie bräunlich dämp=
fen. Dann nimmt man sie heraus, thut noch ein
Paar Löffel voll Mehl mit einem Stückchen But=
ter in die Kasserole und läßt Alles braun rösten.
Hierauf gießt man etwas Rindfleischbrühe dazu
drückt den Saft von einer Zitrone hinein, gießt
die Sauce durch einen Durchschlag und läßt sie
mit dem Fleische noch einigemal aufkochen.

207. Geklopftes Kalbfleisch.

Von einer untern Kalbsschale macht man dünne
fingerbreite Stückchen, häutet sie rein, klopft sie
breit, schneidet etwas Petersilie nebst einem Stück=
chen Zitronenschale fein legt auf eine Zinnschüssel
dünne Schnitten Butter streut so viel geriebenes
Milchbrod, als zwischen 4 Finger gefaßt werden
kann, darauf von der geschnittenen Petersilie und
Zitronenschale darüber, thut Muskatenblüthe
ein wenig Salz und den Saft von einer halben
Zitrone dazu, legt das geklopfte Fleisch in der
Ordnung darauf, bestreut es wieder mit dem oben
Angezeigten, schüttet einen kleinen Schöpflöffel

voll Fleischbrühe daran, deckt es zu und stellt es auf die Kohlpfanne. In einer Viertelstunde ist es fertig. Ehe man die Schüssel zu Tische bringt, wird die Sauce mit zwei Eiergelb abgezogen, darüber gegossen, aber nicht mehr gekocht. Es kann auch ohne Eier gegeben werden.

208. Braunes Kalbfleisch mit Speck.

Man nimmt eine Kalbsbrust, hackt sie in Stücke, wäscht sie rein, legt sie in ein Geschirr und gießt siedendes Wasser darüber. Indessen schneidet man grünen oder dürren Speck in Würfeln, läßt ihn über dem Feuer weißgelb werden, rührt 3 Löffel voll Mehl daran und läßt es damit braun rösten. Nun legt man das Kalbfleisch, nachdem man es zuvor ausgedrückt und gesalzen hat, in den Speck mit dem Mehl und läßt es darin, bis es anfängt, braun zu werden. Dann gießt man Fleischbrühe dazu, thut Capern, Zitronenscheiben, nach Belieben auch Essig daran, deckt es zu, läßt es darin vollends aufkochen und richtet es an.

209. Fricassee von Kalbfleisch.

Hierzu nimmt man eine Kalbsbrust, hackt sie in kleine Stückchen, wäscht sie und legt sie eine Weile in warmes Wasser, damit das Fleisch recht schön weiß wird. Dann läßt man Butter in einer Kasserole heiß werden, drückt das Fleisch gut aus und legt es in die heiße Butter, thut Salz, einige mit Nelken besteckte Zwiebeln, ein Gebund Petersilie, worin in der Mitte etwas ganze Muskatenblüthe gebunden und einige Stengel Thymian dazu, deckt das Geschirr zu und läßt es eine gute Viertelstunde dämpfen. Nun streut man drei Löffel voll weißes Mehl darauf, schüttelt es wohl um und läßt es wieder so lange dämpfen, bis es sich unten anhängen will. Hierauf gießt man heiße Fleischbrühe nebst einem Glas Wein dazu, thut Zitronenschalen, einige ganze Pfefferkörner und etwas Muskatnuß dazu und läßt es kochen, bis es recht weich ist. Dann rührt man 3 — 4 Eierdotter recht untereinander, gießt von der Brühe, worin das Fleisch gekocht ist, daran, schüttet es wieder zu dem Fleisch, schwingt es untereinander und richtet es an.

210. Ragout von Kalbfleisch mit Kukummern.

Dieß kann eine kleine Kalbsschale vom Bug oder sonst von einem fleischigen Stücke sein. Man schneidet Stückchen daraus, klopft solche, spickt sie, macht in einer Kasserole oder Kachel ein Stückchen

Schmalz heiß, und dämpft das Fleisch auf beiden Seiten gelb darin. Inzwischen röstet man eine Handvoll Weißbrodkrummen gelb in einem Stückchen Butter, gießt das Schmalz von der Schale ab, und das geröstete Brod daran, schneidet 2 oder 3 Kukummern, je nachdem sie in der Größe sind, zu runden Stückchen, salzt sie eine Viertelstunde ein, drückt dann die Kukummern fest aus, nimmt sie nebst einer fein geschnittenen Zwiebel zu dem Fleisch, und dämpft es so lange, bis es Farbe hat. Wenn es nicht Sauce genug zieht, wird ein wenig Fleischbrühe nebst Muskaten und Pfeffer dazu gethan, überhaupt darf es nur wenig Sauce haben. Soll diese piquant sein, so gießt man 2 Eßlöffel voll Essig oder den Saft von einer Zitrone daran.

211. Gedämpfte Brisolen oder Kalbsrippen.

Man zerhackt die Rippen wie zu Karminaden, wischt und klopft sie, bestreut sie mit Salz, läßt ein Stück Butter in einem flachen Geschirr zergehen, legt das Fleisch hinein, deckt es gut zu und läßt es auf Kohlen dämpfen. Wenn es auf beiden Seiten ein wenig gelb wird, so gießt man zu 1 Pfund Fleisch ein halbes Glas voll Wein oder

Fleischbrühe, thut ein wenig Muskatenblüthe, geschnittene Zitronenschalen und Saft dazu und läßt
es noch so lange dämpfen, bis es weich genug ist,
dann wird es angerichtet. (Man kann auch, wenn
das Gedämpfte gelb genug ist, etwas mehr Brühe
hinzu gießen, gehackte Sardellen daran thun und
mitkochen lassen.

212. Kalbsfüße in einer Sauce.

Die Füße müssen erst abgekocht, abgeputzt und
das Fleisch von den Knochen abgelöst werden.
Dann kann entweder eine Sauce wie die vorige
dazu gegeben und sie damit einige Zeit noch kochen lassen, oder man kann auch Mehl braun
rösten, etwas Wein, aufgekochte kleine und große
Rosinen, geschnittene Mandeln und Zitronenscheiben daran thun und einige Zeit kochen lassen. Die
Sauce wird über die Kalbsfüße angerichtet und
mit zerschnittener Zitronenschale bestreut.

113. Kalbfleisch mit kleinen Rosinen und Capern.

Das Kalbfleisch wird ganz so wie das Vorhergehende behandelt. Wenn es weich ist, röstet man
etwas geriebenes Milchbrod in Butter, gießt von
der Kalbfleichbrühe durch ein Haarsieb hinein,

und wenn diese mit dem Milchbrod aufkocht, thut man gelesene und gewaschene kleine Rosinen, Capern, Zitronenscheiben, ein wenig Weinessig, ein gutes Stück Zucker, etwas Wein und das abgekochte, von Splittern befreite Kalbfleisch hinzu und läßt Alles zusammen aufkochen.

214. Einen Kalbskopf zuzurichten.

Der Kalbskopf wird allein oder mit den Füßen abgewässert, in eine Serviette gebunden, damit er weiß bleibt, und in Salzwasser weich gekocht. Hierauf sticht man ihm (wenn er kalt ist) die Augen aus, reißt die Kinnbacken los, putzt von dem Gaumen die weiße Haut herunter, sowie man auch die Zunge abhäutet, bricht alle Zähne bis auf die hintersten aus, und löst die Knochen vom Gehirn ab, welches man mit Pfeffer und Salz bestreut. Von den Füßen werden die Haare auch rein abgeputzt und die Knochen herausgenommen. Dann läßt man Butter in einer Kasserole braun werden, röstet darin etwas Mehl braun, dämpft einige kleingeschnittene Zwiebeln darin, gießt Brühe hinzu, legt den Kopf und die Füße hinein und läßt Alles mit etwas Weinessig, Syrup, gestoßenem Ingwer, englischem Gewürz und Pfeffer noch einigemal aufkochen. Indessen bringt man in

Butter geröſtete Milchbrodwürfel und einen guten
Theil würfelig geſchnittenen und gebratenen Speck
in die Sauce, läßt beides darin einmal aufkochen,
legt ſodann den Kalbskopf auf eine Schüſſel, die
Füße um denſelben herum und gießt die Sauce
darüber. (Man kann auch den Kalbskopf mit
einer Roſinenſauce geben, wozu man ſich der
Brühe vom Kopfe bedient. Statt der Butter
kann man in Würfel geſchnittenen und gebratenen
Speck dazu nehmen und das Mehl darin nebſt
einigen Zwiebeln röſten· So kann man auch den
Wein durch Weineſſig erſetzen.

215. Gebackener Kalbskopf.

Man kocht den Kalbskopf in Waſſer mit Salz
weich, ſchneidet ihn dann in kleine, dünne Scheib=
chen und beſtreut ihn ein wenig mit Salz. Hierauf
hackt man ein halb Pfund Kalbfleiſch mit Zitro=
nenſchale, Peterſilie und etwas eingeweichtem und
wieder ausgedrückten Milchbrod klein, rührt acht
Loth Butter zu Schaum, ſchlägt 4 Eier, eins nach
dem andern, hinein, mengt das Gehackte mit
Muskatnuß und ein wenig Salz darunter und
zuletzt den geſchnittenen Kalbskopf. Nun ſtreicht
man einen Topf mit Butter aus, ſtreut geriebenes
Milchbrod darüber, füllt die Maſſe hinein, ſtreicht
ſie glatt und bäckt ſie recht langſam im Ofen.

216. Gefüllte Kalbsohren.

Wenn sie gebrüht und ganz geputzt sind, werden sie blanschirt oder verwellt, dann alle aufrecht in ein mit Butter bestrichenes, breites Geschirr, worauf der Deckel paßt, gesetzt. Alsdann verfertigt man die Fülle von einem halben Pfund Kalbfleisch, einem Stückchen frischen Speck, ein wenig Zitronenschale, für 2 Kreuzer Capern und ein klein wenig Petersilie, hackt dieses ganz fein zusammen, rührt es in einem Geschirr mit 4 Eiergelb untereinander, Muskaten und Salz dazu, bestreicht die Ohren inwendig mit einem verklepperten Ei, thut von der angemachten Fülle hinein, bestreicht sie oben wieder mit einem Ei, bestreut sie mit geriebenem Milchbrod oder weißem Mehl, und legt auf jedes Ohr ein wenig Butter. In das Geschirr worin die Ohren sind, thut man ein Glas Wein, nebst ein wenig Fleischbrühe, aber nur so viel, daß nichts in die Fülle kommt, noch ein Lorbeerblatt und ein Paar Zitronenstückchen dazu, setzt das Geschirr auf Kohlen, thut einen Deckel mit schwachen Kohlen darauf, kocht es so lange, bis die Ohren weich sind, und sieht zuweilen darnach. Wenn sie fertig sind, macht man etliche Messerspitzen voll Mehl in Butter gelb, dämpft eine kleine, fein

geschnittene Zwiebel darin, und thut es an die
Kalbsohrensauce, nach welcher immer gesehen
werden muß, daß sie mit Fleischbrühe erhalten
wird; wenn die Ohren angerichtet sind, wird die
Sauce mit zwei Eiergelb abgezogen und darüber
gegossen.

217. Kalbszungen mit Sauce.

Für circa 6 Personen nimmt man 4 Zungen,
kocht sie in Salzwasser weich, löst die weiße Haut
ab, und schneidet sie der Länge nach in der Mitte
voneinander. Zur Sauce röstet man in einem
Stückchen Butter einen kleinen Kochlöffel voll
Mehl lichtgelb, gießt einen Schoppen Wein und
eben so viel Wasser daran, thut ein Stückchen
Zucker, ein wenig kleingeschnittene Zitronenschale,
4 Loth rein gewaschene kleine Rosinen dazu, läßt
sie eine Viertelstunde kochen, zieht sie vor dem An=
richten mit 2 oder 3 Eiergelb ab und richtet sie
über die Zunge an.

218. Ein Kalbsgekröße zu kochen.

Wenn das Kalbsgekröße rein geputzt ist, so thut
man es in einen Topf, thut etliche Hände voll
Salz dazu und schleimt es wohl ab. Hierauf
wird es rein gewaschen, dann stellt man es mit

Wasser und Salz an's Feuer und läßt es kochen;
wenn es wohl abgeschäumt ist, so thut man von
einem Milchbrode die Brosamen und auch ein
wenig Mehl dazu und läßt es ganz verkochen;
wenn man es nun anrichten will, so thut man von
3–4 Eiern das Gelbe und etliche Löffel voll Rahm
daran. (Auch kann man ein wenig Muskatenblüthe daran thun).

219. Kalbsgekröse mit Eiersauce.

Das Gekröse wird gehörig gereinigt, gekocht
und zerschnitten; dann quirlt man etwas Fleischbrühe mit Wein, Zitrone, ein Paar Eierdotter
und etwas Mehl ab, thut ein wenig Butter hinzu,
läßt die Sauce noch einmal aufkochen und richtet
sie über das Gekröse an. (Ebenso kann man
dasselbe auch mit einer weißen Zwiebelsauce machen.

220. Kalbsleber in Schnitten zu backen.

Nachdem die Leber gut abgehäutet und ausgewässert ist, schneidet man sie in dünne Schnitten,
legt sie in zerlassene Butter und läßt sie so anziehen; sobald sie halb gar ist, überstreut man sie
mit geriebenem Milchbrod und darunter gemengten
klein gehackten Zwiebeln, legt sie, die bestreute
Seite unten, in eine Kasserole und läßt sie schnell

braten. Wenn ſie auf dieſer Seite gar ſind, beſtreut man die andere und läßt ſie noch einige
Minuten auf dem Feuer ſtehen. Erſt beim Anrichten ſalzt man ſie, weil durch das Salz die Leber
hart wird.

221. Kalbsnierenſchnitten.

Man ſchneidet aus einem gebratenen Nierenbraten die Nieren heraus, hackt ſie mit Peterſilie
und Zwiebeln klein, weicht etwas Milchbrodkrummen in Milch, und drückt die Milch dann wieder
aus. Hierauf wird Alles wieder in eine Schüſſel
gethan und das Gehackte mit 4 Eiern abgerührt.
Dann ſchneidet man von einigen Milchbroden die
Rinde ab, beſtreicht die innere Seite der Rinde
mit zerlaſſener Butter, ſtreicht die Maſſe fingerdick darauf und bäckt ſie in Butter.

222. Kalbsleber im Ganzen zu braten.

Man wäſſert die Leber recht aus, damit alles
Blut rein herauskommt, häutet ſie ab, und ſpickt
ſie recht dicht; dann legt man ſie in eine Kaſſerole,
gießt etwas Waſſer darüber und läßt ſie ein wenig
kochen. Hierauf thut man viel gelbbraune Butter
und, wenn man will, etwas gebratenen Speck
hinzu, damit die Sauce recht fett wird und bratet

die Leber unter fleißigem Begießen auf beiden
Seiten braun, wobei man ſich wohl vorſehen muß,
daß ſie nicht anhängt. Wenn beim Hineinſtechen
mit einer Gabel kein Blut herauskommt, ſo iſt ſie
gar und man darf ſie dann nicht länger braten
laſſen, weil ſie ſonſt hart werden würde. Deß=
wegen wird auch erſt kurz vor dem Anrichten Salz
daran gethan.

223. Gedämpfte Kalbsleber.

Man häutet eine Kalbsleber ab, wäſſert ſie gut
aus und ſchneidet ſie in nicht ganz dünne Schnit=
ten. Dann läßt man Butter in einer Kaſſerole
gelbbraun werden, legt die Leber nebſt einigen
Charlotten oder einer in Stückchen geſchnittenen
Zwiebel, einigen Nelken, engliſchem Gewürz, ein
Paar Zitronenſcheiben, einem Lorbeerblatt und
feinen Kräutern hinein, thut etwas Salz und
Waſſer dazu, und läßt die Leber zugedeckt auf ge=
lindem Feuer ganz langſam dämpfen. Man muß
aber bald nachſehen, daß ſie nicht hart werde;
wenn man mit einer Gabel hineinſticht und es
kommt kein Blut heraus, ſo iſt ſie gar. Vor dem
Anrichten thut man noch ein wenig Mehl, ein
Glas Wein und etwas Muskatnuß hinzu und
richtet, wenn Alles zuſammen einigemal aufgekocht

hat, die Sauce, welche kurz und ſämig ſein muß,
über die Leber durch einen Durchſchlag an.

224. Gefüllte Kalbsmilz.

Man nimmt eine große Milz, löst ſelbige mit
einem ſpitzen Meſſer am dicken Theil behutſam
auf, ſo daß an beiden Seiten kein Schnitt durch=
geht, bis unten hin, wendet ihn mit Hülfe eines
Kochlöffelſtiels um, macht die nämliche Fülle, wie
bei gerolltem Rindfleiſch (Nro. 192) ; nun ſetzt
man noch ein Viertelpfund feinwürfelig geſchnit=
tenen Speck dazu, reibt die Milz, ehe man ſie
umwendet, mit Pfeffer und Salz ein, füllt oben=
erwähnte Fülle ein, ſetzt ſie zu, läßt ſie eine halbe
Stunde in Fleiſchbrühe kochen, dann etwas erkal=
ten, überſtreut ſie mit Pfeffer und Salz und bra=
tet ſie in Butter ſchön gelb. Es wird kalt in
Scheiben geſchnitten, und als Beilage gegeben.

225. Geſpickte Kalbsleber.

Man häutelt ſolche, zerſchneidet ſie zu fingers=
dicke Stückchen, und in der Größe wie zu einem
Frikadell, ſpickt jedes mit Speck, legt die geſpickten
Stückchen auf ein Brett, beſtreut ſie mit ein wenig
Pfeffer, Nelken und ſo viel Mehl, als zwiſchen
vier Finger gefaßt werden kann, zerläßt in einer

breiten Kachel ein Stückchen Butter, legt die Stückchen so hinein, daß die bestreute Seite unten hin kommt, streut sie oben wieder mit dem näm=lichen, und schneidet indessen ein Stückchen Speck, eine Zwiebel und ein wenig Zitronenschale klein. Wenn nun die Leber auf beiden Seiten gelb ist, wird das letztgeschnittene darüber gestreut, und noch ein wenig mitgedämpft, etwas Zitronensaft und Fleischbrühe dazu gethan, und schnell so lan=ge, als ein Paar weiche Eier gekocht. Sie muß wenig Sauce behalten, und erst bei dem Anrich=ten gesalzen werden. Ist sie nicht pikant genug, so wird ihr mit Zitronensaft und Essig nachge=holfen.

226. Fricassirtes Kalbshirn.

Für circa vier Personen nimmt man 2 Kalbs=hirne, legt sie in frisches Wasser, zieht das Häut=chen davon ab, thut sie in ein Geschirr mit siedendem Salzwasser, läßt sie ein wenig kochen, und thut sie mit dem Schaumlöffel heraus; verknetet hier=auf in einer Kasserole 4 Loth frische Butter mit einem Kochlöffel voll Mehl, gießt einen Schöpflöf=fel voll Fleischbrühe daran, thut den Saft von einer halben Zitrone nebst etwas klein geschnittener Zitronenschale, ein wenig Muskatnuß und Ing=

wer dazu, läßt es unter beständigem Rühren anfangen zu kochen, legt das Hirn hinein, deckt es zu,
und läßt es noch eine Viertelstunde kochen ; nun
wird eine Schüssel mit gebackenem Brod oder auch
mit abgezupfter, grün gebackener Petersilie garnirt,
die Sauce mit 2 Eiergelb abgezogen und angerichtet.

227. Fricadellen mit Trüffel- oder Sardellen-Sauce.

Man hackt ein Pfund oder etwas mehr von
einer gebratenen Kalbskeule (Schlegel) mit einigen Charlottenzwiebeln fein, thut es in einen
Mörser, ein in Milch eingeweichtes und wieder
fest ausgedrücktes Milchbrod nebst vier Loth frischer Butter dazu, stößt es wie einen Teig untereinander, rührt es in einer Schüssel mit vier Eiergelb, etwas Salz und Muskatenblüthe untereinander. Nun schneidet man viereckige Papierstück-
chen aus einem Quartblatt, bestreicht sie mit kalter Butter, schneidet vier Loth, auch etwas mehr,
Speck zu ganz feinen Würfeln, bestreut mit diesem und geriebenem Milchbrod die bestrichenen
Papiere, thut auf jedes einen Eßlöffel voll von
der Masse, formirt Würstchen, in der Größe wie
man sie haben will, davon, drückt das Papier

oben und unten ein wenig zusammen, bestreicht ein Potageblech oder eine irdene Platte mit Butter, legt die Frikadellen hinein, setzt sie in einen Backofen, und läßt sie so gelbbraun werden. Hierauf nimmt man sie aus dem Papier, legt sie auf eine Platte, und gibt sie mit Zitronensaft oder einer Zitronensauce.

228. Lungenmus.

Man hackt eine in Salzwasser abgekochte Lunge mit Zitronenschale, und, wenn man will, mit einem Stückchen Zwiebel und etwas Petersilie klein, läßt sie in zerlassener Butter eine Weile dämpfen, thut dann ein wenig Salz mit einem Schöpflöffel voll Rindfleischbrühe hinzu, quirlt ein Paar Eierdotter mit Wein oder Essig, Muskatnuß und einem Löffel voll Mehl zusammen, rührt es an das Gedämpfte, und richtet es, wenn es angezogen hat, an. (Das Herz wird in fingerlange Stückchen dazu geschnitten.

3) Hammelfleisch.

229. Hammelfleisch zu kochen.

Zum Kochen wählet man am liebsten ein Stück

fettes Hammelfleisch von den Rippen, weniger
Kern aus der Keule; doch muß letzteres in Er
manglung des erstern auch angehen. Man läß
es wie das Rindfleisch, nachdem es ausgeschlachtet
erst einige Tage hängen, ehe es gekocht wird. E
wird einige Zeit eingewässert, dann mit Wasse
und Salz zum Feuer gesetzt und gekocht. E
braucht 2 — 3 Stunden, auch wohl wenn es al
ist, noch etwas längere Zeit. Es kann vor den
Kochen auch mit einem Hackmesser oder breiten
Holze mürbe geklopft werden. Wenn es rein ab
geschäumt ist, so kann man eine Zwiebel und
einige Lorbeerblätter daran thun. Auf diese Ar
gekocht, kann es zu allerhand Kohlgemüsen, zu
weißen und gelben Rüben, Graupen u. dgl. ge
geben werden.

Auch kann man es mit verschiedenen Saucer
zum Beispiel einer Zwiebelsauce mit Kümme
geben.

230. Karminaden von Hammelfleisch

Man nimmt dazu ein Stückchen von den Rip
pen, schneidet jede von den Rippen zu einem Stüc
und das Fleisch ganz herunter, welches man mi
ein wenig Salz ganz fein hackt. Die Knocher
werden abgeputzt, in fingerlange Stückchen ge

auen und das Fleisch in zierlicher Form daran
eschlagen. Man drückt es mit dem Messer breit
und läßt es am Knochen länglich zulaufen, wendet
dann die Karminadstückchen in ausgeschlagenen
Eiern, dann in geriebenem Milchbrode, worunter
gehackte Petersilie, um und läßt sie in Butter,
welche aber nicht braun sein darf, gelinde braten.
Sie müssen gelblich und ganz saftig sein.

231. Hammelfleisch mit Capern.

Nachdem das Fleisch eingewässert und in Stücke
gehauen ist, legt man es in geschmolzene Butter,
thut einiges Gewürz, Zwiebeln, Lorbeerblätter,
Basilikum und Salz hinzu und läßt es darin
langsam gar kochen. Damit die Sauce nicht zu
kurz werde und es sich nicht ansetze, muß etwas
siedendes Wasser dazu gethan werden. Ist es
nun beinahe gar, so werden Capern, Zitronenscheiben, fein gehackte Sardellen und etwas Wein
dazu gethan ; man läßt nun das Fleisch noch einmal darin aufkochen und thut vor dem Anrichten
noch etwas geriebenes Milchbrod hinzu, damit die
Sauce etwas dick wird.

232. Ragout zu Hammelsbraten.

Man röste etwas Mehl trocken braun, thut sein

gehackte Zwiebel, Charlotten - und ein Paar Lor=
beerblätter dazu, gießt Fleiſchbrühe hinzu, und
rührt es zu einer dicken Sauce, gießt dann etwas
Eſſig (am beſten iſt Eſtragon-Eſſig) daran, thut
den in Stücke geſchnittenen Braten hinein, läßt
ihn darin mitkochen und giebt nach Belieben auch
etwas Zucker dazu.

233. Hammelfleiſch mit kleinen Roſinen und Zitronen.

Man ſchneidet das Fleiſch in gröbliche Stücke
und blanſchirt es. Hierauf kocht man es mit
Nelken, Pfeffer. Lorbeerblättern und ein Paar
ganze Zwiebeln in Waſſer gar, rührt ein wenig
weiß geröſtetes Mehl hinzu, thut ferner etwas
Wein, Zitronenſaft und abgeriebene Zitronenſchale,
Zucker und kleine Roſinen dazu, läßt alles zuſam=
men ein wenig kochen und rührt es endlich mit
einigen Eierdottern ab.

234. Geſtopftes Hammelfleiſch.

Das Fleiſch wird abgekocht und dann in dünne
Scheiben geſchnitten. Hierauf läßt man in einer
Kaſſerole Butter zergehen, thut fein gehackte Char=
lotten und etwas Mehl dazu, läßt es gut durch=
dämpfen, gießt etwas Eſſig und Brühe daran,
(die übrige Brühe verwendet man zur Suppe),

legt das kleingeschnittene Fleisch hinein, und läßt
die Sauce etwas kurz einkochen. Von dem Essig
muß man nur so viel dazu thun, daß die Sauce
herzhaft schmeckt.

235. Hammelfleisch mit Kümmel-Sauce.

Wenn man das Fleisch in Stücke zerhauen,
ausgewässert und rein abgewaschen hat, setzt man
es mit kochendem Wasser und Salz an das Feuer,
schäumt es gehörig ab, und thut nachher einige
Zwiebeln, Lorbeerblätter, Petersilie, Zitronenschei=
ben und ein wenig Pfeffer dazu. Wenn das
Fleisch weich ist macht man in Butter ein wenig
weißgebranntes Mehl, gießt von der Brühe,
nachdem man das überflüssige Fett davon abge=
schöpft hat, durch einen Durchschlag so viel in das
Mehl, als man nöthig hat, thut das abgekühlte
und von den Splittern befreite Fleisch nebst et=
was Kümmel dazu und läßt alles zusammen gut
durchkochen.

236. Hammelschlegel als Rehschlegel zu geben.

Ein Hammelsschlegel, der geklopft, gespickt, mit
Gewürz und Salz recht eingerieben und in Essig

gebeizt wird, erhält den Geschmack eines Rehschle=
gels, wenn er auf die nämliche Art gebraten wird.

237. Lammfleisch mit Allerlei.

Man zerhackt das Fleisch in Stücke, wäscht
und salzt es, und kocht es in einer Kasserole in
Rindfleischbrühe mit etwas Butter weich. Hier=
rauf stäubt man 2 Löffel voll Mehl daran, läßt
es etwas anziehen, nimmt von 6–8 Krebsen die
Galle weg, stößt sie fein, läßt sie in guter Rind=
fleischbrühe einigemal aufkochen, daß die Brühe
roth wird, seihet diese durch einen Durchschlag
über das Fleisch und läßt sie damit aufkochen.
Dann thut man ausgelöste Krebse, gedämpfte
Champignons, in Salzwasser abgekochten Spar=
gel und Blumenkohl hinzu, läßt Alles zusammen
noch einmal aufwallen und richtet es an.

238. Lammfleisch mit Sauerampfer.

Das in Stücke gehackte Fleisch kocht man, nach=
dem es ausgewässert und reingewaschen ist, mit
Lorbeerblättern, Zwiebeln und Salz weich. Auf
rein gelesenen und gewaschenen Sauerampfer
gießt man kochendes Wasser, läßt ihn einigemal
aufkochen und gießt das Wasser durch einen Durch=
schlag wieder ab. Hierauf hackt man den Sauer=

ampfer ein wenig, dämpft ihn mit etwas Butter ab und läßt ihn mit den indessen abgekühlten und von Splittern befreiten Fleisch nebst gestoßenen Muskatenblüthen kurz einkochen und quirlt ihn mit einigen Eiern ab.

239. Lammfleisch mit Wein= oder Zitronensauce.

Das in Stücke gehauene und rein gewaschene Lammfleisch läßt man mit einigen Zwiebel, eng= lischem Gewürz, Lorbeerblättern und Salz weich kochen. Hierauf läßt man in einer Pfanne ein Stückchen Butter zergehen, röstet darin ein wenig Mehl, gießt durch einen Durchschlag so viel Fleisch= brühe hinzu, als man zur Sauce nöthig hat und thut noch abgeriebene Zitronenschale, Zitronen= saft, gewaschene kleine Rosinen, etwas Zucker und das von Splittern befreite Hammelfleisch dazu. Sobald Alles gut durchkocht hat, zieht man die Sauce mit in Wein gequirlten Eierdottern ab.

240. Lammfleisch mit Sardellen und Capern.

Man läßt Butter in einer Kasserole zergehen, thut das Fleisch hinein mit ganzen Nelken, Mus= katenblüthen, Lorbeerblättern und Zwiebeln, und

läßt es zugedeckt in ſeiner eigenen Sauce auf ge=
lindem Feuer gar dämpfen. Im Falle es an
Sauce fehlt, gießt man etwas koch:ndes Waſſer
zu. Wenn das Fleiſch beinahe weich iſt, thut
man noch fein gehackte Sardellen, Capern, Zit=
ronenſcheiben und etwas Wein hinzu, und läßt es
damit vollends gar kochen. Zuletzt wird die Sauce
noch mit etwas geriebenem Milchbrod verdickt
und damit läßt man es noch ein wenig aufkochen.

241. Lammfleiſch mit Knoblauch.

Hierzu wird vorderes Lammviertel genommen,
in kleine Stücke zerhackt, aus friſchem Waſſer
einigemal herausgewaſchen und eine halbe Stunde
in Waſſer liegen laſſen. Dann macht man Schmalz
von der Größe eines halben Hühnercies in einer
Kaſſerole heiß röſtet 3 Löffel voll Mehl darin
gelbbraun, drückt das Fleiſch aus dem Waſſer
heraus, thut es zu dem Geröſteten, wendet es
einigemal darin um, und gießt heiße Fleiſchbrühe
oder Waſſer, (nicht zu viel) daran ; nun ſchält
man eine kleine Hand voll Knoblauch, ſchneidet
ihn ganz dünn und thut ihn nebſt einem Glas
Weineſſig u. ein wenig Pfeffer an das Fleiſch und
läßt es damit eine Stunde kochen. Wenn es nicht
ſauer genug iſt, gießt man Eſſig nach.

242. Lammskeule mit Charlotten.

Wenn die Keule geklopft, ausgewässert und abgewaschen ist, reibt man sie mit Salz ein und dämpft sie in einer Kasserole in Wein, Essig und Wasser zu gleichen Theilen, nebst Lorbeerblätter, Zitronenscheiben, Kräutern und mit Nelken besteckten Zwiebeln, nicht allzuweich; dann thut man sie heraus, streut geriebenes Milchbrod darüber, thut ein wenig Butter in eine Kasserole nebst mehreren Charlotten oder Zwiebeln, legt die Keule darauf, und läßt sie auf jeder Seite braun werden, gießt dann etwas Beize hinzu und läßt sie noch eine halbe Stunde mit ein wenig gebräuntem Zucker dämpfen.

4) Schweinefleisch.

243. Schweinefleisch zu kochen.

Das Schweinefleisch wird eben so gekocht wie das Rind= oder Hammelfleisch; nur muß es etwas schärfer gesalzen werden. Es hat zwei eine halbe bis drei Stunden nöthig, ehe es gar wird. Man giebt es zu mehreren Gemüsen, z. B. zu Sauerkraut, gelben und weißen Rüben, Meerrettig u. dgl. oder macht eine beliebige Sauce dazu.

244. Schweinefleisch mit Wildpret-Sauce.

Man kocht das Schweinefleisch wie oben gesagt wurde, etwas scharf gesalzen, beinahe gar. Hierauf röstet man geriebenes Brod in Butter gelb, gibt Zwiebeln und in Würfel geschnittenen Speck hinzu, rührt es um, gießt Essig daran, thut Lorbeerblätter, Pfeffer, Ingwer, Wachholderbeeren, Zitronenscheiben und Schalen und etwas Nelken dazu, verdünnt es mit Fleischbrühe, thut das Fleisch hinein und läßt es damit völlig gar kochen.

245. Schweinsrippen mit Obstsauce.

Man kocht die Rippen in Salzwasser weich, bestreicht sie, wenn sie etwas ausgekühlt sind, mit dem Fett, welches sich auf die Brühe gesetzt hat, bestreut sie stark mit geriebenem Milchbrod und bäckt sie gelbbraun. Indessen verdünnt man Kirsch- oder Pflaumenmus mit Wein und Wasser, zuckert und würzt es mit gestoßenen Nelken, Zimmet und klein gehackter Zitronenschale und läßt es aufkochen. Dann wird die Sauce angerichtet und die Rippen darauf gelegt.

246. Geräucherte Schinken zu kochen.

Man wässert den Schinken erst 1 Stunde in

lauwarmem Wasser ein, wäscht und schabt dann
alles Unreine ab, und spült ihn dann in kaltem
Wasser ab. Hierauf legt man ihn in einen Kessel,
gießt so viel Wasser zu, daß es mit dem Schinken
gleich steht, thut auch Zwiebeln und feine Kräuter,
als Thymian, Basilikum, Majoran u. s. w. mit
hinein und läßt ihn nun gegen 4 Stunden lang=
sam kochen. Man probirt ihn, und wenn er sich
weich stechen läßt, so ist er gut. Doch ist dabei
zu bemerken, daß wenn er kalt gegeben werden
soll, man ihn etwas weicher kochen muß, weil er
sich beim Erkalten noch verhärtet. Wird der
Schinken noch zur Tafel gegeben, so legt man ihn
nun auf eine Schüssel, zieht die Haut davon ab,
zackt davon ungefähr einen fingerbreiten Streif
aus und legt ihn an den Seiten des Schinkens
wie eine Guirlanden,herum sticht oder schneidet auch
noch von der Haut Blumen aus, und legt sie in
der Mitte darauf; doch muß dieses geschehen,
wenn der Schinken noch warm ist, weil die Haut
sonst nicht anklebt. Man putzt ihn dann noch mit
Petersilie aus, und bestreut ihn mit allerhand
Gewürz.

5) Wildpret.

247. Wildes Schweinefleisch zu kochen

Wenn das Fleisch gehörig ausgewässert ist, wird es entweder in kleine Stücke gehackt, und in Wasser mit Salz zugesetzt, oder im Ganzen gelassen, und Wein, Essig und Wasser in gleichen Theilen mit Salz, Lorbeerblättern, Zwiebeln, ein wenig Knoblauch, feinen Kräutern und Gewürz weich gekocht, dann auf eine Schüssel gelegt, etwas von der Brühe darüber gegossen, mit frischen Lorbeerblättern und mit feingeschnittener Zitronenschale geziert und mit einer Kirsch=, Johannisbeer=, oder Hagebutten=Sauce zur Tafel gegeben.

248. Einen wilden Schweinskopf zu sieden.

Soll ein Schweinskopf gut gesotten werden, und sich lange halten, so muß der sogenannte Jud mit einem starken Messer losgemacht, auch der untere Kiefer von dem Fleisch losgeschält, und aus dem Gewerbe herausgezogen werden; auf diese Art ist der Kopf nützlicher zu sieden, und kann auch länger aufbehalten werden. Wenn er nun gewaschen ist, legt man ihn in einen Topf, worin er Platz genug hat, gießt halb Essig halb Wein dar=

über, thut Salz, Lorbeerblätter, Wachhoiderbee-
ren, von allen Arten Gewürz, in de ren Ermang-
lung aber ganzen Pfeffer und Nelken daran,
einige ganze Zwiebeln und eine in Scheiben geschnittene Zitrone hinzu, und siedet dann den Kopf
langsam; je langsamer er siedet, desto besser wird
er. Sobald er weich ist, wird das herausgesottene
Fett abgeschöpft und der Kopf in dem Geschirr gelassen bis er gebraucht wird. Wenn er auf den
Tisch kommt, macht man Essig und Oel, gehackte
Petersilie, Capern, Pfeffer und Salz untereinander,
stellt dieß dazu auf, oder gibt eine kalte Härings-
Sauce dazu.

249. Schwarz-Wildpret mit Sauce.

Wenn das Wildpret rein gewaschen ist, wird es
mit Wasser, Essig und ordinärem Wein, Zitronen,
Salz, ganzem Gewürz, Lorbeerblättern, Zwiebeln,
und ein wenig Wachholderbeeren zum Feuer gesetzt, und so lange kochen lassen, bis es beinahe
weich ist. Dann macht man Schmalz heiß, röstet
zu 2–3 Pfund Wildpret zwei Löffel voll Mehl
und eine Handvoll geriebenes Schwarzbrod ganz
dunkelbraun, rührt es mit der Sauce vom Wildpret an, thut es dazu, und läßt es vollends weich
kochen; sodann legt man es auf eine Schüssel,
gießt die Sauce durch einen Durchschlag dar-

über und bestreut es mit klein geschnittener Zitro-
nonschale. Man kann auch nach Belieben, ein
kleines Stück Zucker zur Sauce thun und mitkochen lassen.

250. Hirsch= oder Reh=Wildpret zu braten.

Einen Hirschschlegel theilt man gewöhnlich voneinander, und löst den ganzen Knochen heraus,
häutelt es ganz rein, wäscht es mit Essig ab, und
legt es alsdann mit einer Zwiebel, einigen Lorbeerblättern, ganzem Pfeffer und Nelken 8 Tage,
auch noch länger, in Essig (Rehwildpret darf nicht
so lange in Essig liegen bleiben). Dann legt man
das Wildpret in eine Bratpfanne, spickt es recht
dicht, gibt Wasser, Essig, Zwiebel, Gewürz und
Zitrone dazu, auch etwas Wachholderbeeren, und
läßt es so lange dämpfen, bis er halb gar ist, dann
schüttet man die übrige Brühe davon und legt
Speck und Butter hinzu, und läßt es durch öfteres
Träufeln mit Rahm und Abschrecken mit der ab-
geschöpften Brühe recht mürbe braten, die Sauce
sucht man von der zurückgelassenen Brühe fertig
zu machen. Man darf nicht unterlassen, ein Papier auf den Braten zu legen, damit er nicht zu
braun wird.

251. Schwarzwildpret.

Wird eben so zubereitet.

252. Hasenbraten.

Wird auf dieselbe Art bereitet, wie das vorher-gehende Rehwildpret.

253. Ragout von Hasen.

Der gut ausgewässerte und gewaschene Hase wird rein abgehäutet in Stücke geschnitten, diesel-ben gut gespickt, und sodann mit Salz, Pfeffer und etwas Mehl bestreut Die so bestreuten Stücke werden mit zerlassener Butter und klein geschnittenen Zwiebeln in einer Kasserole auf bei-den Seiten gelb gedämpft. Hierauf thut man eini-ge Lorbeerblätter, einige Zitronenscheiben, etwas Fleischbrühe Capern und nach Belieben ein wenig sauern Rahm hinzu, und läßt den Hasen zugedeckt vollends weich dämpfen.

254. Frischgekochtes Hirsch- oder Rehwildpret.

Man kocht ein Stück gut durchgewässertes Hirsch- oder Rehfleisch mit zwei Theilen Wasser und einem Theil Essig, nebst Lorbeerblättern, Zitronenschale, einigen ganzen Pfefferkörnern

Nelken und englischem Gewürz weich, dann legt man es auf eine Schüssel, gießt etwas Brühe darüber und ziert es mit frischen Lorbeerblättern oder Salbei. Man kann eine braune Capern- oder eine Zitronensauce dazu geben.

255. Hirsch- oder Rehbrust mit einer Sauce.

Die Rippen werden von der Brust etwas abgehackt, nachdem sie gewaschen ist, eingesalzen und in drei gleichen Theilen von Wein, Essig und Wasser mit Zitronenschale, Lorbeerblättern, ganzen Nelken, Pfeffer, einer Zwiebel und Salz weich gekocht. Dann nimmt man die Brust heraus, schöpft das Fett in eine andere Kasserole und läßt die Brust, welche man mit geriebenem Milch- brod bestreut, nebst zwei kleingeschnittenen Zwiebeln, darin braun werden. Hierauf wird von der Brühe, worin die Brust gekocht worden, etwas dazu gethan, sowie auch kleingeschnittene Zitronenschale, und wenn alles gut durchkocht hat, thut man noch ein wenig braune Schü dazu und richtet es an.

6) Geflügel.

256. Ragout von übriggebliebener gebratener Gans oder anderm Geflügel.

Das Fleischige dieses übriggebliebenen Geflügels schneidet man in Stücke, so daß die größten Knochen davon kommen. Diese Knochen hackt man in kleine Stückchen zusammen, thut sie in eine Kasserole mit einer Zwiebel, einem Lorbeerblatt, einigen Zitronenscheiben, einer in Stücke zerschnittenen Selleriewurzel, einigen gelben Rüben, Nelken und Pfefferkörnern nebst einer obern Rinde von einem Milchbrod, welche aber vorher in heißem Schmalz schön gelb gebacken wird. Dazu gießt man ein Glas Wein und so viel Fleischbrühe, als zur Sauce nothwendig ist. Dann läßt man es noch so lange kochen, bis alles weich ist, treibt es durch einen Durchschlag, und legt das gebratene Fleisch hinein, setzt es mit diesem wieder auf Kohlen und läßt es noch so lange kochen, bis es durch und durch warm ist, dann wird es angerichtet.

257. Gänsepfeffer schwarz zu kochen.

Wenn man eine Gans sticht, läßt man das

Blut in ein Geschirr laufen, worin etwas Essig und Salz ist, rührt es mit dem Messer, womit man die Gans gestochen hat, so lange, bis es kalt ist, damit es nicht gerinnt. Wenn man die Gans gerupft, gebrüht, ausgenommen und gewaschen hat, haut man den Kopf, den Hals, die Flügel und Füße ab. Diese Glieder nebst dem Magen und der Leber nennt man das Geräusch. Wenn man den Magen aufgeschnitten, die innere Haut abgezogen und die Flügel in Stücke zerhackt hat, wäscht man alles noch einmal und setzt es mit etwas Salz und heißem Wasser zum Feuer. Wenn es eine halbe Stunde gekocht hat, wird es abgeschäumt, thut eine ganze Zwiebel, einige Lorbeerblätter, Zitronenschale, ein wenig Pfeffer, Ingwer, Nelken und Essig dazu. Damit läßt man es weich kochen, röstet drei Löffel voll Mehl in heißem Schmalz oder Butter dunkelbraun, rührt es mit der Brühe vom Geräusch an und läßt es noch eine Viertelstunde kochen; dann läßt man das Blut durch einen Durchschlag in die Brühe laufen, rührt es gut um und richtet es an.

258. Gänseleber zu kochen.

Man legt die Leber mit etwas Fett in eine Kasserole, deckt sie zu und legt unten und oben

Kohlen, damit die Leber langsam dämpfe. Wenn das Schmalz ausgebraten ist, so gießt man etwas davon, bestreut die Leber mit ein wenig Mehl, legt eine mit Nelken besteckte Zwiebel dazu und läßt es ein wenig gelb werden, gießt einige Löffel voll Fleischbrühe und eben so viel Essig oder Wein daran, läßt damit die Leber noch ein wenig auf- kochen, salzt sie, richtet sie an und streut kleinge- hackte Zitronenschale daran. Wenn man statt dem Essig Zitronensaft nimmt, wird sie um so schmackhafter.

259. Gänseleber in einer Trüffelsauce.

Wenn die Leber sauber gewaschen ist, so belegt man eine Kasserole mit dünnen Speckscheiben, thut auf den Speck 5 Loth geschnittenen magern Schinken, auf den Schinken die Gänseleber, streut etwas Salz, Pfeffer, Nelken und Muskatnuß da- rüber, gießt ein Glas guten Wein darauf, be- streicht ein Blatt weißes Papier mit Butter, legt es auf die Leber, einen passenden Deckel darauf, und gibt unten und oben Kohlen. Wäre kein sol- cher Deckel vorhanden, so kann die Kasserole mit dem Papier in einen Backofen gestellt werden. Die Sauce dazu wird auf folgende Art gemacht. 4 Loth Trüffeln kocht man in einem halben Schop-

pen Wein, röstet einen kleinen Kochlöffel voll
Mehl in einem Stückchen Butter gelb, hackt eine
halbe Zwiebel nebst einigen Zitronen= oder Pom=
eranzenschalen fein, dämpft sie in dem gerösteten
Mehl, gießt die Trüffeln nebst dem Wein und
wenig Fleischbrühe daran, legt die Leber, sobald
sie fertig ist, auf eine Schüssel, schöpft das Fett
davon ab, gießt die übrige Sauce durch einen Sei=
her an die Trüffel=Sauce, läßt diese noch ein wenig
aufkochen, und richtet sie über die Leber an.

260. Tauben mit Petersilie und Klößchen.

Die Tauben kocht man in Wasser mit Salz,
einem Stückchen Butter und einer Boriezwiebel
weich, sodann wird junge Petersilie, nachdem sie
gut gelesen und gewaschen ist, mit in Butter gerö=
stetem Milchbrod eine Weile gedämpft und in der
Taubenbrühe vollends weich gekocht. Hierauf
thut man die Taube dazu, läßt sie noch einigemal
damit aufkochen, richtet das Gemüs an, legt die
Tauben in die Mitte darauf, rings herum in
Rindfleischbrühe abgekochte Semmelklößchen, und
reibt Muskatnuß darüber.

Man kann den Klößchenteig auch, wie Pudding,

in einer Serviette kochen und in Stückchen geschnitten auf die Petersilie legen.

261. Gefüllte frikassirte Tauben.

Nachdem die Tauben gefüllt sind, legt man sie
in eine Kasserole, thut etwas Rindfleischbrühe,
ein Stück Sellerie, gelbe Rüben und Petersilienwurzel dazu, und läßt sie, mit einem mit Butter
bestrichenem Papier und einem Deckel zugedeckt,
weich dämpfen. Nun macht man von der Taubenbrühe eine nicht zu dicke Buttersauce, quirlt sie mit
dem Saft einer Zitrone und so viel Eierdottern
als Tauben sind, ab, läßt sie anziehen und richtet
sie durch einen Durchschlag über die Tauben an.

262. Gebeizte Tauben wie Rebhühner zuzurichten.

Man salzt die Tauben ein und legt sie auf
einen oder zwei Tage in eine Beize von Essig,
Zwiebeln, Lorbeerblättern und feinen Kräutern;
nachher spickt man sie mit Speck, und bratet sie,
mit einem nassen Papier bedeckt, damit der Speck
nicht verbrennt, in einer Kasserole mit etwas
Beize und begießt sie während des Bratens öfters mit sauern Rahm. Hierauf rührt man auf
4 Tauben 2 Löffel voll Mehl und etwas kleinge-

hackte Zitronenschale in sauerem Rahm klar, gießt
die Brühe von den Tauben und etwas Beize daran, läßt sie auffochen, und richtet sie über die
Tauben an.

263. Junge Tauben in einer schwar-zen Sauce.

Man schneidet den Tauben die Köpfe ab, läßt
das Blut in ein kleines Geschirr, worin ein wenig
Essig ist, und rührt es um, damit es nicht gerinnt.
Dann werden die Tauben rein gerupft, ausge-
nommen, gewaschen, zu Vierteln geschnitten und
in eine Kasserole gelegt. Dazu gießt man, wenn
es zwei Tauben sind, ein halbes Maaß
Fleischbrühe und ein Glas Wein, thut einige
Zitronenscheiben, Lorbeerblätter, eine gute Hand
voll geriebenes schwarzes Brod, ein Stückchen
Zucker, einen Löffel voll feingeschnittenen dürren
Speck, ein Stück Butter von der Größe einer
Wallnuß, Salz, etwas gestoßene Nelken und
Muskatnuß oder Blüthe dazu, deckt das Geschirr
zu und läßt es auf Kohlen so lange kochen, bis die
Tauben weich sind. Sollte zu wenig Brühe sein,
so gießt man noch etwas Fleischbrühe nach. Eine
halbe Viertelstunde vor dem Anrichten gießt man
das Blut von den Tauben dazu, läßt es noch ein

wenig damit aufkochen, legt die Tauben auf eine Schüssel und richtet die Sauce durch einen Durch=schlag darüber an.

264. Junge Hühner.

Werden eben so zubereitet..

265. Junge Enten.

Kann man auf dieselbe Art bereiten.

266. Junge Tauben gedämpft.

Wenn die Tauben gerupft, ausgenommen und gewaschen worden sind, schneidet man sie in Hal=be oder Viertel. Dann hackt man zu 2–3 Tauben eine große Zwiebel, ein halb Viertel dürren Speck, thut diesen mit den Tauben nebst Salz in eine Kasserole, gießt einige Löffel voll Fleischbrühe da-ran, stellt sie auf Kohlen, und läßt sie eine halbe Stunde dämpfen ; während des Dämpfens muß man sie einigemal umschütteln. Nun gießt man Essig und Fleischbrühe daran, jedoch nur so viel, daß wenig Sauce an den Tauben ist, läßt sie da-mit weich kochen und richtet sie an.

267. Tauben in brauner Sauce.

Man wäscht die Tauben, schneidet sie in Vier-.tel und setzt mit Salz und Fleischbrühe oder Was=

ser zum Feuer; wenn sie kochen, so schäumt man sie ab, thut Zitronenschalen, ein wenig Muskatnuß, ein Stückchen Butter und zu zwei Tauben eine Handvoll abgekochte und kleingehackte Champignons, nebst 2 Löffel voll in Butter braun gerösteten Mehl daran, läßt die Tauben damit vollends weich kochen und richtet sie an.

269. Alte oder junge Hühner in einer weißen Sauce.

Wenn man ein altes Huhn dazu nimmt, muß es (nach dem Stechen) wenigstens zwölf Stunden lang in frisches Wasser gelegt werden. Wenn es nun abgebrüht und rein gewaschen ist, setzt man es mit heißem Wasser und Salz zum Feuer. Sobald es zu sieden anfängt, schäumt man es fleißig ab, thut Petersilie, Selleriewurzeln und Borie daran, und läßt es damit so lange kochen, bis es recht weich ist. Dann rührt man zu Sauce 3–4 Eierdotter in einer kleinen Pfanne mit einem Löffel voll Mehl und einigen Löffeln voll kaltem Wasser an, füllt nach und nach mit der Brühe, worin das Huhn gekocht wurde, so viel auf, als man zur Sauce braucht, drückt den Saft von einer halben Zitrone daran, thut ein Lorbeerblatt, eine geschälte ganze Zwiebel, ein wenig Muskatenblüthe und ein Stück Butter hinzu, rührt dieses auf dem Feuer so lange, bis es kocht, legt das Huhn auf eine Schüssel, und richtet die Sauce durch einen Durchschlag darüber an. (Junge Hühner dürfen nach dem Stechen nur 3–4 Stunden in's Wasser gelegt werden).

269. Frikassirte junge Hühner.

Wenn man die Hühner abgestochen, in's Wasser gelegt, abgerührt und rein gewaschen hat, schneidet man sie in Viertel oder gliederweise, legt sie eine halbe Stunde in frisches Wasser und wäscht sie noch einmal. Hierauf läßt man zu 2 Hühnern ein Stück Butter von der Größe eines kleinen Hühnereies zergehen. Dann legt man die Hühner mit etwas Salz hinein, schneidet eine kleine Zwiebel ganz fein, thut sie dazu und läßt sie eine halbe Viertelstunde damit dämpfen. Dann streut man 2 kleine Löffel voll Mehl daran, schwingt die Hühner damit um, und läßt sie noch ein wenig anziehen. Indessen verrührt man 2–3 Eierdotter mit 3 Löffel voll Weinessig, gießt nach und nach so viel Fleischbrühe daran, als man zur Sauce nöthig hat, schüttet es an die Hühner, thut Zitronenschale nebst ein wenig Muskatnuß oder Blüthen und ein Glas Wein dazu und läßt die Hühner eine halbe Stunde lang schnell kochen.

270. Junge Hühner mit Klößchen.

Man schneidet Petersilienwurzeln, gelbe Rüben und Sellerie in kleine Stückchen, läßt ein Stück Butter in einer Kasserole zergehen, thut die Wurzeln hinein, legt abgeputzte und gespeilerte junge Hühner darauf, und läßt es auf Kohlen gelb dämpfen. Dann thut man Rindfleischbrühe und Muskatnuß dazu, läßt alles zugedeckt kochen, bis die Hühner weich sind, und streut noch ein wenig in Butter geröstetes Mehl hinzu. Wenn dieses mit dem Uebrigen durchkocht hat, legt man die Hühner auf eine Schüssel, nimmt die Speiler davon, thut sie in eine andere Kasserole, etwas kleine gekochte Fleischklößchen dazu, läßt die Sauce, warm gehalten, durch einen Durchschlag darüber laufen und belegt es beim Anrichten mit Eiergelb.

271. Alte und junge Hühner mit Häring oder Sardellen gespickt.

Man wäscht 1 oder 2 junge Hühner, siedet sie in gesalzenem Wasser und läßt sie kalt werden. Indessen zerschneidet man einen frischen, rein gewaschenen Häring oder Sardellen in Stücke, so wie man Speck zum Spicken schneidet. Damit spickt man das Huhn, legt es in eine Kasserole, gießt von der Brühe, worin es gesotten hat, etwas

daran, thut ein Stück Butter, ein wenig Muska=
tenblüthe, Zitronenschalen und Saft dazu; den
vom Spicken übrig gebliebenen Häring nebst der
Milch schneidet man in kleine würfelige Stücke,
und thut ihn nebst ein wenig feinem Mehl eben=
falls daran. Nun läßt man das Huhn vollends
aufkochen, legt es dann in eine Schüssel, und rich=
tet die Sauce durch einen Durchschlag darüber
an. Man kann auch etwas feingeschnittene Pe=
tersilie in der Brühe kochen. Alte Hühner wer=
den vor dem Spicken etwas länger gekocht.

**272. Junge Hühner in Spargel oder
Blumenkohl.**

Wenn die Hühner gehörig zubereitet sind, zer=
schneidet man sie, (man kann sie auch ganz lassen),
wäscht sie noch einigemal aus frischem Wasser,
thut sie in ein Geschirr, und gießt siedendes Was=
ser darüber. Wenn sie darin eine halbe Stunde
gestanden haben, thut man sie heraus, läßt in
einer Kasserole Butter, zu 2 Hühnern von der
Größe eines Hühnereies, zergehen, legt die Hühner
hinein, salzt sie, thut ein Bündchen Kräuter, als
Thymian und Petersilie, worin in der Mitte ein
wenig ganze Muskatenblüthe gebunden ist, dazu
und läßt es eine kleine Viertelstunde miteinander

dämpfen. Dann bestreut man die Hühner mit 2 Löffel voll Mehl und gießt, wenn es ein wenig angezogen hat, heiße Fleischbrühe hinzu, thut Muskatnuß oder Blüthe daran und läßt die Hühner vollends weich kochen. Indessen brüht man Spargel in gesalzenem Wasser weich, legt ihn auf der Schüssel, worauf man anrichten will, herum, gießt etwas von der Sauce darauf, läßt es auf Kohlen ein wenig aufkochen, legt das Fleisch alsdann dazwischen und gießt die übrige Sauce darauf.

273. Junge Hühner mit grünen Erbsen.

Die jungen Hühner werden der Länge nach von einander gespalten, und mit Salz eingerieben. Dann läßt man in einer Kasserole ein Stück Butter zergehen, thut klein gehackte Petersilie dazu, legt die Hühner darauf, und läßt sie zugedeckt eine Weile dämpfen. Hierauf thut man aus den Schoten genommene und gewaschene grüne Erbsen dazu, läßt sie eine halbe Stunde dämpfen, streut sodann einen Löffel voll Mehl daran, gießt etwas Rindfleischbrühe dazu und läßt Alles mit etwas Zucker noch einigemal aufkochen. Wenn man sie anrichtet, legt man rund geschnittene in Butter gelb gebackene Milchbrodscheiben um die Erbsen.

274. Gedämpfte Enten mit Capern-Sauce.

Wenn man die Enten abgestochen, gerupft, ausgenommen und einigemal aus frischem Wasser herausgewaschen hat, legt man sie, nachdem man sie gesalzen, in zerlassene Butter und läßt sie darin so lange dämpfen bis sie gelb sind. Dann legt man sie, in ein anderes Geschirr, gießt heiße Fleischbrühe, ein Glas Wein und nach Belieben ein halbes Glas Essig daran, thut Zitronenschale, einige ganze Zwiebeln, ein wenig Pfeffer, Muskatnuß und etliche ganze Nelken hinzu und läßt sie damit kochen. Eine halbe Stunde vor dem Anrichten röstet man zu zwei Enten 3 Löffel voll Mehl dunkelbraun, rührt es mit der Brühe von den Enten an, thut es nebst 4 Löffel voll Capern dazu, und läßt sie damit vollends aufkochen. Beim Anrichten bestreut man sie mit länglich geschnittenen Zitronenschalen.

275. Wilde Enten mit Capersauce.

Ebenso kann man wilde Enten zubereiten; nur nimmt man zum Rosten halb Mehl und halb geriebenes Schwarzbrod, auch Essig und ein wenig Zucker zur Sauce. Die wilden Enten muß man wenigstens 4 Tage vorher in Essig legen, damit sie weich werden.

276. Zahme Enten gefüllt.

Wenn die Enten rein gerupft sind, werden sie in siedendem Wasser abgebrüht, geputzt, in lauem Wasser ausgewaschen, ausgenommen, in frischem Wasser ausgewaschen, und in einem andern Wasser eine halbe Stunde liegen lassen. Aus diesem wäscht man sie nochmals heraus, salzt sie in- und auswendig und läßt sie so lange liegen, bis die Fülle dazu auf folgende Art zubereitet ist:

Man hackt die Leber mit doppelt so viel Speck, als diese groß ist, nebst Charlotten= und andern Zwiebeln, etwas Petersilie, Basilikum und Thymian recht fein. Dann thut man auf eine Ente eine gute Handvoll feines Mehl, Salz, ein wenig Pfeffer und Nelken, nebst Zitronensaft dazu, rührt es mit 3–4 Eierdottern an, füllt damit die Ente und nähet sie zu; man muß jedoch vorher das Wasser gut ablaufen lassen. Nun legt man dünne Speckscheiben auf den Boden einer Kasserole, auf diese in dünne Stückchen geschnittenes Kalbfleisch, und auf dieses einige zerschnittene Zwiebeln und Lorbeerblätter. Dann legt man die Ente darauf, deckt die Kasserole zu, und läßt sie auf Kohlen dämpfen; man wendet sie einigemale um, und wenn sie halb fertig ist, gießt man ein Glas Wein und eine halbe Maaß Fleischbrühe daran, röstet einige Löffel voll Mehl in heißer Butter gelb, thut dieses mit ein wenig gebranntem Zucker dazu und läßt darin die Ente vollends auffochen. Dann legt man sie auf eine Schüssel, schöpft das Fett von der Sauce mit einem Löffel ab, drückt Zitronensaft daran, richtet sie durch einen Durchschlag über die Ente an und bestreut sie mit geschnittener Zitronenschale.

277. Wilde Enten gefüllt.

Auf dieselbe Art werden die wilden Enten zubereitet, nur daß selbige nicht abgebrüht, sondern blos rein gerupft und geputzt werden dürfen.

278. Wilde Enten gedämpft mit schwarzer Sauce.

Die Enten werden in Stückchen geschnitten, und in einer Kasserole in Essig, Wein und Fleischbrühe, nebst Salz, einem Bündchen Nelken, Lorbeerblättern, Zitronen, Pfefferkraut, Basilikum und Zwiebeln weich gedämpft. Hierauf röstet man 1 Löffel voll Mehl und 2 Löffel voll fein geriebenes Schwarzbrod in Butter, läßt es mit den Enten nebst Capern ein paarmal auffochen und richtet alles auf eine Schüssel oder in eine Pastete an,

wobei man nicht vergessen darf, das Bündchen her-
auszunehmen und auszudrücken.

279. Frikassee von allerhand Geflügel.

Man wäscht das Geflügel und schneidet es in
Stücke, (man kann es auch ganz lassen) dämpft
es ein wenig in zergangener Butter und ein wenig
Salz, doch so, daß es noch ganz weiß bleibt. Dann
legt man es aus dem Geschirr heraus, streut ein
wenig Mehl zur Butter und thut etwas in kleine
Stücke zerschnittenes, reingewaschenes Kalbfleisch
hinein, läßt dieses ebenfalls ein wenig darin dämpfen, thut Wurzeln, Zitronenschalen und Saft,
ein kleines Stück dürren Speck und Schinken dazu,
füllt es mit guter Fleischbrühe auf und läßt es eine
halbe Stunde lang kochen. Dann treibt man es
durch einen Durchschlag, legt das Geflügel hinein
und läßt es darin vollends weich kochen. Nun
rührt man einige Eierdotter mit einigen Löffeln
voll süßem Rahm an, gießt die Sauce nach und
nach daran, schüttet es zu dem Geflügel und trägt
es auf.

280. Gekochte Rebhühner mit Char-
lottensauce.

Man putzt und reinigt die Rebhühner gehörig,
speilert sie, spickt sie zierlich, wässert sie aus und

läßt sie in Salzwasser weich kochen. Hierauf bereitet man von der Rebhühnerbrühe eine Charlottensauce, läßt selbige einigemal darin aufkochen und richtet sie mit der Sauce an.

281. Gebratene Schnepfen mit Sauce.

Die Schnepfen werden recht saftig am Spieße gebraten; während dem röstet man den Schnepfenkoth in etwas Butter mit einigen Zwiebeln und gehackter Zitronenschale, streut einige Löffel voll Mehl daran, thut Salz, ein wenig Pfeffer, den Saft von einer Zitrone und etwas Fleischbrühe dazu, läßt alles miteinander durchkochen, und richtet die Sauce über die Schnepfen an.

282. Uebriggebliebenes Fleisch von allerlei Geflügel zu grilliren.

Man nimmt Schlegel oder andere Stücke von übrig gebliebenem, gebratenen Geflügel, schneidet überquer Schnitte hinein, mengt feines Mehl, ein wenig fein gehackte Peterfilie, Salz und eine Messerspitze voll Pfeffer, durcheinander, wendet die Stückchen in zergangener Butter um, bestreut sie mit dem untereinander Gemengten und legt sie auf einen Rost auf Kohlen, bis sie auf beiden Seiten gelb sind. Während des Bratens besprengt

man sie mit ein wenig zergangener Butter. Indessen macht man folgende Sauce dazu:

Man röstet in einem Stückchen zergangener
Butter eine halbe Hand voll Charlotten oder andere feingeschnittene Zwiebeln mit einem Löffel
voll Mehl ganz gelb, gießt Fleischbrühe nebst
einem Gläschen Wein dazu, und läßt es kochen.
Wenn die Sauce nicht braun genug ist, brennt
man Zucker daran, thut kleingeschnittene Zitronenschalen dazu und drückt vor dem Anrichten Zitronensaft hinein, gießt die Sauce in eine flache
Schüssel und legt das Grillirte hinein. Nach Belieben kann man einige Löffel voll Senf an die
Sauce thun.

Mehl-, Milch- und Eier-Speisen.

---

283. Gute Klöße zu machen.

Für ungefähr sechs Personen schneidet man drei
Milchbrödchen in kleine Würfel, gießt über den
halben Theil davon einen Schoppen süße Milch,
den andern halben Theil röstet man in Butter
gelb, thut in eine Schüssel 8 Loth warme Butter,
schlägt 6 ganze Eier, eins nach dem andern dazu,
und verrührt es recht gut; dann nimmt man Salz,

feingehackte Petersilie, Muskatnuß, ein halb
Pfund Mehl, das eingeweichte Milchbrod, und
rührt es gut untereinander, dann rührt man das
geröstete Milchbrod darunter und läßt es eine
halbe Stunde stehen, damit es anzieht. Nun legt
man in kochendes, gesalzenes Wasser einen Kloß,
läßt ihn gar kochen und sieht zu, ob er zu hart
oder zu weich ist; ist er zu hart, so muß man noch
etwas Milch unter den Teig rühren; ist er zu
weich oder zu fein, so thut man noch ein Ei und einige Kochlöffel voll Mehl dazu und rührt alles gut
untereinander. Eine Viertelstunde vor dem Anrichten legt man mit einem Löffel die Klöße in
kochendes Wasser, deckt sie zu, und wenn sie gar
sind, werden sie angerichtet, mit geriebenem Milchbrode, das in Butter geröstet wird, oben darauf
geschmelzt und sogleich auf den Tisch getragen.

Auch kann man ein halb Pfund magern Speck
kleinwürfelig schneiden, ein wenig rösten und unter den Teig rühren.

284. Mark=Klöße.

Man nimmt 6 Loth frische Butter und 6 Loth
Ochsenmark, schneidet es würfelig, thut es in eine
Schüssel, läßt es warm werden und rührt 6–7
ganze Eier, von 6 trockenen Milchbrödchen die

Kruste abgeschält und gerieben, nebst 6 Eßlöffel voll Milch, Muskatnuß, gehackte Petersilie, Schnittlauch und Salz hinein, arbeitet es gut untereinander und läßt es ein wenig stehen, probirt sie dann, ob sie recht sind, und legt sie eine Viertelstunde vor dem Anrichten in kochendes Salzwasser, in welchem man sie gar kochen läßt. Nun werden sie angerichtet, mit fein gehackter Petersilie bestreut, und mit brauner heißer Butter begossen, wonach man sie auftragen kann.

285. Gerührte Klöße.

Man nimmt für circa 6 Personen 12 Loth Butter und rührt sie zu Schaum, schlägt 7 Eier, eins nach dem andern hinein, reibt vier Milchbrödchen hinein, thut ein wenig Salz und Muskatnuß daran, und rührt alles gut untereinander. Dann macht man ein Maaß Milch kochend, legt einen Kloß hinein, und probirt, ob der Teig gut ist, und nicht auseinander fällt; ist er zu weich, so thut man noch einige Eier und etliche Löffel voll Mehl dazu, und rührt es gut untereinander, legt nicht zu große, längliche Klößchen in kochende Milch, deckt sie zu und läßt sie gar kochen. Nun werden sie angerichtet, mit magerem, in Würfel geschnittenen und in Butter gelblich gerösteten Speck übergossen und werden so aufgetragen.

286. Leberklöße.

Man nimmt für ungefähr 7–8 Personen eine schöne Kalbsleber, legt sie eine Weile in's Wasser, häutet sie dann ab, schneidet die Adern heraus und hackt sie recht fein. Hierauf thut man ein Stück Butter in eine Kasserole, nebst fein gehack-ter Zwiebel, Petersilie und 2 in Würfel geschnit-tenen Milchbrödchen, läßt alles mit einander ein wenig rösten und thut es dann vom Feuer, damit es sich ein wenig abkühlt. Dann thut man die Leber, eine Obertasse voll Milch, ein Viertelpfund Mehl, 2 Eier, Salz und Gewürz, ein wenig fein gemachte Brodkrummen hinein, rührt alles recht gut untereinander, und läßt es dann eine Weile stehen. Nun wird in kochendes Wasser ein Kloß eingelegt und gar gekocht, um zu sehen, ob der Teig gut ist; ist er zu weich, so thut man noch ein Ei und einen Eßlöffel voll Mehl dazu; ist er zu hart, so wird noch ein wenig Milch dazu gethan. Eine Viertelstunde vor dem Anrichten werden von dem Teig Klöße gemacht, in gesalzenes kochendes Wasser eingelegt und langsam gekocht. Wenn sie gar sind, werden sie angerichtet und mit in Butter gelb gerösteter Zwiebel oder geriebenem Milch-brod geschmelzt.

287. Klöße von übrig gebliebenem Kalbfleisch.

Man hackt das Fleisch recht fein, thut es in eine Schüssel, schält 2 Milchbrödchen dünn ab, weicht sie ein und drückt sie wieder fest aus; dann thut man in eine Kasserole ein Stückchen Butter und ein Stückchen in feine Würfel geschnittenen Speck, läßt es auf dem Feuer heiß werden, thut eine fein gehackte Zwiebel, Petersilie und Schnitt= lauch hinein, läßt es ein wenig dämpfen, thut das ausgedrückte Milchbrod dazu und läßt es recht heiß werden, thut es zu dem gebackenen Fleisch, schlägt 4 ganze Eier hinein, gibt Salz und Ge= würz dazu und rührt alles gut untereinander. Nun werden Klöße gemacht, und in Wasser oder Fleischbrühe gekocht, dann angerichtet, und mit in Butter gelb geröstetem Milchbrode geschmelzt.

288. Hefen=Klöße.

Man thut ein Pfund Mehl in eine Schüssel, dann 2 Eßlöffel voll gute Hefe und einen halben Schoppen warme Milch, rührt in der Mitte des Mehls einen Teig an und läßt ihn in der Wärme gehen. Hierauf thut man 4 Loth warme Butter, 2 ganze Eier, ein wenig Salz und noch etwas Milch dazu; nun schlägt man mit einem Kochlöffel

den Teig so lange, bis er sich vom Löffel ablöst
(der Teig darf aber nicht zu dünn sein), und läßt
ihn wieder gehen. Nun macht man große Klöße
davon, legt sie auf ein mit Mehl bestreutes Tuch
und läßt sie noch ein wenig liegen. Indessen wird
in einem großem Geschirr Wasser kochend gemacht,
gesalzen und eine Viertelstunde vor dem Anrichten
werden die Klöße hineingelegt, zugedeckt und lang=
sam gekocht. Wenn sie gar sind, werden sie mit
einem Schaumlöffel herausgethan, in eine Schüs=
sel gelegt, und mit ein Paar Gabeln auseinander
gerissen, (schneiden darf man sie nicht), mit feinge=
hackter Petersilie bestreut und mit brauner Butter
geschmelzt.

Zu den Hefen=Klößen muß man viel Wasser
nehmen, damit sie schwimmen können, und nicht
hart auf einander liegen; der Deckel muß auch
gut passen, damit der Dampf beisammen bleibt.

Man kann auch nur einen Kloß machen und
eine halbe Stunde kochen lassen, damit man sieht
ob der Teig gut ist. Auch darf man die Klöße
nicht zu viel gehen lassen, bevor man sie kocht,
sonst werden sie nicht gut, denn die Hefenklöße
müssen während dem Kochen erst recht aufgehen.

289. Karthäuser=Klöße.

Man nimmt 2 Milchbrödchen, schält die Rinde

11

davon ab, schneidet sie in Viertel, thut Rosenwas=
ser und 8 Eier dazu, schlägt sie gut durcheinander,
legt dann die Milchbrödchen hinein und läßt sie
eine Viertelstunde weichen; dann reibt man ein
Milchbrod, wälzt die eingeweichten Brödchen da=
rein, backt sie in Butter und bestreut sie mit Zuk=
ker und Zimmet. (Die Sauce dazu siehe 167).

290. Kartoffel=Klöße.

Die in Salzwasser gekochten und wieder erkal=
teten Kartoffel werden geschält und gerieben; nun
zerläßt man Butter oder Schmalz, gießt es darüber
und deckt sie zu, damit sie dämpfen. Nun werden
zwei Milchbrödchen in kleine Würfel geschnitten,
in Butter gelb geröstet und unter die zuvor gut
durcheinander gerührten Kartoffeln gethan, 4–5
Eier dazu, gesalzen und Mehl hinzu, bis der Teig
fest ist; dann werden Klöße davon gemacht, und
in kochendes Wasser gelegt. Wenn sie gar sind,
werden sie angerichtet und mit in Butter geröste=
tem Milchbrod überschüttet.

291. Mandel=Würstchen.

Man nimmt 8 Loth geschälte und feingestoßene
Mandeln, ein geriebenes in Milch geweichtes und
leicht ausgedrücktes Milchbrod, einen Eßlöffel voll

Mehl, eine feingeschnittene Zitronenschale, etwas gestoßenen Zimmet, eine Handvoll Zucker und 3 Eier, dieses zusammen wird in einer Schüssel recht gut verrührt; dann nimmt man ein mit Eierweiß bestrichenes Brettchen, legt die Masse darauf, streicht sie mit einem Messer glatt und bestreicht sie oben wieder mit Eierweiß. Nun wird Schmalz heiß gemacht, von der Masse mit einem Messer lange Würstchen geschnitten und schön gelb heraus= gebacken; nur muß man sie während dem Backen ein wenig schütteln, damit sie recht schön werden. Wenn die Würstchen gebacken sind, legt man sie in eine Kirschsauce, läßt sie einigemal darin auf= wallen und richtet sie an.

292. Mandelschnitten.

Die Masse zu Mandelschnitten wird eben so ge= macht wie die vorhergehende; dann schneidet man von Milchbrod runde Schnitten, streicht von der Masse 2 Messerrücken dick darauf, bestreicht sie mit 1 Ei und bäckt sie in Schmalz schön gelb, thut sie in eine beliebige süße Sauce und läßt sie noch ein wenig kochen.

293. Reisschnitten.

Ein Viertelpfund Reis wird gut gebrüht und

in Milch recht dick gekocht, dann thut man ihn in
eine Schüssel und läßt ihn abkühlen. Hierauf thut
man eine Handvoll Zucker, Zimmet, von einer hal=
ben Zitrone die feingeschnittene Schale, 3 Eier und
eine Handvoll geriebenes Milchbrod zu dem Reis
und rührt Alles recht gut untereinander.   Dann
werden von einem Milchbrode runde Schnitten
gemacht, die Masse 2 Messerrücken dick daraufge=
strichen, in heißem Schmalz schön gelb gebacken und
mit einer Zitronen= oder Hagebuttensauce auf den
Tisch gegeben.

294. Eine Mehlspeise mit Hefe.

Man thut ein Pfund Mehl in eine Schüssel,
rührt in der Mitte des Mehls mit 2 Eßlöffel voll
guter Hefen und einem Schoppen warmer Milch
einen Teig an und läßt ihn bei gelinder Wärme
gehen. Wenn er gegangen ist, wird ein Viertel=
pfund zerlassene Butter, 3 Eier und ein wenig
Salz dazu gerührt, doch daß der Teig nicht zu steif
wird, muß er gut durchgeschlagen werden, und stellt
ihn hin, daß er wieder geht. Indessen nimmt
man etwas gelesene und reingewaschene, kleine
Rosinen, 2 Loth geschnittenen Zitronat, 4 Loth ge=
schälte und fein geschnittene Mandeln, die fein ge=
schnittene Schale einer Zitrone, eine Handvoll

Zucker und mengt alles gut untereinander. Ist
nun der Teig gegangen, so thut man ihn auf ein
Backbrett, arbeitet ihn ein wenig durch und walkt
ihn ungefähr 2 Messerrücken dick aus. Hierauf
schneidet man eine Viertelelle lange und 2 Finger
breite Streifen, bestreicht sie mittelst eines Pinsels
mit zerlassener Butter, bestreut sie mit dem Ge=
mengten, rollt sie wie eine Schnecke zusammen, und
setzt sie (nicht zu nahe aneinander, weil sie noch
aufgehen müssen), in eine mit Butter bestrichene
Form. Sind sie nun genug gegangen, so werden
sie in einem Backofen schön gelb gebacken. Wenn
sie nun gut sind, werden sie umgestürzt und recht
warm mit einer süßen Rahm=oder Milchsauce
auf dem Tisch gegeben.

Die Sauce gibt man besonders und die Mehl=
speise wird mit Zucker bestreut.

295. Gefüllte Omelets oder Pfannen= Kuchen.

Man macht einen guten Pfannenkuchenteig,
backt 8—9 kleine Pfannenkuchen, die so groß sind,
als die Form ist, worin sie gebacken werden; auch
müssen sie sehr dünn sein. Dann nimmt man ein
Viertelpfund geschälte und feingestoßene Mandeln,
4 Loth gestoßenen Zucker, 2 ganze Eier und von

zwei Eiern das Gelbe, rührt die Mandeln eine
Viertelstunde, thut 2 Loth feingeschnittenen Zitro=
nat und abgeriebene Zitronenschale in die Masse,
bestreicht eine Form mit Butter, legt ein Omelet
darein, streicht von der Masse darauf, legt wieder
ein Omelet darauf, bestreicht sie mit der Masse und
fährt so fort, bis die Form voll ist ; dann deckt
man es mit einem mit Butter bestrichenen Papier
zu und bäckt es langsam im Ofen. (Man kann
sie mit einer Kirsch= oder Weinsauce geben).

296. Italienische Nudeln oder Makaroni.

Man setzt Wasser auf das Feuer, thut ein wenig
Salz, ein Stückchen Butter und Muskatenblüthe
hinein und läßt es kochen. Nun thut man (für
circa 5–6 Personen) ein gutes Viertelpfund von
den Nudeln hinein, (das Wasser muß darüber
gehen), und läßt sie eine kleine Stunde kochen; sind
sie früher eingekocht, so gießt man etwas Wasser
nach. Wenn man sie nun anrichtet, bestreut man
die Schüssel mit etwas Parmesan-Käse, dann wer=
den die Nudeln hinein geschüttet, und man bestreut
sie oben wieder mit Käse.

297. Schinken=Nudeln.

Für ungefähr 8 Personen wird von drei Eiern

ein Nudelteig gemacht, dünn ausgewalkt und etwas breite Nudeln davon geschnitten in Salzwasser abgekocht und in einen Durchschlag geschüttet, damit das Wasser abläuft. Indessen röstet man in einem Stück Butter eine feingehackte Zwiebel und Petersilie, schneidet ein Pfund gekochten, magern Schinken fein, zerrührt in eine Schüssel 6 ganze Eier und 4 Dotter, thut anderthalb Schoppen sauern Rahm, daß Geröstete nebst dem Schinken und den gekochten Nudeln dazu, rührt Alles gut untereinander, bestreicht eine Form mit Butter, bestreut sie mit geriebenem Milchbrod, läßt sie eine halbe Stunde langsam im Ofen backen, und trägt sie dann auf.

298. Dampfnudeln.

Man thut in eine Schüssel 1 Pfund feines Mehl, 2 Eßlöffel voll gute Hefe, einen halben Schoppen laue Milch und rührt in der Mitte des Mehls einen Teig an, stellt ihn an einen warmen Ort, damit er geht, gibt dann ein wenig Salz, 2 Eier, 4 Loth Zucker, ein Viertelpfund zerlassene Butter, noch ein wenig Milch hinzu und rührt es nun gut untereinander, schlägt den Teig so lange, bis er sich vom Löffel löst, (der Teig darf aber nicht zu weich sein), läßt ihn wieder gehen, be=

streut eine Serviette mit · Mehl, macht aus dem
Teige Dampfnudeln von der Größe eines Hühner-
Eies, setzt sie auf die Serviette, deckt sie zu und
läßt sie noch etwas gehen ; dann thut man in eine
Kasserole einen halben Schoppen Milch, 4 Loth
Butter und eine Handvoll Zucker.   Wenn man
die Suppe anrichten will, setzt man die Milch auf's
Feuer, und läßt sie kochen, thut sie vom Feuer herab, setzt die Nudeln (nicht zu dicht aneinander, weil
sie während dem Kochen noch aufgehen) hinein,
deckt sie mit einem gut passenden Deckel zu, legt
Kohlen darauf, und läßt sie langsam kochen, bis
sie unten ein wenig gelb werden.   Nun setzt man
sie ab, sticht sie mit einem kleinen Schippchen heraus, und gibt sie mit einer Rahmsauce auf den
Tisch.

299. Gewöhnliche Nudeln.

Man   nimmt für ungefähr 6 Personen 2 Pfund
feines Mehl und 6 Eier, macht einen zarten Teig,
walkt ihn aus und läßt ihn eine Weile liegen, dann
rollt man ihn zusammen, schneidet Nudeln daraus,
und kocht sie in Salzwasser ab, schüttet sie in einen
Durchschlag und läßt sie ablaufen.   Indessen röstet man geriebenes Milchbrod in Butter gelb und
schüttet es, wenn die Nudeln auf eine Schüssel
angerichtet sind, darüber.

300. Reis-Pudding.

Ein Viertelpfund gut gelesenen und rein gewaschenen Reis brüht man mit kochendem Wasser
ab und läßt ihn ein wenig stehen. Indessen wird
eine halbe Maaß Milch kochend gemacht, das
Wasser vom Reis abgeschütttet, und die kochende
Milch daran gegossen. Nun läßt man den Reis,
ohne zu rühren, auf Kohlen dick einkochen, schüttet
ihn dann in einen Durchschlag und läßt ihn abkühlen. Hierauf nimmt man von 2 Milchbrödchen
die Brosamen, feuchtet sie mit kochender Milch ein
wenig an, rührt ein Viertelpfund Butter zu
Schaum, thut die Brosamen, wenn sie abgekühlt
sind, und 6 ganze Eier dazu, gibt eine Handvoll
gestoßene Mandeln, ein wenig abgeriebene Zitronenschale, Zucker und Zimmet nebst dem abgelaufenen Reis zur Masse. Nun bestreicht man
eine Serviette mit Butter, bestreut sie stark mit
geschnittenen Mandeln, thut die Masse hinein,
bindet sie nicht zu fest zu, und hängt sie in kochendes Wasser, worin sie anderthalb Stunden kochen
muß. Alle Puddings können auch ohne Serviette
in einer Form, die in einen Topfe mit Wasser gesetzt wird, gekocht werden. Das Wasser darf aber
nur halb über die Form gehen. Man gibt den

Reis-Pudding mit einer von Nro. 164. 165, 167 beschriebenen Sauce auf den Tisch.

301. Pudding von Nudeln.

Man macht von 3 Eiern einen Nudelteig, walkt ihn aus, schneidet die Nudeln nicht zu fein, kocht sie in einer halben Maaß Milch gar, schüttet sie in einem Durchschlag und läßt sie ablaufen. Hierauf thut man eine Handvoll geschälte und fein geschnittene Mandeln, eine abgeriebene Zitronenschale, Zucker und Zimmet nebst 8 Loth zerlassener Butter und die Nudeln dazu, rührt alles mit 6 Eiern an, bestreicht eine Serviette stark mit Butter, bestreut sie mit geschnittenen Mandeln, Zitronat und geriebenem Milchbrod, thut die Masse hinein und verfährt dann wie oben beschrieben wurde.

Man kann die Nro. 167 und 177 beschriebenen Saucen dazu geben.

302. Pudding auf eine andere Art.

Man nimmt 10 Stück doppelt, gestoßenen Zwieback oder von 5 Milchbrödchen, die abgeriebene Kruste, rührt es mit einem Schoppen Milch und etwas Rahm recht zart ab, läßt ein halb Pfund Ochsenmark zergehen, und thut es dazu, gibt 10

Loth Zucker, ein halb Pfund kleine Rosinen, in frischer Butter geröstet, 7 ganze Eier und die abgeriebene Schale einer Zitrone dazu, rührt alles gut untereinander und verfährt dann auf oben vorgeschriebene Weise. Man kann die Nro. 165 oder 167 beschriebene Sauce dazu geben.

303. Ein Pudding von Fischen für circa 7 bis 8 Personen.

Man reibt 3 Milchbrode ab, macht ein Viertelpfund Butter warm nebst einem Viertelschoppen süßer Milch, gießt solches über das geriebene Milchbrod, deckt es zu, und läßt es stehen. Es mögen nun Forellen, Hechte, Karpfen oder Fische geringerer Art sein, die gebraten, gebacken, gesotten und übrig geblieben sind, so können solche hiezu verwendet werden. Man liest die Gräten rein davon, thut zu den verlesenen Fischen 4 Loth geputzte Sardellen, eine Zwiebel, ein wenig Petersilie, etwas Basilikum, Zitronenschalen, 4 Loth Mark oder 4 Loth geschnittenen und in der Milch gesottenen grünen Speck und etwas Kapern, hackt dieß alles zusammen, aber nicht zu fein. Hierauf wird das eingeweichte Milchbrod mit 6 Eiergelb angerührt, das Weiße von 4 Eiern zu einem Schaum geschlagen, das Gelbe nebst Salz und

Muskatenblüthe zum Milchbrod gethan, leicht untereinander gerührt, der Schnee schnell hineingethan, eine Serviette mit Butter bestrichen, geriebenes Milchbrod darauf gestreut, das Angerührte hineingefüllt, und in Salzwasser wie der Reis-Pudding gekocht. Man kann eine Sardellen- oder Zitronensauce dazu machen, wie solche bei den Saucen zu finden ist. Hat man keine übriggebliebene Fische, so wird ein pfündiger Hecht oder Forelle dazu gebraten.

304. Englischer Pudding.

Man nimmt 4 trockene Milchbrödchen, schält die Kruste ganz ab, schneidet sie in vier Theile und weicht sie in Milch ein, drückt selbige aus, nimmt von 5 Eiern das Gelbe, ein wenig Butter, Zucker Zimmet, Zitronat, 4 Loth grob gestoßene Mandeln 4 Loth kleine Rosinen, ein Stückchen Zitronenschale klein gehackt, und 2 Messerspitzen voll Salz. Dieses alles miteinander wohl verrührt, alsdann schlage man von den 5 Eiern das Weiße zu Schaum, dann thut man es zur Masse, und schlägt es so lange, bis man es auf's Feuer setzen will, dann schmiert man die Form oder Serviette mit Butter, und läßt es zwei Stunden kochen. Man ziert es mit Zuckerstengel, Zitronat und Mandeln.

Man kann darüber die Saucen Nro. 167 und 169. machen.

305. Englischer gebackener Pudding.

Stoße ein Pfund Mandeln mit ein wenig Rosenwasser klein, alsdann nimm die Schale von einer Zitrone nebst etwas Zitronat und schneide denselben kleinwürfelig, schlage sechs Eier zu Schaum, schüttet dieselben mit etwas Zucker und Zimmet über die Mandeln, schlage diese alsdann mit einem Kochlöffel, bis es Blasen gibt, nachher mache man einen spanischen Teig, schmiere die Form aus, thue den Teig zur Hälfte hinein, dann das Obige darauf und mit dem Teig zugedeckt, mit dem Gelben von einem Ei aufgefrischt, mit klein geschnittenem Zitronat und gestoßenem Kandelzucker bestrichen und gebacken.

306. Gebackener Pudding.

Man nimmt 4 Milchbrödchen, schält sie ganz dünn ab, und schneidet sie grobwürfelig, thut sie in eine Schüssel, gibt 4 Loth große und 4 Loth kleine Rosinen, die abgeriebene Schale einer Zitrone und 4 Loth fein geschnittenen Zitronat hinzu, mengt es untereinander, macht ein Viertelpfund Butter mit einem Schoppen Milch kochend und

gießt dieses über das Milchbrod, doch so, daß das
Milchbrod durchaus angefeuchtet wird, schlägt acht
Eier recht gut und rührt die Masse damit an ; es
darf aber nur so lange gerührt werden, bis die
Eier darunter sind, denn die Milchbrodschnittchen
müssen ganz bleiben; dann streicht man eine Form
mit Butter, bestreut sie mit geriebenem Milchbrod,
thut die Masse hinein und läßt sie im Ofen schön
gelb backen.   Man gibt nach Belieben ein Sauce
dazu.

307. Pudding von schwarzem Brode.

Man nimmt acht Loth gebranntes Brod, stößt
und siebt es durch, schüttet einen halben Schoppen
rothen Wein kochend darüber, gibt ein Viertelpfund
feingestoßene Mandeln, ein Viertelpfund große
und eben so viel kleine Rosinen, ein Viertelpfund
Zucker, ein Viertelpfund frische Butter, ein halbes Loth Zimmet, etwas Nelken und Muskatnuß,
8 Eier, eins nach dem andern hineingeschlagen,
hinzu und schlägt die Masse gut ab.   Nun bestreicht man eine Pfanne mit Butter, thut die
Masse hinein, und läßt sie eine Stunde langsam
backen.   Man gibt die Sauce Nro. 164 dazu.

308. Aepfel-Pudding.

Man rührt ein Viertelpfund Butter mit 6 ganzen

Eiern und vermischt damit ein dickes Mus von guten Aepfeln, in Milch eingeweichte und wieder ausgedrückte Milchbrödchen, Zucker, Zimmet und fein gewiegte Zitronenschale. Nachdem dieser Pudding 2 Stunden gekocht hat, wird er mit einer Weinsauce Nro. 167 servirt.

309. Mandeln=Pudding.

Man stößt ein Viertelpfund abgeschälte Man= deln und wenn sie beinahe ganz fein sind, thut man die, ein halbes Pfund Milchbrod kleinge= schnittene, in Milch geweichte und wieder ausge= drückte Krume dazu, und fährt noch einige Zeit mit dem Stoßen fort. Dann vermischt man da= mit 8 Eierdotter, 6 Loth mit etwas Vanille, ge= stoßenem Zucker, eine Tasse Rahm und zuletzt den Schnee von 3 Eierweiß. Hierauf schmiert man eine Form, z. B. die einer Melone, mit Butter aus, streut geriebenes Milchbrod darin herum, und thut die Masse hinein. Nun stellt man die Form in eine Kasserolle mit kochendem Wasser, und läßt den Pudding eine Stunde auf die in Nro. 300 bezeichnete Weise kochen. Nachher stürzt man ihn auf eine Schüssel und gibt die Sauce Nro. 167 dazu.

310. Reis-Auflauf.

Man nimmt ein Viertelpfund gelesenen, ge=
waschenen und gebrühten Reis, thut ihn in eine
Kasserole, gießt ein halb Maaß kochende Milch
darüber, gibt ein Viertelpfund Butter dazu, läßt
ihn langsam gar und dick kochen, stellt ihn dann
vom Feuer weg, und läßt ihn kalt werden; dann
thut man ihn in eine Schüssel, rührt ihn recht
stark, thut eine Handvoll geriebenes Milchbrod,
zwei Hände voll Zucker, etwas Zimmet, die abge=
riebene Schale einer Zitrone, 2 ganze und von 5
Eiern das Gelb hinzu, rührt alles gut unterein=
ander, schlägt das Weiße von den 5 Eiern zu
Schnee und rührt es darunter, bestreicht eine Form
stark mit Butter und bestreut sie mit geriebenem
Milchbrod, thut die Masse hinein und thut sie
eine Stunde vor dem Anrichten in einen Ofen
oder in eine Tortenpfanne und läßt sie langsam
backen. Hierauf wird es umgestürzt, mit Zucker
und Zimmet bestreut und mit einer Milch- oder
Mandelsance gegeben. Man kann auch in den
Reisauflauf etwas gestoßene Mandeln, auch fein
geschnittenen Zitronat oder Pomeranzenschale
thun.

311. Auflauf von Milchbrod.

Man nimmt 2 abgeschälte Milchbrödchen, schneidet sie in Stückchen, thut sie in eine Kasserole und schüttet ein halb Maaß Milch darüber, läßt es weich werden, thut 4 Loth Butter dazu, setzt es auf gelindes Feuer und läßt es ein wenig koch= en ; dann wird es abgesetzt und läßt es kalt wer= den. Indessen rührt man ein Viertelpfund Butter zu Schaum, thut von 8 Eiern das Gelbe dann das gekochte Milchbrod nebst abgeriebener Zitronen= schale, Zucker, Zimmet, etwas gelesene und ge= waschene kleine Rosinen, schlagt das Weiße von den 8 Eiern zu Schnee, und rührt es langsam da= runter, bestreicht eine Form mit Butter, thut die Masse hinein und läßt es drei Viertelstunden lang= sam backen, dann wird es umgestürzt, mit Zucker bestreut und aufgetragen

312. Auflauf von Krebsen.

Man nimmt 30 Krebse, kocht sie in Wasser ohne Salz, bricht die Schwänze nebst dem Inwen= digen heraus, stößt die Schale und dämpft sie in 12 Loth Butter, wenn es steigt so gießt man eine halbe Maaß Milch daran und wenn es etwas ge= kocht hat, gießt man es durch einen Durchschlag

und läßt es kalt werden, thut dann die Krebsbut=
ter in eine Schüssel und rührt sie leicht, schlägt 2
ganze und von 6 Eiern das Gelbe nach und nach
hinein, nimmt dann 2 abgeschälte Milchbrödchen,
schneidet sie entzwei und legt sie in die Krebsmilch,
damit sie weich werden, thut es zu der gerührten
Butter nebst etwas geschälten und gestoßenen
Mandeln, ein Viertelpfund Zucker, die abgeriebene
Schale einer Zitrone, rührt es eine Weile, thut
dann die Krebsschwänze, würfelig geschnitten, da=
zu, schlägt das Eiweiß zu Schnee und mengt es
langsam darunter, bestreicht dann eine Form mit
Butter, thut die Masse hinein, zieht es langsam
auf, streuet Zucker darüber und trägt es auf.

313. Auflauf von Kartoffeln.

Man kocht 7–8 Kartoffeln nicht zu weich, schält
sie und läßt sie kalt werden, dann werden sie gerieben, damit keine Stücke darunter sind, rührt
dann 12 Loth Butter leicht, schlägt 2 ganze und
von 6 Eiern das Gelbe nach und nach hinein, thut
ein halb Pfund geriebene Kartoffeln, 8 Loth Zuk=
ker, die abgeriebene Schale einer Zitrone hinzu
und rührt es recht glatt, thut dann ein halbes ge=
riebenes Milchbrod und einen Viertel-Schoppen

süßen Rahm dazu, rührt es noch etwas, schlägt
das Weiße von 6 Eiern zu Schnee und rührt es
langsam darunter.   Nun wird eine Form mit
Butter bestrichen, die Masse hineingethan, läßt
es eine Stunde backen, streut Zucker darüber und
trägt es auf.

314. Auflauf von Griesmehl.

Man macht in einer Kasserole 1 Schoppen
Milch mit einem Viertelpfund Butter kochend, thut
ein Viertelpfund Griesmehl hinein und macht
einen Teig davon, thut ihn in eine Schüssel und
läßt ihn abkühlen.   Hierauf rührt man ihn erst=
lich, schägt dann nach und nach 5 Eierdotter und 3
ganze Eier hinein, die abgeriebene Schale einer
Zitrone, etwas Zucker, schlägt von 5 Eiern das
Weiße zu Schnee und rührt es langsam darunter,
bäckt dann 4 kleine, dünne Pfannenkuchen, bestreicht
eine Form mit Butter, thut einige Löffel voll von
der Maße hinein, etwas Eingemachtes darauf,
dann einen Pfannenkuchen, so groß die Form ist,
darauf, dann wieder einige Löffel voll Masse und
Eingemachtes darauf und wieder einen Pfannen=
kuchen, wie man auch mit dem Uebrigen fortfährt,
bis die Form voll ist.   Hierauf wird es in einem

Ofen oder in einer Tortenpfanne gebacken. Man kann ihn umstürzen oder auch mit der Form auf den Tisch geben, wo man ihn mit Zucker und Zimmet bestreut.

315. Auflauf mit Mandeln.

Für circa 6 Personen nimmt man zwei Milch=bröbchen, schält sie dünn ab, weicht sie in Milch ein und drückt sie wieder, nicht zu fest, aus, rührt dann ein Viertelpfund Butter zu Schaum, thut das Milchbrod, 8 Loth geschälte und feingestoßene Mandeln, nebst Zucker, Zimmet und abgeriebener Zitronenschale hinzu, rührt alles mit 5 gelben und 3 ganzen Eiern eine gute Viertelstunde (das Weiße zu Schnee geschlagen) darunter, thut es in eine mit Butter bestrichene Form und bäckt es lang=sam.

Man gibt eine Kirsch=, Wein= oder Rahmsauce dazu.

316. Auflauf mit Aepfeln.

Man nimmt 5—6 geschälte Aepfel, macht den Krips heraus und schneidet sie in kleine Stückchen, thut sie in eine Kasserole, etwas Wein und Zucker dazu und läßt sie gar kochen, schüttet sie in eine Schüssel und läßt sie kalt werden. Indessen rührt

man ein Viertelpfund Butter leicht ab, schlägt 4
ganze und von vier Eiern das Gelbe hinein, gibt
noch ein geriebenes Milchbrod und einen Eßlöffel
voll Mehl hinzu und rührt es gut durcheinander,
thut dann ein Viertelpfund Zucker, etwas Zimmet,
die abgeriebene Schale einer Zitrone und von vier
Eiern das Weiße zu Schnee geschlagen dazu, und
rührt es gut untereinander; nun werden die Aepfel darunter gemengt, aber nicht mehr gerührt,
bestreicht eine Form mit Butter und thut die Masse
hinein, stößt eine Handvoll geschälte Mandeln,
mengt etwas Zucker und Zimmet darunter und
bestreut den Auflauf dick damit, thut etwas Butter darauf und läßt ihn langsam backen. Diesen
Auflauf gibt man mit der Form auf den Tisch.

317. Reismus.

Für 5—6 Personen brüht man ein halbes Pfund
gelesenen und rein gewaschenen Reis mit kochendem Wasser ab, läßt ihn in einer Maaß Milch
ganz dick einkochen, rührt ein Viertelpfund Butter leicht, schlägt 2 Eier dazu, thut den abgekochten
Reis hinzu, Muskatenblüthe und Salz daran,
legt von dem Reis auf dem Rande einer Porzel-
lan- oder Zinnschüssel einen Kranz herum und

in die Mitte der Schüssel einen von Kalb= oder Lammfleisch oder Brustſtück verfertigten Ragout ein. Jede Art dieses Ragouts wird als ein Fri= kaſſe verfertigt. Sobald es kalt ist legt man in den zurückgelaſſenen Reis noch 3 Eier, gießt es über den Ragout, und bäckt es im Ofen oder in einer Tortenpfanne gelb.

318. Mus von ſchwarzem Brod.

Man nimmt 2–3 Hände voll geriebenes ſchwar= zes Brod, in einem irdenen Geſchirr gelb in But= ter geröſtet, 1 Schoppen Wein und einen halben Schoppen Waſſer darangegoſſen, die kleingeſchnit= tene Schale von einer Zitrone, ein Stückchen Zuk= ker, etwas geſtoßenen Zimmet und 4 geſtoßene Nelken dazu gethan. Es muß fleißig gerrührt werden, bis es zu kochen anfängt, weil es ſich gern anhängt. Wird das Mus zu dick, ſo wird etwas Waſſer und Wein nachgegoſſen.

319. Gebackenes Eierbrod.

Für ungefähr vier bis fünf Perſonen reibt man von zwei Milchbrödchen das Aeußere ab, ſchneidet das Innere zu ganz dünnen, runden Scheiben, ſchüttet einen ſtarken halben Schoppen ſiedenden, ſüßen Rahm darüber und läßt es weich werden;

gießt hierauf, wenn das Milchbrod nicht allen
Rahm eingesogen hat, den übrigen davon ab,
rührt ein Viertelpfund Butter leicht, thut das
eingeweichte Milchbrod und dann das Gelbe von
acht Eiern, etwas abgeriebene Zitronenschale,
Zimmet und Zucker hinzu, rührt es recht gut,
schlägt das Weiße von den Eiern zu Schaum,
rührt denselben auch darunter, und bestreicht dann
eine Kasserole mit Butter, legt ein weißes Blatt
Papier hinein, füllt die Masse darauf, bäckt das
Brod im Ofen gelb, stürzt es langsam auf eine
Schüssel, hackt 2 Loth Zitronat klein, mengt et=
was Zucker und Zimmt darunter, bestreut das
Eierbrod damit so lange es noch warm ist. — Es
kann als Zwischenschüssel gegeben werden.

320. Mandelspeise wie Speck mit Erbsen als Fastenspeise.

Ein halbes Pfund Mandeln schält und röstet
man gröblich, thut sie nebst 6 Loth gestoßenem
Zucker in eine Schüssel, und rührt es mit dem
Gelben von 4—5 Eiern an, thut die Masse auf ein
Brett, welches halb mit Mehl und halb mit Zuk=
ker bestreut sein muß, schneidet kleine Stücke da=
von, drückt sie mit einem Messer breit und eckig,
bäckt sie in heißer Butter oder Schmalz gelb, legt

sie nach dem Backen auf Brodschnitten, damit das Fett herauszieht, und dann auf die dazu bestimmte Schüssel. Anstatt der Erbsen reibt man eine Zitrone an Zucker ab, thut das abgeriebene nebst dem Saft, einem Stück Zucker und einer Bouteille Wein in eine Kasserole und läßt es mit einander kochen; verrührt hierauf das Gelbe von 8 Eiern mit ein wenig Wasser, gießt den kochenden Wein langsam daran, läßt es über'm Feuer noch ein wenig anziehen, richtet es über die gebackenen Speckschwarten an und bestreut es mit klein geschnittener Zitronenschale.

321. Mehlspeise mit Mandeln.

Man rühret ein Viertelpfund Butter leicht, schlägt das Gelbe von 5 Eiern darein, thut ein in Milch eingeweichtes Milchbrod, 8 Loth süße und 1 Loth bittere, geschälte und fein gestoßene Mandeln, ein ¼ Pfund gestoßenen Zucker, ein wenig gestoßenen Zimmet, die abgeriebene Schale einer halben Zitrone und 3 Eßlöffel voll süßen Rahm dazu, schlägt das Weiße von 4 Eiern zu Schaum, rührt ihn auch darunter, bestreicht eine Porzellanschüssel mit Butter, füllt die Masse hinein und läßt sie in der Tortenpfanne oder im Ofen aufziehen.

322. Gefüllte Scheiterhaufen.

Man reibt 2 Milchbrode an einem Reibeisen ein wenig ab, schneidet sie zu runden, fingerdicken Schnitten, und dieses wieder quer von einander, verrührt hierauf 6 Eier mit 6 Eßlöffeln voll süßen Rahm, eine Handvoll Zucker und 4 Eßlöffel voll Rosen= oder Pomeranzenwasser recht stark, legt das zerschnittene Milchbrod hinein, läßt es auf beiden Seiten weich werden, stößt 6 Loth Mandeln nicht ganz fein und vermengt sie mit einer Hand voll ebenfalls gestoßenem Zucker und vier Loth gewaschenen kleinen Rosinen. Nun wird ein run= des Geschirr, welches auf den Tisch gegeben wer= den kann, stark mit Butter bestrichen, ein Geleg von dem eingeweichten Milchbrod hinein gethan, von dem Vermengten darüber gestreut und so fort gemacht, bis beides zu Ende ist; es muß aber immer in die Höhe gelegt werden, daß es einem Scheiterhaufen ähnlich sieht. Alsdann gießt man die übrigen Eier darüber, schneidet ein wenig Butter hinzu, bäckt es im Ofen gelb und gibt eine süße Milch= oder Mandelsauce besonders dazu.

323. Gebrannter Brei.

Zu einer halben Maaß Milch thut man 5—6

Eiergelb, 3 Eßlöffel voll feines Mehl, die abgeriebene Schale einer halben Zitrone, rührt das
Mehl und die Zitrone zuerst mit ein wenig Milch
glatt, dann die Eiergelb, die übrige Milch und ein
kleines Stück Zucker dazu, kocht es unter beständigem Rühren, wie einen andern Brei, richtet
ihn auf die Schüssel an, worauf er zu Tisch gebracht, und stellt solche auf eine Kasserole mit siedendem Wasser, daß der Brei heiß bleibt und oben
eine Haut zieht ; dann wird eine zuvor gereinigte
eiserne Heerdschaufel glühend gemacht, Zucker auf
den Brei gestreut und der Zucker mit der heißen
Schaufel gebrannt.

324. Zitronen-Brei.

Man kocht die Brosamen von einem Milchbrod
in Wasser, thut ein wenig Zitronenschale und
weißen Zucker hinzu, und kocht es klein zu Brei,
schlägt es mit Wein durch und thut ein Eiergelb
nebst Zucker und Zimmet daran.

325. Mandel-Brei.

Man stößt die Mandeln klein, thut ein wenig
Mehl daran, rührt es mit Milch an, kocht es zu
einem Brei und streut dann Zucker und Zimmet
darüber.

326. Spanischer-Brei.

Man nimmt ein und ein halbes Maaß Milch, ein Viertelpfund Reismehl, nebst dem Gelben von 8 Eiern, ein Viertelpfund Zucker und etwas Rosenwasser, schlägt die Eier mit ein wenig Milch, rührt das Reismehl nebst Zucker daran und läßt es unter beständigen Umrühren so lange kochen, bis es dick genug ist.

327. Gefüllte Milchbrödchen.

Man nimmt ein Milchbrödchen, reibt die Kruste davon ab, höhlt es bis auf den Boden ganz aus, nimmt die Hälfte Brosamen, weicht sie in Milch und drückt sie wieder aus, röstet in gesalzener Butter etwas kleine und große Rosinen (erst müssen sie aber in Wein eingeweicht werden), gestoßene Mandeln, Zucker und Zimmet, die abgeriebene Schale einer Zitrone, rührt alles gut untereinander, füllt es hinein und bäckt es in Butter.— Will man eine Sauce darüber machen, so thut man ein wenig Milch, das Gelbe von 2 Eiern, etwas Wein, kleine Rosinen, Zucker und Zimmet dazu und gießt es über die Brödchen.

328. Bettelkuchen.

Drei Milchbrödchen werden in Schnitten zerschnitten, dann in eine Bratpfanne gelegt, man schlägt anderthalb Schoppen Milch mit 2 Eiern ab, gibt ein Viertelpfund kleine Rosinen hinzu, gießt solches über die Schnitten und läßt es im Ofen backen.

329. Pfannenkuchen.

Man rechnet zu einem Ei einen Kochlöffel voll Mehl, macht dieses mit Milch und Eiern an, thut wenn es von 4 Eiern gemacht wird, ein Stückchen zergangener Butter von der Größe eines halben Hühnereies, nach Belieben auch Schnittlauch dazu, (der Teig muß aber etwas dick sein); dann macht man in einer Backpfanne Schmalz heiß, gießt so viel von dem Teig darin herum, daß derselbe einen kleinen halben Finger dick wird und läßt ihn schön gelb backen; dann wendet man ihn um, damit er auf der andern Seite auch gelb wird und so wird fortgefahren, bis der Teig alle ist. — Will man die Kuchen mit Aepfel füllen, so schält man solche, schneidet sie in recht dünne Stücke, rührt sie unter den Teig und verfährt dann auf oben beschriebene Weise.

330. Fleisch=Pfannenkuchen.

Diese wird von übrig gebliebenem Kalb= Rind=

oder Hammelfleisch gemacht. Man hackt das
Fleisch klein, gibt etwas Majoran, Thymian,
Zwiebel, Salz und Pfeffer, nebst vier Eiern und
etwas Mehl dazu, rührt es gut untereinander und
bäckt dann die Kuchen in Butter oder Schmalz.

331. Süßer Nudelkuchen.

Für circa 6 Personen wird von 3 Eiern, ein
wenig Salz und feinem Mehl ein fester Teig gemacht und dünn wie ein Kartenblatt ausgewellt.
Sobald die Kuchen trocken sind, werden sie zusam-
mengerollt und fein geschnitten, in kochendes Wasser eingelegt und wenn sie ein wenig gekocht haben,
in einen Seiher gegossen und gleich darauf in's
kalte Wasser gehalten, weil sich die Nudel sonst
zusammenklumpen, dann läßt man sie erst aus dem
alten Wasser ablaufen. Hierauf rührt man ein
halb Pfund Butter leicht in einer Schüssel, 8 Eiergelb daran, schlägt das Weiße von 6 Eiern zu
Schaum, thut 4 Loth gestoßenen Zucker, ein
Kaffelöffelchen voll Zimmet, die abgeriebene
Schale von einer Zitrone, eine Messerspitze voll
Salz dazu und rührt dies mit einander an die
Butter, thut hierauf die abgelaufenen Nudeln dazu, bestreicht ein rundes Blech oder eine Kasserole
mit Butter, bestreut sie mit geriebenem Milchbrod,

gießt das Angerührte hinein, und bäckt sie im Ofen
schön gelb.

332. Schnitten von einem Hecht.

Ein pfündiger Hecht wird geputzt, ausgenom=
men, mit Salz eingerieben, ein wenig gebraten,
rein von den Gräten gelesen, das Fleisch mit et=
was Petersilie, ein wenig Zitronenschale, einem
Stückchen Rindsmark gröblich gehackt oder klein ge=
schnitten. Hierauf schneidet man 2 Milchbrode zart
ein, macht ein Trinkglas voll süßer Milch mit 4
Loth frischer Butter warm, und gießt es über das
Milchbrod. Wenn es ein wenig erkaltet ist, rührt
man es mit 6 Eiergelb an, Salz und Muskaten
dazu, schlägt das Weiße der Eier zu Schaum,
rührt das Fleisch zuerst, dann den Schaum hinein,
bestreicht eine Serviette so groß als ein Teller mit
Butter, streut sie mit gehackten Mandeln, füllt die
Masse ein, bindet sie wie einen Pudding zu, oder
macht sie in eine Form, siedet sie eine Stunde in
Salzwasser, schneidet sie hierauf in Schnitten,
macht eine Morchel= oder Zitronensauce darüber,
und läßt sie auf der Kohlenpfanne noch ein wenig
aufkochen. Ehe man sie zu Tische gibt, wird die
Sauce mit 2 Eiergelb abgezogen. Diese Speise
kann als ein Abendgemüs oder Mittags als eine

Zwischenschüssel aufgestellt werden. — Statt des Hechts kann man auch Brutstück oder Kalbs- milz verwellen, solche klein schneiden, fein geschnit- ene Petersilie zu dem Milchbrod nehmen, die Masse, wie beim Hecht, in eine Serviette binden, ie zu Schnitten schneiden, eine Morchel- oder Pe- erfiliensauce darüber machen, und auch als eine Zwischenschüssel einsetzen.

333. Eier weich zu kochen.

Dazu gehören frische Eier, die nicht länger als iöchstens 8 Tage alt sind; diese werden mit Salz- wasser abgewaschen und dann im kalten Wasser um Feuer gesetzt. Wenn das Wasser zu kochen nfängt, thut man sie heraus und gibt sie gleich uf den Tisch. Man kann sie auch in schon kochen- es Wasser legen und läßt sie so lange, bis man 00, aber nicht zu langsam zählt, kochen, und sie nd fertig.

334. Gerührte Eier mit einer Kruste.

Man verrührt 4 Eier mit einem halben Schop- en süßen Rahm, thut Salz und ein wenig fein eschnittene Petersilie oder Schnittlauch dazu, ießt es in eine Pfanne, gibt so groß als ein hal- es Hühnerei, Butter dazu, rührt es auf dem

Feuer ganz langsam, bis es gerinnen will, und
richtet es gleich auf eine Schüssel an, weil die Eier
sonst zu hart werden.

335. Gerührte Eier mit Sardellen.

Zu 8 Eiern thut man 4 Loth Sardellen, läßt
sie eine Stunde im Wasser liegen, wäscht sie, macht
sie von den Gräten rein und schneidet sie ganz klein.
Hierauf läßt man in einer Pfanne ein Stück Butter
zergehen, thut zuerst die Sardellen hinein, rührt sie
untereinander, schlägt die Eier mit ein wenig
Muskatnuß und Salz recht stark, thut sie zu den
Sardellen und rührt beides so lang auf Kohlen,
bis die Eier gerinnen und richtet sie dann an. —
Man kann auch Häringe oder Bücklinge auf dieselbe Art zubereiten.

336. Gebackene Eier.

Man macht in einer Pfanne Schmalz heiß.
Indessen schlägt man ein Ei in einen Schöpflöffel,
jedoch so, daß der Dotter ganz bleibt, salzt es ein
wenig, streut nur so viel Mehl, als man mit 2
Fingern fassen kann, darauf, gießt es in das heiße
Schmalz und läßt es schnell backen; dann legt man
es mit einem Löffel entweder auf gekochten Spinat
oder auf einen Teller und verfährt mit den übri-

gen Eiern, so viel man braucht, eben so; nur muß man recht geschwind sein, damit der Dotter weich bleibt.

337. Eingeschlagene Eier.

Man bestreicht eine Torten= oder Pastetenschüs= sel dick mit Butter, schlägt die Eier hinein, aber man muß Acht geben, daß der Dotter ganz bleibt. Dann salzt man sie, streut ein wenig Muskaten= blüthe darauf und stellt sie auf Kohlen; oben hält man eine glühende Schaufel darüber, damit sie geschwind anlaufen, so sind sie fertig.

338. Ragout von Eiern.

Für circa 4 Personen kocht man 8 Eier hart, schält sie ab, schneidet sie von einander und thut das Gelbe davon heraus; schneidet etliche Zwie= beln zu zarten Scheiben, dämpft sie in Butter, bis sie weich sind (sie dürfen aber nicht gelb werden), zerdrückt das Gelbe von den Eiern, thut es mit einigen Löffeln voll süßem Rahm, Pfeffer und Salz, ein wenig Ingwer und Muskatenblüthe zu den gedämpften Zwiebeln und läßt es einmal aufkochen, dann schneidet man das Weiße von jedem Ei in Vierteln, füllt das Gekochte anstatt des Gelben hinein und trägt sie entweder so auf, oder macht eine Rahm= oder Buttersauce darüber.

13

339. Eierwürste in einer Sauce.

Man verrührt 5 — 6 Eier mit ein wenig Zucker, wie sonst die gerührten Eier, in einem Stückchen zerlassener Butter auf Kohlen, thut solche in eine Schüssel, ein Viertelpfund abgezogene und grob gestoßene Mandeln, 2 Loth gewaschene und wohl getrocknete, kleine Rosinen, ein wenig geschnittene Zitronenschale und Zitronat, 2 Eßlöffel voll geriebenes Milchbrod, dies Alles dazu, rührt die Masse mit einem ganzen Ei und einem Eigelb an, thut Weißmehl auf ein Brett, würgt die Masse leicht darauf, macht fingerlange und fingerdicke Würst=chen daraus, bäckt solche, wenn sie alle beieinander sind, gelb in Schmalz, verfertigt eine Wein= oder Kirschsauce daran, und läßt die Würstchen noch ein wenig darin aufkochen.

Fische verschiedener Art.

340. Ragout von Hecht.

Der Hecht wird geschuppt, ausgenommen, nach Gutdünken in Stückchen geschnitten und ausge=waschen, dann eine halbe Stunde eingesalzen und mit einem Tuch wieder abgeputzt Hierauf thut

man in eine Kasserole ein Stückchen Butter,
wäscht acht Sardellen, macht sie von den Gräten
rein und hackt sie fein mit Petersilie und einer
Zwiebel, läß die Butter zergehen, thut die Sardellen, dann den Hecht (die gute Seite oben) hinein, die gehackte Zwiebel, Petersilie, ein wenig gestoßene Nelken, Muskatnuß oder Blüthen darauf
gestreut, wie auch einen Kaffeelöffel voll Mehl,
einen halben Schoppen weißen Wein, ein wenig
Essig, einige Zitronenscheiben, ein wenig Wasser
dazu; dann setzt man kurz vor dem Anrichten den
Fisch auf und läßt ihn langsam gar kochen. Wenn
der Hecht angerichtet wird, so werden zwei Eierdotter an die Sauce gethan, umgerüttelt und über
den Hecht gegossen.

341. Hecht en matelot.

Der Hecht wird geschuppt, ausgenommen, gewaschen, in Stücke geschnitten, eingesalzen, dann
wieder abgetrocknet und in eine Kasserole rangirt.
Hierauf wird ein guter Eßlöffel voll Mehl in
Butter braun geröstet, eine fein gehackte Zwiebel,
ein halber Schoppen Fleischbrühe, eben so viel
Wein, ein wenig Essig hinzu gethan, und läßt die
Sauce eine Viertelstunde kochen. Indessen thut
man in eine kleine Kasserole einige geschnittene

gewaſchene Morcheln oder Champignons, einige
abgeſchälte Oliven, einige fein gehackte Charlot=
ten, fein geſchnittenes Peterſilienkraut und Wur=
zeln, die fein geſchnittene gelbe Schale von einer
halben Zitrone nebſt einem halben Schoppen
Wein, läßt dieſes mit einander gar kochen, ſchüttet
es dann über den Hecht, die gekochte Sauce, ein
wenig Nelken und Muskatnuß dazu, ſetzt den
Fiſch kurz vor dem Anrichten auf und läßt ihn gar
kochen. Nun verſucht man die Sauce, ob ihr die
gehörige Salz= oder Eſſigſäure fehlt, in welchem
Falle nachgeholfen werden muß; wonach der Fiſch
aufgetragen werden kann.

342. Geſpickter Hecht en ragout.

Wenn der Hecht geſchuppt, ausgenommen und
gewaſchen iſt, ſchneidet man mit einem ſcharfen
Meſſer am Rücken und am Bauch in gerader
Linie die Haut durch, am Kopfe und am Schwanz
aber wird die Haut quer durchſchnitten und vom
Fiſche langſam heruntergezogen. Nun ſpickt man
den Fiſch mit fein geſchnittenem Speck etwas dick,
legt den Fiſch rund (den Schwanz in's Maul)
zuſammen, doch ſo, daß die geſpickte Seite außen
liegt, thut ihn in eine Schüſſel, worin man ihn
auch gar machen kann, thut ein Stückchen Butter,

eine Zwiebel, ein Lorbeerblatt, Salz, ein wenig Wein und Essig daran, stellt ihn in den Backofen und läßt ihn gar braten, er muß gelblich und mehrmals begossen werden; dann macht man eine braune Sauce mit Champignons oder Trüffeln, Morcheln, Sardellen, Charlotten oder Capern, Zitronensaft, Wein und der Sauce, womit der Fisch gebraten wurde. Beim Anrichten wird die Sauce über den Fisch gegossen und dann aufgetragen.

343. Hecht blau zu kochen.

Man nimmt zum Blaukochen einen lebendigen Hecht, ohne ihn zu schuppen; nimmt ihn aus, legt ihn in's Wasser, wäscht ihn rein, schneidet ihn über quer einigemal ein, legt ihn auf eine nicht zu flache Schüssel, worin etwas guter Essig ist, und gießt noch ein wenig Essig über den Hecht, läßt ihn 5 Minuten darin liegen, wo er schön blau werden wird. Nun setzt man eine Kasserole mit Wasser auf das Feuer (sie muß aber so groß sein, daß der Fisch darin Platz hat), legt den Hecht hinein, und läßt ihn fünf Minuten kochen; ist aber der Fisch klein, so braucht er nicht so lange zu kochen. Wenn er nun gar ist, thut man ihn vom Feuer, läßt ihn kalt werden, und so ist er fertig; doch muß er, wenn

man ihn auftragen will, ein wenig warm gemacht
werden, weil er sonst, wenn er kalt ist, hart und
schwer zum Essen ist. — In die Sauce kann man
ein wenig angemachten Senf thun.

344. Karpfen mit brauner Sauce.

Wenn die Karpfen geschuppt, ausgenommen
und gewaschen sind, werden sie zu beliebigen Stückchen geschnitten, auf eine breite Schüssel gelegt,
mit Salz bestreut, ein halber Schoppen Wein und
etwas Essig darüber gegossen, zugedeckt und stehen
gelassen. Indessen röstet man 2 Löffel voll Mehl
in Butter schön braun, thut eine fein gehackte
Zwiebel hinein, rührt es noch einigemal um
und füllt dann das Mehl mit Fleischbrühe auf (es
darf aber nicht knollig werden); thut den Wein
und Essig, worin der Karpfen lag, ein Lorbeerblatt, Nelken, Muskatnuß und eine Zitronenscheibe
dazu, läßt die Sauce langsam aufkochen, damit sie
nicht mehr mehlig schmeckt, legt dann den Karpfen
in eine breite Kasserole und gießt die Sauce darüber. Kurz vor dem Anrichten setzt man den Karpfen auf ein schwaches Feuer und läßt ihn langsam gar kochen.

345. Karpfen mit einer Kräutersauce.

Derselbe wird, wie oben gesagt wurde, gereinigt,

in Stücke geschnitten (er kann auch ganz bleiben), läßt ihn eine Stunde in Salz liegen, putzt ihn dann ab, legt ihn neben einander in eine Kasserole und macht die Sauce auf folgende Art dazu:

Man thut in eine Kasserole ein Stück Butter, läßt sie heiß werden, thut 2 Eßlöffel voll Mehl hinein und läßt es ein wenig rösten; dann füllt man es mit Fleischbrühe auf, gibt einen halben Schoppen Wein und ein Lorbeerblatt hinein, und läßt es eine Viertelstunde kochen. Indessen thut man an den Karpfen fein gehackte Charlotten, Petersilie, Basilikum, Esdrago, Muskatnuß einige Zitronenscheiben und etwas Saft, ein wenig Wein und die Sauce. Kurz vor dem Anrichten setzt man den Fisch auf ein gelindes Feuer, läßt ihn langsam gar kochen, und wenn man ihn anrichtet, so wird er mit zwei Eierdotter legirt.

346. Gefüllter Karpfen.

Der gereinigte Karpfen wird ein wenig gesalzen; hierauf macht man die Fülle, dazu thut man die Leber, (wovon aber die Galle herausgeschnitten wird), und die Milch vom Fische nebst einer fein gehackten Zwiebel, Petersilie und Schnittlauch, dämpft es in ein wenig Butter, und setzt es dann ab. Nun thut man ein halb eingeweichtes und wieder ausgedrücktes Milchbrod, etwas Salz, Muskatnuß, Pfeffer, Nelken, 2 ganze Eier und 1 Dotter dazu, rührt es recht untereinander, füllt den Fisch damit und nähet ihn zu. Dann wird auf eine blecherne Schüssel dünn geschnittener Speck gelegt, so groß der Fisch ist, der Karpfen darauf nebst Butter, einer Zwiebel, einem Lorbeer= blatte, Salz und etwas Wein=Essig, nebst 1 Löffel voll Feischbrühe; dann bestreicht man ein Papier mit Butter und legt es darüber. Nun wird er in einem Ofen gar gekocht; er muß aber öfters be= gossen werden. Hierauf wird eine gute braune Sauce von Trüffeln, Morcheln oder Champig= nons gemacht und wenn der Fisch angerichtet wird, gießt man die Sauce darüber. — Auch kann man den Karpfen braten, wozu aber der Rost schon vorher heiß gemacht sein muß. Der Fisch wird nun darauf gelegt, mit warmer Butter einigemal bestrichen und einmal umgewendet. Man muß aber darauf sehen, daß er nicht hängen bleibt und zerreißt.

347. Einen Karpfen auf der Schüssel zu kochen.

Wenn der Karpfen auf vorbesagte Weise gerei= nigt ist, schneidet man ihn in Stücke und salzt ihn

ein wenig, dann werden ein Häring oder Sardellen gewaschen und von den Gräten gereinigt, fein
gehackt, in eine Kasserole mit 8 Loth Butter gethan, und läßt es heiß werden, dann gibt man
fein gehackte Zwiebeln und Petersilie dazu, und
rührt es untereinander; nun wird die Hälfte davon
auf die Schüssel gethan, welche mit dem Fische
auf die Tafel gesetzt wird, macht es aus einander
putzt den Karpfen ab, legt ihn neben einander darauf, streicht die übrige Butter auf den Fisch, nebst
etwas Muskatnuß, Nelken, ein wenig geriebenes
Milchbrod und Mehl darüber gestreut, gießt noch
ein Glas Wein, etwas Essig und Fleischbrühe hinzu, belegt den Fisch mit einigen Zitronenscheiben
und deckt in dann zu. Kurz vor dem Anrichten
setzt man ihn auf's Feuer, läßt ihn langsam gar
kochen und rüttelt ihn einigemal während des Kochens, dann ist er fertig.

348. Karpfen blau zu kochen.

Die Karpfen werden auf dieselbe Art behandelt
wie die Hechte und auch mit Essig blau gemacht, dann
setzt man eine Kasserole mit Wasser auf's Feuer,
(der Fisch muß aber in der Kasserole Platz haben);
gibt eine Handvoll Salz, eine Zwiebel, etliche Lorbeerblätter hinzu, legt den Fisch langsam hinein,

ſchüttet den Eſſig dazu und läßt ihn auf dem Feuer
ſtehen. Wenn er kocht, ſo ſetzt man ihn gleich vom
Feuer und läßt ihn kalt werden. Vor dem An=
richten wird er auf eine Schüſſel gelegt und etwas
Grünes darum. Man gibt eine kalte Sauce oder
auch Eſſig und Baumöl dazu.

349. Forellen blau zu kochen.

Die Forellen werden ebenfalls auf vorbeſchrie=
bene Weiſe behandelt; ſie werden mit Eſſig blau
gemacht und wie die Karpfen gekocht. Wenn ſie zu
kochen anfangen, ſetzt man ſie vom Feuer, ſonſt
werden ſie zu weich; ſind die Forellen aber groß,
ſo läßt man ſie eine Minute länger kochen, ſetzt
ſie dann ab und läßt ſie kalt werden. Nun legt
man ſie auf eine Schüſſel, garnirt ſie mit etwas
Grünem, und gibt ſie auf den Tiſch. Man gibt
auch Eſſig und Baumöl dazu.

350. Forellen mit Butter und Pe= terſilie.

Die Forellen werden blau gekocht und recht heiß
nebſt einer Sauce von gelber Butter mit gehackter
Peterſilie und Muskatnuß auf den Tiſch gegeben.

351. Forellen mit Sauce.

Die Forellen werden blau gekocht und heiß auf

auf die Tafel gegeben. Die Sauce dazu wird auf folgende Art gemacht:

Man thut in eine Kasserole ein wenig Mehl, ein wenig Essig dazu und rührt das Mehl glatt; dann werden 6 Loth Butter, ein wenig Muskat= nuß, ein halber Schoppen Wein und 1 Löffel voll Fischbrühe vor dem Anrichten auf dem Feuer da= mit abgerührt. Wenn man den Fisch anrichtet, so wird die Sauce mit 3 bis 4 Eierdotter abge= rührt und besonders mit zur Tafel gegeben.

352. Karpfen mit Burgunderwein.

Wenn der Karpfen geschuppt und das Einge= weide herausgenommen ist, so wird er mit einem Glas Burgunderwein ausgewaschen und dann zu Stückchen geschnitten; diese legt man nun in eine Kasserole, streut Salz, Pfeffer und Muskatnuß darüber, thut einige Charlotten= oder andere Zwie= beln, ein wenig Capern, Basilikum, ein wenig Thymian und eine halbe in Scheiben geschnittene Zitrone, hackt dies alles zusammen fein, streut es über den Fisch, röstet eine Handvoll geriebenes, schwarzes Brod in Butter schön braun, thut es auch an den Fisch, den Burgunderwein, mit dem der Fisch ausgewaschen worden ist, einen Schöpf= löffel voll gute Fleischbrühe und noch einen Schop=

pen Burgunder dazu, und läßt dieses alles schnell
einkochen; man legt den Fisch sodann in ein an=
deres Geschirr, läßt die Sauce durch einen Seiher
darüber laufen und erhält ihn bis zum An=
richten heiß auf Kohlen. Man kann auch etliche
zuvor geschälte Kartoffeln mit dem Fleisch kochen,
solche, wenn der Fisch aufgetragen wird, in Schnitze
oder Stücke schneiden, dieselben zwischen den Fisch
lezen und damit auftragen.

353. Fricassee von Aal.

Man streift den Aal ab, schneidet diesen in Stücke,
macht mit einem dünnen Hölzchen das Mark aus
dem Rücken und salzt ihn ein wenig ein; thut in
eine Kasserole ein Stückchen Butter, röstet einen
Kochlöffel voll Mehl darin, füllt es mit etwas
Fleischbrühe an, gibt noch einen halben Schoppen
Wein mit etwas Essig hinzu, läßt die Sauce ein
wenig langsam kochen und gibt dann noch feinge=
hackte Zwiebeln, Petersilie, Muskatnuß, ein Lor=
beerblatt und ein wenig Zitronenschale hinzu.
Indessen thut man den Aal auf eine Schüssel
und gießt kochendes Wasser über ihn, damit er sich
zusammenzieht. Wenn er ein wenig in Wasser
gelegen hat, wird er mit einem Schaumlöffel her=
ausgethan, läßt ihn ablaufen, thut ihn in die

Sauce, läßt ihn vor dem Anrichten gar kochen, legirt ihn dann mit 2 Eierdotter und richtet ihn an.

354. Aal auf dem Rost gebraten.

Der Aal wird abgestreift, ausgenommen, in beliebige Stücke geschnitten und eingesalzen. Nun thut man ein Stück Butter in eine Kasserole, thut feingehackte Zwiebeln und Petersilie dazu, läßt die Butter warm werden, putzt den Aal mit einem Tuche ab, legt ihn in die Butter und schwenkt ihn recht untereinander; dann nimmt man geriebenes Milchbrod, ein wenig gehackte Salbei darunter, thut den Aal aus der Butter und bestreut ihn stark mit dem Milchbrod. Hierauf wird der Rost auf Kohlen gesetzt, damit er heiß wird, legt den Aal darauf und läßt ihn langsam braten. Er muß öfter mit Butter begossen, einmal umgewendet und schön gelb gebraten werden. Man richtet ihn heiß an und gibt geschnittene Zitrone dazu.

355. Gefüllter Aal.

Dieser darf nicht kleiner als von 2 Pfund sein. Man streift ihn ab, nimmt ihn aus, macht durch den ganzen Aal kleine Schnitte, verfertigt ein wenig Fülle von einem Stückchen Kalbfleisch, das mit etwas Capern, ein wenig Zitronenschale und

Mark klein gehackt wird, weicht das Innere eines
halben Milchbrodes in Milch ein, stößt das Ge=
hackte fein mit dem ausgedrückten Milchbrode
und 3 Eiergelb, vermengt es mit Salz und Mus=
katen, füllt es in den Aal, reibt solchen von außen
gut mit Pfeffer, Salz und ein wenig gehackter
Salbei ein, legt ihn der Länge nach auf ein Brett,
wo schon ein Butterteig von einem Viertelpfund
Butter fertig sein muß, wellt diesen und schneidet
ihn zu zwei Finger breiten Streifen. Alsdann
wird der ganze Fisch von oben an mit diesen Strei=
fen umwickelt, daß derselbe immer fingerbreit
zwischen dem Teig heraussieht, eine irdene Schüs=
sel oder Potage=Blech mit Butter bestrichen, mit
geriebenen Milchbrod bestreut, der gewundene
Aal rund hineingelegt, mit einem Hölzchen ein
wenig zusammengeheftet, der Teig mit einem ver=
kläpperten Ei bestrichen, der heraussehende Aal
mit geriebenem Milchbrod bestreut, Zitronensaft
daraufgedrückt, auch mit einem Stückchen Butter
belegt, in den Ofen gestellt, gebacken; dann be=
hutsam auf eine Schüssel gelegt, mit halb aufge=
schnittenen Zitronen umstellt und mit Petersilie
und kleinen Kapern bestreut.

356. Aal blau zu kochen mit einer kalten Sauce.

Dem Aal wird die Haut nicht abgezogen, sondern man schneidet hinter dem Kopf in die Haut und hängt ihn an einen Nagel an dem Einschnitte auf, schneidet ihm den Bauch auf und nimmt ihn aus; legt ihn dann auf einen nassen Tisch, schneidet ihn in Stücke, legt ihn in's Wasser und wäscht jedes Stück aus, auf eine Schüssel gelegt und so behandelt, wie die oben erwähnten Fische beim Blaumachen behandelt wurden. Hierauf wird eine Kasserole mit etwas Wasser auf's Feuer gestellt, einige Lorbeerblätter, Salz und eine Zwiebel in Scheiben geschnitten, hineingethan. Wenn das Wasser kocht, legt man den Aal hinein, thut den Essig, worin der Aal gelegen dazu und läßt ihn einigemal aufkochen; dann setzt man ihn vom Feuer, und läßt ihn kalt werden. Wenn er auf einer Schüssel angerichtet ist, garnirt man ihn mit etwas Grünem und gibt Essig und Baumöl dazu.

Man kann den Aal, wenn er abgekocht ist, in einem irdenen Geschirr, worüber ein Papier gedeckt wird, an einem kühlen Orte im Sommer 8 und im Winter 14 Tage lang aufbewahren; er wird dann, wenn er gegessen werden soll, warm

gemacht, mit gehackter Petersilie bestreut und mit
Essig und Baumöl auf die Tafel gegeben.

357. Barben zu kochen.

Die Barben werden eben so, wie die Hechte und
Karpfen behandelt.

358. Barben in Zitronen=Sauce.

Man schuppt die Barben, schneidet sie am Bauch
auf, wirft alles Eingeweide weg,, bindet mit einer
Nadel und Faden die Köpfe und Schwänze fest
zusammen, das die Fische rund gebogen sind, legt
sie auf eine Schüssel, gießt einen halben Schoppen
Essig darüber, macht in einer messingenen Pfanne
Wasser siedend, thut eine starke Handvoll Salz,
einige ganze Zwiebeln und Lorbeerblätter, nebst
ein wenig ganzem Pfeffer dazu, legt die Barben
mit dem Essig hinein, läßt sie eine Viertelstunde
kochen, thut sie vom Feuer weg und deckt ein Pa=
pier darüber; hierauf zerläßt man in einem kleinen
Geschirr vier Loth Butter, läßt einen Kochlöffel
voll Mehl darin anziehen, rührt es mit einem
Schöpflöffel voll von der Fleischbrühe an, gießt,
wenn diese zu scharf wäre, noch etwas Wasser da=
zu, thut die fein geschnittene Schale von einer hal=
ben Zitronen nebst dem Saft oder etwas Essig

und ein wenig Muskatblüthe daran, läßt es ein wenig kochen, zieht die Sauce mit 3 Eiergelb ab und richtet sie über die Fische an.

359. Barschen in einer Sauce.

Wenn er geschuppt und ausgenommen ist, legt man ihn in eine Schüssel, gießt ein Glas Wein und ein wenig Essig darüber, thut in eine Kasserole ein Stück Butter, eine feingehackte Zwiebel und Petersilie, dämpft es ein wenig und legt dann den Fisch hinein, streut etwas Mehl darüber, gibt Muskatnuß, Salz, einige Löffel voll Fleischbrühe nebst dem Wein, worin der Fisch gelegen hat, und einige Zitronenscheiben hinzu, setzt ihn vor dem Anrichten auf und läßt ihn langsam gar kochen. Wenn man den Fisch anrichtet, legirt man ihn mit zwei Eierdotter und gibt etwas Zitronensaft dazu. (Die Bärsche können auch wie andere Fische gebacken werden.)

360. Grundeln und Gressen blau zu kochen mit kalter Sauce.

Man nimmt lebendige Grundeln oder Gressen, thut sie in eine tiefe Schüssel und läßt sie ein wenig stehen, daß sie matt werden; dann gießt man einen halben Schoppen guten Essig langsam da-

rauf, so werden sie schön blau und läßt sie eine
Weile so stehen. Indessen setzt man etwas Wasser
auf's Feuer, thut eine ganze Zwiebel, einige Lorbeerblätter und etwas Salz hinzu; wenn nun
das Wasser zu kochen anfängt, thut man die Grundeln sammt dem Essig hinein und läßt sie einigemal aufkochen. Nun nimmt man sie vom Feuer,
läßt sie kalt werden und gibt sie dann mit einer
kalten Sauce auf den Tisch.

361. Salm zu kochen.

Der Salm wird, ohne geschuppt zu werden,
eine Stunde in kaltes Wasser gelegt und gewaschen; dann wird Wasser aufgesetzt, Essig, Salz,
einige Lorbeerblätter, Zwiebeln, ein wenig Dragon
und Basilikum hinein gethan; wenn es kocht,
legt man den Salm hinein und läßt ihn langsam
kochen (er darf aber nicht lange kochen, sonst fällt
er auseinander). Man setzt ihn nun vom Feuer,
läßt ihn kalt werden und gibt ihn dann mit einer
kalten Sauce oder mit Essig und Baumöl auf den
Tisch.

362. Salm zu braten.

Der Salm wird geschuppt und ausgewaschen,
dann eine halbe Stunde eingesalzen und abgeputzt.

Nun legt man in eine Kaſſerole ein Stückchen But=
ter, thut eine fein gehackte Zwiebel und Peterſilie
hinein, läßt es heiß werden, legt den Salm hinein
und läßt ihn ſo ſtehen. Kurz vor dem Anrichten
wird er auf dem Roſte, der zuvor heiß ſein muß,
oder in einer Kaſſerole gebraten, (man kann ihn
auch, auf eine Paſtetenſchüſſel gelegt und mit
einem Papier zugedeckt, braten). Man gibt eine
gute braune Sauce dazu.

363. Lachs in einer Sauce.

Den Lachs nimmt man nicht aus, ſondern ſchnei=
det ihn in runde Scheiben und macht dann erſt
das Eingeweide davon, ſetzt hierauf eine Pfanne
oder Kaſſerole mit Waſſer, etwas Eſſig, einigen
grobgeſchnittenen Zwiebeln und Lorbeerblättern
nebſt Pfeffer und Nelken über das Feuer, thut,
ſobald dieſes kocht, den Lachs nebſt einer Handvoll
Salz hinein, läßt ihn eine Viertelſtunde kochen,
richtet ihn mit der Schaumkelle auf eine Schüſſel
an, überſtreut ihn mit fein gehackter Peterſilie und
ſtellt Eſſig und Oel dazu auf den Tiſch.

364. Lapperdan in einer Sauce.

Man wäſſert den Lapperdan in Regen= oder
anderm weichen Waſſer, dann ſetzt man Waſſer

auf's Feuer und thut den Fisch hinein, sobald er kochen will, setzt man ihn ab, läßt ihn stehen und macht indessen auf folgende Art die Sauce dazu:

Man nimmt gewaschene Sardellen, eine Zwiebel und Petersilie und hackt es fein; röstet einen Kochlöffel voll Mehl in Butter gelb, thut das Gehackte dazu, füllt es mit einigen Löffeln voll Fleischbrühe an, thut Salz, Muskatnuß und ein wenig Pfeffer dazu, läßt es langsam kochen, thut den Lapperdan aus dem Wasser, reinigt ihn, so viel als möglich ist, von den Gräten und legt ihn in die Sauce, läßt ihn einigemal aufkochen, so ist er fertig. Man kann auch den Lapperdan mit Butter und Petersilie dämpfen und in Salzwasser gekochte Kartoffeln dazu geben.

365. Stockfisch zu kochen.

Den Stockfisch kann man auf dieselbe Art zubereiten, wie den Lapperdan.

366. Stockfisch in einer Rahmsauce.

Wenn der Fisch wie gewöhnlich gekocht und von den Gräten rein gemacht ist, hackt man eine Zwiebel fein, thut in eine Kasserole ein Stückchen Butter, läßt es heiß werden, thut einen Kochlöffel voll Mehl hinein und läßt es anziehen, thut dann die

gehackte Zwiebel hinein, füllt es mit einem Schoppen süßen Rahm an und läßt es langsam aufkochen, legt den Stockfisch, etwas gehackte Petersilie
und Muskatnuß nebst Salz hinein und erhält es
recht heiß. Vor dem Anrichten legirt man es mit
einigen Eierdottern.

367. Gebackene Fische.

Alle Fische zum Backen werden geschuppt, ausgenommen und ausgewaschen; dann auswendig
mit einem scharfen Messer quer die Haut eingeschnitten und eine Stunde eingesalzen, dann mit
einem Tuche recht abgeputzt. Nun schlägt man
einige Eier in eine Schüssel, verrührt sie recht,
dreht die abgeputzten Fische darin recht um, läßt
die Eier ein wenig ablaufen und bestreut dann
die Fische recht dick mit geriebenem Milchbrod,
worunter ein wenig Mehl gemengt ist, drückt es
mit der Hand recht an, daß es fest daran hängen
bleibt; dann werden sie in nicht zu heißem Schmalz
schön gelb und rösch gebacken, thut sie dann mit
einem Schaumlöffel heraus, läßt sie ein wenig ablaufen und legt sie auf Löschpapier auseinander,
daß das Fett noch ablaufen kann, hält sie dann
recht warm, bis zum Anrichten, und garnirt sie
mit frischer oder gebackener Petersilie.

Zum Backen kann man die Fische ganz lassen oder in Stücke schneiden.

Der zum Backen bestimmte Aal wird abgezogen, ausgenommen, eingeschnitten, in beliebige Stücke zerlegt und eingesalzen; dann wird er auf die nämliche Art behandelt, wie oben gesagt wurde.

Die kleinen Gressen und Grundeln werden eingesalzen, auf ein Tuch gelegt und recht abgeputzt; dann nimmt man einen kleinen Spieß, steckt sie durch die Augen daran, dreht sie in den Eiern herum, bestreut sie mit geriebenem Milchbrod, bäckt sie schön gelb und legt sie auf Löschpapier. Bei dem Anrichten zieht man die Spieße heraus und garnirt sie mit ganzer Petersilie.

368. Krebse zu kochen.

Man nimmt schöne große Krebse, thut sie in ein tiefes Geschirr, gießt kaltes Wasser darauf und läßt sie stehen. Hierauf wäscht man sie heraus, thut sie in eine Kasserole, gibt einen Schoppen Essig, einen Schoppen Wasser, etwas Kümmel, Salz und eine große Zwiebel, in der Mitte durchgeschnitten, hinzu und deckt sie damit sie nicht heraus laufen können, gut zu. Wird die Suppe angerichtet, so setzt man die Krebse auf ein starkes

Feuer und läßt sie, einigemal umschwenkend, gar
kochen, so daß sie alle schön roth werden, setzt sie
dann vom Feuer und läßt sie zugedeckt stehen, daß
sie recht warm bleiben. Wenn sie angerichtet wer=
den, klopft man den Kümmel davon ab, legt die
schönsten Krebse oben darauf und garnirt sie mit
ganzer Petersilie.

Man legt auch die Krebse in eine gebrochene
Serviette, damit sie recht warm bleiben.

369. Schnecken zu kochen.

Die Schnecken werden gut gewaschen und in
Wasser und Salz eine halbe Stunde gekocht, thut
sie dann mit einem Schaumlöffel aus dem Was=
ser, zieht sie mit einer Gabel aus ihren Häuschen
und putzt sie sauber ab, nämlich das schwarze
Häutchen oben macht man davon, den Ring, der
um die Schnecke geht, schneidet man ab und das
Spitzchen vorne weg, thut sie einigemal in Salz=
wasser auswaschen und legt sie in warmes Wasser,
daß sie ausziehen; nun werden einige gewaschene
Sardellen, eine Zwiebel, Petersilie, Majoran,
Thymian, und etwas Zitronenschale fein gehackt,
thut dies in eine Kasserole, ein Stückchen Butter,
einen Löffel voll Fleischbrühe, ein wenig Wein, et=
was Zitronensaft und Salz dazu, thut die Schnek=

ken hinzu, läßt sie dann zugedeckt 2 Stunden lang=
sam dämpfen, daß sie recht gar werden. Vor dem
Anrichten streut man etwas geriebenes Milchbrod
und ein wenig Mehl darüber, schwenkt sie unter=
einander, läßt sie noch ein wenig dämpfen und
richtet sie an.

Man kann auch beim Anrichten einen Eierdotter
daran thun.

370. Gebratene Austern.

Wenn sie aufgemacht und von dem schwarzen
Ring gesäubert sind, löst man sie mit einem Mes=
ser von ihrem Sitz ab, daß sie auf dem Rost nicht
aus der Schale springen, thut auf jede Auster ein
wenig Muskatblüthe, Zitronensaft, gehackte Sar=
dellen, ein Stückchen Butter und ein klein wenig
geriebenes Milchbrod und legt sie auf den Rost.
Sobald sie auf der Seite einen gelben Ring be=
kommen, sind sie fertig. Man stellt sie auf eine
Schüssel, drückt etwas Zitronensaft darauf, und
gibt auch Zitronensaft dazu.

371. Falsche Austern in Schalen.

Sie werden von Häringsmilch gemacht, diese
über Nacht gewässert und mit einem Tuch abge=
trocknet. Aus einem Milcher können 3–4 Austern

geschnitten werden. In jede Austernschalen thut man ein Stückchen frische Butter, Muskatblüthe klein geschnittene Sardellen, etwas Zitronensaft, geriebenes Milchbrod, so viel zwischen 2 Finger gefaßt werden kann, die falschen Austern darauf, von allen genannten Dingen wieder darüber, noch vier Kapern dazu, bratet sie langsam und gibt sie mit ganzen Zitronen zu Tische.

372. Froschschenkel zu frikassiren.

Wenn solche geputzt werden sollen, muß man das runde Häutchen zwischen den Schlegeln weg= schneiden; es zeigt sich gleich, was davon weg muß; man salzt sie ein wenig ein, und schneidet jedes Schlegelchen von einander. Hierauf thut man in eine Kasserole ein Stückchen Butter, läßt einen Eßlöffel voll Mehl darin anziehen, gießt einen Schöpflöffel voll Fleischbrühe daran, thut kleinge= hackte Petersilie, Salz, Muskatblüthe, den Saft von einer halben Zitrone, kleingeschnittene Zitro= nenschalen hinein, die gewaschenen Froschschenkel dazu und kocht sie eine Viertelstunde. Dann werden 2 oder 3 Eiergelb mit der Sauce abgezo= gen und die Froschschenkel angerichtet.

Braten verschiedener Art.

373. Gebeizter Rindsbraten mit Sauce.

Man klopft ein gutes Schwanzstück, reibt es mit Salz ein und läßt es einige Stunden liegen. Dann macht man eine Beize von Essig, Wein und Wasser in gleichen Theilen, 2 mit Nelken besteckte Zwiebeln, Lorbeerblätter und Zitronenscheiben, läßt sie kochen, gießt sie dann über das Fleisch und läßt es 3–4 Tage liegen. Man muß aber die Beize alle Tage 3–4mal kochend machen und über das Fleisch gießen. Wenn man es braten will, wird es mit Sardellen gut gespickt, in eine Brat-pfanne gelegt, etwas Beize darüber gegossen, mit Speckscheiben belegt, mit Papier bedeckt und in einem Bratofen gebraten. Man begießt es oft mit Beize und Rahm, und wenn es gar gebraten ist, rührt man 2 Löffel voll Mehl mit Rahm klar, gießt soviel kochende Beize hinein, als man Sauce braucht, läßt sie mit einem Stückchen Butter und ein wenig klein gehackten Sardellen und Kapern kochen, und richtet sie entweder über den Braten oder auch besonders an.

374. Rindsbraten auf englische Art.

Man nimmt ein gutes Stück aus der Keule, klopft es gut, legt es, nachdem man es mit Salz eingerieben hat, 14 Tage lang in scharfen Essig, in welchen man Lorbeerblätter, Basilikum, Thymian, einige Wachholderbeeren, Nelken, englisches Gewürz und ein wenig Pfeffer thut. Wenn das Fleisch durchsäuert ist, spickt man es recht dick mit Speck, legt es in eine Bratpfanne nebst Zwiebeln und einer gerösteten Brotschnitte, gießt halb Essig und halb Wasser dazu und bratet es unter häufigem Begießen und Umwenden gehörig weich. Man servirt diesen Braten mit Zitronenscheiben belegt, entweder in einer eigenen oder mit Charlottensauce.

375. Rindsbraten mit einer Senfsauce.

Wenn der Braten zugerichtet ist, schneidet man eine Zwiebel entzwei, läßt sie in brauner Butter gar braten, thut Senf hinein und rührt es so lange zusammen, bis es dick wird. Diese Sauce gießt man dann über den Rindsbraten und giebt ihn zur Tafel.

376. Lendenbraten.

Man nimmt einen starken Lendenbraten von

Rindfleisch, häutet in ab, spickt ihn dick mit Speck, legt ihn in eine flache Schüssel, thut in eine Kasserole Essig, Salz, Zwiebeln, Lorbeerblätter, Gewürze und ein Stückchen Butter, macht es kochend, schüttet es dann über den Lendenbraten und läßt ihn so über Nacht stehen. Wenn er gebraten werden soll, legt man in eine Pfanne einige Hölzchen, dann Speck und Wurzeln, den Lendenbraten darauf, salzt ihn, thut den Essig mit dem, was darin ist, dazu, deckt ihn mit Papier zu, und läßt ihn langsam gelblich und gar braten. Wenn man ihn anrichtet, werden einige Zitronenscheiben darauf gelegt, die Sauce durch einen Durchschlag getrieben, das Fett davon gethan und giebt sie besonders dazu.

377. Gespickte Kalbsbraten.

Der Braten wird erstlich geklopft, dann mit kochendem Wasser begossen und mit nicht zu feinem Speck gespickt; dann legt man ihn eine Viertelstunde in's Wasser, wäscht ihn ab, legt ihn auf eine flache Schüssel, daß er abläuft; thut dann in eine Bratpfanne einige Hölzchen und etliche Speckschwarten darauf, legt den Kalbsbraten, einige Zwiebeln, Lorbeerblätter, ein wenig Thymian und etwas Salz hinein, begießt ihn mit Butter oder

gutem Bratenfett, thut einen Löffel voll Fleischbrühe daran, legt einen naßgemachten Bogen Papier darüber und läßt ihn zwei, auch wohl zwei
und eine halbe Stunde langsam braten, und begießt ihn während des Bratens öfters. Wenn er
angerichtet ist, so wird die Sauce durch einen
Durchschlag getrieben, das Fett davon abgemacht,
und besonders zum Braten gegeben.

378. Saurer Kalbsbraten.

Man klopft und häutet den Braten, spickt ihn
recht dicht, und legt ihn in eine große Schüssel;
thut in eine Kasserole 3 Schoppen Essig, einige
Zwiebeln, Lorbeerblätter, ganze Nelken, Pfefferkörner, Salz, und läßt es zusammen kochen, gießt
es kochend über den Braten, und deckt ihn mit
Papier oder mit einem Tuche zu, läßt ihn 5 bis 6
Tage so stehen (der Braten muß aber alle Tage
umgewendet werden, damit der Essig recht einzieht.)
Wenn man ihn braten will, so legt man einige
Hölzchen in eine Bratpfanne, ein paar Speckschwarten darauf, dann den Braten, begießt ihn
mit Butter oder gutem Fett, die Zwiebeln und
was im Essig liegt, dazu, nebst einem Stückchen
schwarzer Brodrinde und einer gelben Rübe;
deckt dann den Braten zu und läßt ihn langsam

braten. Wenn man ihn anrichtet, so treibt man die Sauce durch einen Durchschlag, nimmt das Fett davon und gibt die Sauce besonders dazu; auch kann man einige Zitronenscheiben dazu legen, etwas sauern Rahm in die Sauce thun und mit durchlaufen lassen.

Auch darf man einen Braten, der gespickt ist, nicht umwenden, daß der Speck untenhin kommt, sondern die gespickte Seite muß immer oben bleiben, weil sonst der Braten sein Ansehen verliert.

379. Ungespickter Kalbsbraten.

Wenn das Bein abgehauen ist, legt man ihn eine halbe Stunde in's Wasser, damit er auszieht, thut ihn dann aus dem Wasser und läßt ihn ablaufen; nun wird in der Bratpfanne Butter heiß gemacht, der Braten auf die gute Seite hineingelegt und läßt ihn langsam gelblich braten, dann wendet man ihn um und läßt ihn so liegen. Nun wird er gesalzen, gibt noch einige Zwiebeln, eine gelbe Rübe, ein Lorbeerblatt und einen Löffel voll Fleischbrühe hinzu, deckt ihn mit Papier zu, und läßt ihn langsam braten. Er muß aber während des Bratens öfter begossen werden. Ist er angerichtet, so treibt man die Sauce durch einen Durchschlag und gibt sie besonders zum Braten.

Der Kalbsbug kann ebenso gebraten werden, aber man muß den Knochen erst herausschneiden.

380. Gefüllte Kalbsbrust.

Die Kalbsbrust wird zusammengedrückt,. daß der Wind herausgeht; dann schneidet man sie inwendig von einander, doch so, daß sie ringsum zu bleibt und im Braten die Fülle nicht heraus kann, legt sie in's Wasser und wäscht sie ab. Hierauf macht man die Fülle auf folgende Art:

Man schält Milchbrod auf der untern Seite ab, weicht das abgeschälte Milchbrod in Milch ein und drückt es wieder fest aus, hackt eine Zwiebel und Petersilie und dämpft es in einem Stück Butter thut das ausgedrückte Milchbrod dazu, rührt es auf dem Feuer, bis es heiß ist, und läßt es dann abkühlen; thut Salz, Muskatnuß, und 3 Eier dazu, rührt es gut untereinander, füllt die Brust damit und nähet sie zu; legt sie dann in eine Pfanne, salzt sie, begießt sie mit Butter, thut eine Zwiebel und einen Löffel voll Fleischbrühe hinzu, deckt sie mit Papier zu und läßt sie unter öfterem Begießen langsam gar braten. Wenn sie angerichtet wird, zieht man den Faden heraus und gibt die Sauce besonders dazu.

381. Gespickte Hammelskeule zu braten.

Die Hammelskeule wird geklopft, dann oben, wo kein Fett ist, abgehäutet, und mit Speck gespickt. Dann macht man 1 Schoppen Essig mit Zwiebeln, Lorbeerblättern, Salz, Nelken und ganzem Pfeffer kochend, schüttet dies über die Keule und läßt sie einige Tage darin stehen. Wenn man sie braten will, so legt man sie in eine Bratpfanne, thut den Essig, worin die Hammelskeule gelegen hat, mit eben so viel Wasser, noch etwas Salz und eine gelbe Rübe dazu, deckt sie mit Papier zu und läßt sie unter öfterem Begießen langsam schön gelb braten. Wenn sie angerichtet wird, so thut man das Fett von der Sauce, gibt einige Löffel voll sauern Rahm dazu, läßt sie ein wenig aufkochen, treibt sie dann durch einen Durchschlag und gibt sie besonders zum Braten.

382. Hammelsbraten mit Charlotten.

Man klopft den Braten, sticht mit einem kleinen Messer Löcher hinein, und steckt dann geschälte Charlotten mit Salz in die Löcher, drückt den Braten zusammen, damit die Charlotten nicht herausfallen können, thut dann in eine Kasserole so vielWasser, daß er darin gar kochen kann; dann legt man ihn in eine Bratpfanne, gibt eine Zwiebel, ein Lorberblatt, Salz und eine gelbe Rübe dazu und läßt ihn langsam schön gelb braten. Beim Anrichten treibt man die Sauce durch einen Durchschlag und giebt sie besonders zum Braten.

383. Hammelsbraten mit Knoblauch.

Man klopft und wäscht den Braten, thut ihn mit einigen Stückchen Knoblauch, Zwiebel, Lorbeerblatt und gelbe Rüben in eine Kasserole und läßt ihn (daß aber die Sauce nicht zu dunkel wird) schön gelb braten. Soll der Braten stark nach Knoblauch schmecken, so wird er eben so gespickt, wie oben mit Charlotten gesagt wurde.

384. Gefüllter Hammelsbug oder Hammelsbrust.

Wird auf dieselbe Art behandelt, wie gefüllte Kalbsbrust No. 380.

385. Lammsbraten.

Man nimmt ein Hinterviertel, legt es 5 Minuten in kochendes Wasser, daß es hart und weiß wird, thut es dann heraus, läßt es kalt werden, spickt es schön, thut 1 Zwiebel, ein Lorbeerblatt,

15

Salz, einen Löffel voll gute Fleischbrühe daran, und begießt es dann mit warmer Butter, deckt es mit Papier zu, und bratet es unter öfterem Begießen am Spieße oder im Ofen schön gelb, aber nicht zu lange, sonst wird es zu weich.

386. Lammsbrüstchen zu braten.

Die Lammsbrust wird zum Braten eben so zubereitet, wie die Kalbsbrust (siehe 380). Wenn sie gefüllt und zugenäht ist, so legt man sie einige Minuten in kochendes Wasser oder Fleischbrühe, damit sie hart wird; dann thut man sie heraus, legt sie verkehrt auf eine Schüssel und läßt sie erkalten. Dann wird sie wie die Kalbsbrust langsam am Spieße, im Ofen oder in einer Kasserole mit einem gut passenden Deckel, worauf glühende Kohlen sein müssen, schön gelb gebraten; das Lammsbrüstchen darf aber nicht zu voll gefüllt sein, sonst zerplatzt es.

387. Schweinebraten.

Man nimmt hierzu einen Bug, schneidet den Knochen so gut wie möglich heraus, wäscht ihn, thut ihn dann in eine Kasserole mit Lorbeerblättern, Zwiebeln, ein wenig Gewürz, Salz und etwas Fleischbrühe oder Wasser dazu und läßt ihn langsam braten.

Soll der Braten etwas säuerlich sein, so thut man ein wenig Essig und eine Zitronenscheibe daran.

388. Schweineschlegel.

Der Schlegel wird auf der verkehrten Seite etwas geklopft, dann thut man in eine Bratpfanne oder in eine Kasserole einige Hölzchen, legt den Schlegel darauf, gibt Salz, einige Zwiebeln, Lorbeerblätter, Nelken und ein halb Maaß Wasser hinzu, läßt ihn langsam gar braten, wendet ihn aber nicht um, sonst geht die Schwarte und der Speck davon ab. Wenn er angerichtet wird, so treibt man die Sauce durch einen feinen Durchschlag und gibt sie besonders dazu.

Soll der Schlegel sauer sein, so legt man ihn erst eine Zeitlang in Essig, daß er recht durchbeizt, und bratet ihn dann mit dem Essig, worin er lag.

389. Schweinsrippen zu braten.

Man nimmt ein Rippenstück von 3–4 Pfund, schneidet die Schwarte mit etwas Speck ab, und bratet es sauer oder süß. Wenn es gar ist, so streuet man geriebenes Brod darauf, stellt es in Ofen, daß es gelb wird und eine Kruste bekommt. Wenn das Brod auf den Braten gestreut ist, dann wird er nicht mehr begossen.

Ist der Braten sauer, so bestreut man ihn mit geriebenem schwarzem Brod; ist er aber süß, so bestreut man ihn mit geriebenem Weißbrod.

390. Gebratenes Halsstück.

Man nimmt ein Stück vom Halse und legt es in Essig; wenn man es braten will, wird der Essig, worin es gelegen hat, nebst etwas Wasser, Zwiebeln, Lorbeerblättern, Nelken, einige Wachholderbeeren dazu gethan, und bratet es im Ofen in einer Kasserole. Wenn es gar ist, wird geriebenes schwarzes Brod, Nelken, einige Löffel voll Bratenfett recht gemengt und der Braten dick damit bestreut, drückt es fest an und läßt es im Ofen schön gelb werden; nun thut man einige Zitronenscheiben in die Sauce (man kann auch etwas Wein dazu geben), und läßt es zusammen kochen. (Man kann auch auf diese Art Schweinschlegel zubereiten.)

391. Welschen Hahn zu braten.

Wenn der welsche Hahn geschlachtet, gerupft und die Brust eingedrückt ist, legt oder hängt man ihn 8, oder auch weniger Tage auf, daß er zart wird. Hierauf wird er ausgenommen, die Beine nach der Brust gedrückt, ein starker hölzerner Spies durch die Schenkel gesteckt, hält ihn dann über ein

Kohlfeuer, daß die Haare abgehen und der Welsche hart wird; dann wird der Kopf auf die Brust
gesteckt, recht gut gespickt, in's Wasser gelegt und
ausgewaschen, läßt den Rumpf dann ablaufen,
füllt den Kropf mit einer guten Fülle, näht ihn zu,
reibt ihn inwendig mit Pfeffer und Salz ein, legt
in eine Pfanne zwei breite Hölzchen und etwas
Speck, dann den welschen Hahn darauf, gibt etliche
Zwiebeln, Lorbeerblätter und Salz auf den Hahn,
gießt Butter und etwas Fleischbrühe daran, deckt
ihn mit Papier zu und läßt ihn, unterem Begießen
(wenn er groß ist, zwei und eine halbe bis 3
Stunden), langsam braten; er muß aber mehr
hellgelb als braun gebraten werden. Bei dem
Anrichten wird die Sauce durch einen Durchschlag getrieben und zum Braten gegeben.

Man bratet die welschen Hähne auch ohne sie
zu spicken; aber man muß den Hahn stark mit
Speck belegen, mit Papier zudecken, daß er weiß
bleibt, und oft begießen. Die welschen Hühner
werden auf die nämliche Art zubereitet, und man
kann sie sämmtlich mit derselben Fülle füllen, womit die Gänse gefüllt werden, oder mit einer Ka-
stanienfülle.

392. Kapaunen & Poularden zu braten.

Die Kapaunen und Poularden werden auf dieselbe Art behandelt.

393. Junge Hähne & Tauben zu braten.

Die jungen Hähne und Tauben werden wie die
wälschen Hähne behandelt.

394. Junge gefüllte Tauben zu braten.

Wenn die jungen Tauben geputzt und ausgenommen sind, so macht man die Haut von der
ganzen Brust los und macht dann eine Fülle auf
folgende Art dazu:

Für zwei Tauben nimmt man ein abgeschältes
Milchbrod, weicht es in Milch ein, und drückt es
wieder aus, thut in eine Kasserole 6 Loth Butter,
ein wenig gehackte Zwiebeln, Petersilie und
Schnittlauch, läßt es auf dem Feuer etwas dämpfen, thut dann das Milchbrod dazu, rührt es untereinander, daß es heiß wird, läßt es abkühlen,
thut dann Salz, Muskatnuß und ein Ei dazu,
rührt es gut untereinander, füllt die Tauben damit, näht sie zu, hält sie über ein Feuer, daß die
Haare abgehen, wäscht und reibt sie mit Salz ein,
und läßt sie in Butter langsam schön gelb braten.

395. Gebratener Auerhahn.

Der Hahn wird gerupft beinahe bis an den
Kopf, dann wird der Kopf abgeschnitten und auf=
gehoben. Nun wird der Hahn ausgenommen,
über ein Feuer gehalten, daß die Haare abgehen,
und damit das Fleisch hart wird; dann schneidet
man den Hals ab, spickt (er kann auch ungespickt
bleiben) den Hahn gut, und läßt im Wasser das
Blut ausziehen, wäscht ihn aus und läßt ihn ab=
laufen. Nun wird er mit Pfeffer und Salz in=
wendig eingerieben, dann einige Lorbeerblätter,
Zitronenscheiben und Thymian hineingesteckt und
zugenäht. Hierauf wird der Hahn in eine Pfanne
gelegt und eingesalzen, gießt Butter darüber, gibt
einige Zwiebeln, Lorbeerblätter und Fleischbrühe
dazu, deckt ihn mit Papier zu und läßt ihn lang=
sam gar braten (er darf aber nicht braun werden);
wird er nun angerichtet, so treibt man die Sauce
durch einen Durchschlag, legt eine Zitronenscheibe
hinein und giebt sie zum Braten.

Soll der Auerhahn sauer sein, so legt man ihn,
wenn er gespickt ist, 8 Tage lang in Essig, nimmt
dann auch statt Fleischbrühe den Essig, worin der
Hahn gelegen hat, zum Braten, und gibt etwas
Wachholderbeeren dazu.

Indessen schneidet man von Papier einen runden
Kragen, steckt ein hölzernes Spießchen von hinten
in des Auerhahns Kopf, dann den Spieß mitten
durch das Papier, und wenn der Hahn auf der
Schüssel liegt, steckt man das Spießchen mit dem
Kopfe dem Auerhahn in die Brust. Dieses dient
als Zeichen, damit man den Braten erkennen
kann.

396. Gebratener Fasan.

Der Fasan wird bis an den Kopf gerupft, der
Kopf wird abgeschnitten und aufgehoben; nun wird
er ausgenommen, ausgewaschen, und läßt ihn
dann ablaufen. Hierauf steckt man in den Fasan
etliche Lorbeerblätter, Zwiebeln, Zitronenscheiben,
Salz und Pfeffer und näht ihn zu. Nun wird in
eine Bratpfanne eine ganze Zwiebel und ein Lorbeerblatt gelegt, salzt den Fasan und legt ihn in
die Pfanne, belegt ihn mit Speck, thut einige Löffel voll Fleischbrühe daran, deckt ihn mit Papier
zu und läßt ihn langsam schön weiß braten. Wenn
er angerichtet ist, wird die Sauce durch einen
Durchschlag getrieben und mit geschnittenen Zitronen servirt.

Der Kopf wird eben so wie dem Auerhahn in
die Brust gesteckt; auch die langen Schwanzfe-

dern werden ausgerupft, zusammengebunden, dem
Fasan, wo er ausgenommen ist, hineingesteckt und
aufgetragen. Es dient als Zeichen, das es ein
Fasan ist.

397. Kapaunen wie Fasanen zu braten.

Wenn der Kapaun gestochen ist, rupft man ihn
trocken, nimmt ihn aus, schneidet die Flügel halb,
klopft die Brust gleich, wäscht ihn mit einem Tuche sauber aus, und legt ihn in eine Schüssel.
Zu 2 Kapaunen macht man 1 Schoppen Weinessig mit etwas gestoßenem Pfeffer, Nelken, Wachholderbeeren und Salz siedend, gießt es über die
Kapaunen und wiederholt, wenn der Essig kalt
geworden, dies noch 3–4 mal. Hierauf erst dressirt
man sie, umwickelt den Kopf mit Papier, spickt
Brust und Schlegel mit Speck, bestreut sie mit
Pfeffer, Nelken und Salz, legt dünne Speckscheiben darüber, bindet einen mit Butter bestrichenen
Bogen Papier darum, steckt sie an einen Spieß
läßt sie langsam braten, und begießt sie während
des Bratens fleißig mit Brühe. In die Bratpfanne wird Fleischbrühe und nur ein wenig von
dem Essig gethan.

398. Gebratene Feldhühner.

Diese werden bis an den Kopf gerupft und aus-

genommen; wenn es alte sind, werden sie einige
Tage in Essig gelegt und so zubereitet und gefüllt
wie die Fasanen. Man belegt sie mit dünn ge=
schnittenem Speck, umbindet sie mit einem Faden,
daß der Speck nicht herabfällt, wickelt die Köpfe
mit Papier ein, damit sie nicht verbrennen und
deckt sie mit Papier zu; sie werden nun wie oben
gesagt, recht weich in Butter gebraten. Wenn sie
angerichtet werden, so schneidet man den Faden
ab und läßt den Speck auf den Hühnern liegen,
das Papier von den Köpfen gemacht und mit Zit=
rone und ihrer eigenen Sauce auf den Tisch ge=
geben.

399. Gebratene Haselhühner.

Diese werden auf dieselbe Art gemacht wie die
Feldhühner und werden mit Zitrone gegeben.

400. Wilde Tauben zu braten.

Die wilden Tauben werden gerupft, ausge=
nommen und einige Tage in Essig gelegt. Nun
werden sie, wie die obigen, ausgerieben, mit Speck
gespickt und am Spieße oder in einer Kasserole
mit Zwiebel, Lorbeerblättern, Butter, Salz, Zit=
ronenscheiben, etwas Essig, und Fleischbrühe, auch
auf dem Deckel mit Feuer, daß sie schön gelb
werden, gebraten; die Sauce muß bräunlich sein.

401. Gebratene Krammetsvögel.

Wenn die Vögel gerupft und geputzt sind, dreht man die Beine am ersten Gelenke nach Innen zu um, steckt das linke Bein durch die Augenhöhlen in das recht Bein, so daß beide Beine mit dem Kopfe fest zusammenhalten, thut in eine Kasserole ein Stück Butter, läßt es heiß werden, legt die Vögel hinein, salzt sie, thut einen Löffel voll Fleisch= brühe dazu und bratet sie langsam; dann röstet man eine Handvoll geriebenes Milchbrod in But= ter gelb, und thut die Butter von den Vögeln auch zum Brod. Wenn die Vögel angerichtet sind, macht man das Brod recht heiß und schüttet es über die Vögel, so daß sie ganz damit bedeckt sind.

Nach Belieben kann man die Vögel ausneh= ren, und ein wenig Salz und Pfeffer hinein thun; man kann sie auch am Spieße braten.

402. Gebratene Lerchen.

Wenn die Lerchen rein geputzt sind, zieht man mit einer Nadel den Darm unten heraus und steckt ihnen die Köpfe ein, bratet sie in einer Kasserole mit Butter langsam gelblich und wenn sie angerichtet sind, thut man in die Kasserole, worin die Lerche ge= braten worden, zu der Butter ein Handvoll gerie=

benes Weißbrod, macht es gelb, und wenn das
Brod steigt, giebt man etwas geschnittene Petersilie dazu, läßt es etwas anziehen und richtet es
über die Lerchen an. Man kann auch die Lerchen
am Spieße braten, und steckt dann zwischen jede
Lerche etwas ganze Petersilie.

403. Gebratene Schnepfen.

Wenn die Schnepfen geruft, geputzt und die
Augen herausgemacht sind, werden sie ausgenommen und rein ausgewaschen, reibt sie inwendig
mit Pfeffer und Salz ein, dreht die Beine beim
ersten Gelenke um, steckt sie in einander, steckt den
Schnabel quer durch die Schenkel, daß er auf der
andern Seite heraus kommt, und die Schnepfe fest
zusammen hält, belegt sie mit dünn geschnittenem
Speck und umbindet sie mit einem Faden, damit der
Speck nicht herabfallen kann, thut in eine Kasserole ein Stückchen Butter, eine Zwiebel, ein Lorbeerblatt, etliche Stückchen gelbe Rübe, Salz und
einige Löffel voll Fleischbrühe, legt die Schnepfe
hinein und läßt sie langsam gar und weiß braten.

Nun macht man das Schnepfenbrod auf folgende Art:

Man legt die Eingeweide auf ein Brettchen,
schneidet den Magen auf und wäscht ihn rein aus,

thut das inwendige Häutchen heraus, hackt den Magen, die Därme und einige andere kleine Le= berchen zusammen recht fein, thut ein wenig But= ter, sein gehackte Zwiebeln und Petersilie, Mus= katnuß, Pfeffer, Salz, 1 Ei und etwas eingeweich= tes und wieder ausgedrücktes Milchbrod dazu und hackt es recht zusammen; nun schneidet man von Milchbrod dünne Scheiben, so groß man sie haben will, streicht das Gehackte darauf (es giebt ungefähr 6–8 Schnitten), thut ein wenig Butter auf eine flache Schüssel, läßt sie zergehen, legt die Schnitten hinein und läßt sie im Ofen gar backen. Wenn nun die Schnepfe angerichtet wird, so macht man den Faden davon ab (den Speck läßt man aber darauf liegen), und legt das Brod um die Schnepfe herum. Die Sauce wird, wenn das Fett davon abgenommen ist, besonders dazu ge= geben. Man kann die Schnepfen auch mit Papier umwinden und am Spieße braten.

404. Eine gefüllte Gans zu braten.

Wenn die Gans rein geputzt und ausgenommen ist, wird ein abgeschältes Milchbrod eingeweicht und wieder ausgedrückt, dann die Gansleber ge= waschen, legt sie auf ein Brett und hackt sie recht fein, thut das Milchbrod, etwas warme Butter,

Pfeffer und Salz, Muskatnuß, gehackte Zwiebeln,
2 Eier und Petersilie dazu und macht dieses recht
unter einander. Wenn die Gans ausgewaschen
und abgelaufen ist, so füllt man sie mit der Fülle
aus, näht sie zu, drückt die Beine zurück und steckt
ein Spieschen durch, reibt sie mit Salz ein, legt
sie in die Pfanne, gießt ein halb Maaß Wasser
dazu und läßt sie langsam braten. Folgende Art,
eine Gans zu füllen, ist auch anwendbar:

Man nimmt zu einer Gans 2 Pfund geschälte
und geputzte Kastanien und ein halbes Pfund rein
gelesene und gewaschene Rosinen, thut sie nebst
gehackter Zwiebel, ein wenig Thymian, Salz,
einem Stückchen Butter und einigen Löffeln voll
Fleischbrühe in eine Kasserole, läßt es zugedeckt
und einigemal umgeschwenkt gar dämpfen (die
Kastanien müssen aber ganz bleiben) füllt die
Gans damit, nähet sie zu und bratet sie; oder
man nimmt ein und ein halbes Pfund geputzte
Kastanien, thut in eine Kasserole etwas Butter,
einige Löffel voll Fleischbrühe mit Salz und dämpft
sie gar; nimmt dann 6—7 geschälte, in vier Theile
zerschnittene und vom Krips befreite Aepfel, läßt
ein Stückchen Butter in einer Kasserole heiß werden, thut die Aepfel nebst einem Viertelpfund
kleinen oder großen, rein gelesenen und gewaschenen

Rosinen, ein wenig Zucker, Zitronenschale und Thymian hinein, deckt es zu und läßt es langsam gar dämpfen; nun thut man die Kastanien hinzu, schwenkt es untereinander (die Kastanien müssen aber ganz bleiben) und füllt die Gans damit. — Auch kann man die Gänse entweder am Spieße oder in einer Kasserole braten.

405. Gebratene Enten.

Die Enten werden auf die nämliche Art gebraten, wie die Gänse.

406. Wilde Gänse zu braten.

Die wilden Gänse sind im Herbste und Winter am besten.

Wenn sie gerupft, geputzt, ausgenommen und ausgewaschen sind, so werden sie in- und auswendig mit Pfeffer und Salz eingerieben; dann legt man sie in eine Pfanne, salzt sie, gießt Butter darüber, thut etliche Zwiebeln, Lorbeerblätter, Thymian nebst Fleischbrühe hinzu, deckt sie mit Papier zu und bratet sie langsam. Wenn sie bald gar ist, thut man das Papier davon, läßt die Gans schön braun und ein wenig rösch braten; die Sauce wird beim Anrichten durch einen Durchschlag getrieben, das Fett davon rein abgenommen und die Sauce besonders hinzu gegeben.

Wenn die Gans alt sein sollte, so muß sie eine Zeitlang in Essig gelegt und hernach sauer gebraten werden.

407. Wilde Enten zu braten.

Wenn die wilde Ente gerupft, geputzt, ausgenommen und ausgewaschen ist, wird sie inwendig mit Pfeffer und Salz eingerieben, thut in eine Kasserole einige Stückchen Speck, Zwiebeln, Lorbeerblätter, Nelken, ein Stückchen Butter und etwas Fleischbrühe, läßt es heiß werden, legt die Ente hinein und läßt sie schön braun braten, thut dann etwas Fleischbrühe oder Essig und einige Zitronenscheiben dazu, läßt sie noch ein wenig kurz dämpfen und richtet sie an.

408. Spanferkel zu braten.

Wenn das Spanferkel geputzt ist, wird es inwendig mit Pfeffer und Salz eingerieben, steckt 2 Milchbrödchen in das Ferkel, damit es hoch bleibt, tupft es stark mit einer Spicknadel, legt es in eine Pfanne, thut eine Zwiebel, Salz und Fleischbrühe hinzu, stellt es in Backofen, bestreicht es oft mit Speck und bratet es schön braun und hart; es muß (nachdem es groß ist), ein und eine halbe Stunde auch wohl zwei Stunden gut braten; steht es länger, so wird es zu weich und fällt gern von einander.

Die Fülle zum Spanferkel wird auf folgende Art gemacht:

Man nimmt Lunge und Leber vom Ferkel, wäscht es ab, schneidet das Aederige heraus und hackt es fein, thut etwas fein gehackte Zwiebel, Petersilie, Pfeffer und Salz, Muskatblüthe, etwas Thymian, ein eingeweichtes und wieder ausgedrücktes Milchbrödchen und 2 Eier dazu, macht dieses recht untereinander, füllt das Ferkel damit und näht es zu. Auch braucht man die Fülle nicht in das Ferkel zu stopfen, sondern bäckt sie im Ofen und gibt sie besonders hinzu.

409. Hirschwildpret zu braten.

Man nimmt einen Schlegel von einem Hirsch, läßt ihn ganz, spaltet ihn oder schneidet die Stücke heraus, so wie sie abgetheilt oder gewachsen sind, häutet sie und spickt sie mit nicht zu feinem Speck, legt es acht oder noch mehrere Tage in Essig, damit es durch und durch gebeizt wird. Wenn man es braten will, legt man in eine Kasserole einige Scheiben Speck, 2 große in Scheiben geschnittene Zwiebeln, Lorbeerblätter, ganzes Gewürz, dann das Wildpret darauf, thut noch ein Stückchen

16

Butter, Salz, einige Zitronenscheiben und den Essig,
in welchem das Wildpret gelegen hat, dazu, deckt
es zu, macht auch oben Feuer darauf und läßt es
langsam braten, so, daß es eine gute Farbe bekommt; auch muß es während des Bratens öfters
begossen werden. Wenn das Wildpret gar ist,
so muß die Sauce bräunlich und kurz sein. Nun
wird der Braten angerichtet, legt oben Zitronenscheiben darauf, rings herum etwas Grünes,
treibt die Sauce durch einen Durchschlag, thut
das Fett davon und gibt sie besonders zum Wildpret.

410. Hirschziemer zu braten.

Man theilt den Hirschziemer in einige Theile,
so groß man die Stücke haben will; diese werden
abgehäutet, gut gespickt und dann in Essig gelegt.
Wenn man es braten will, so legt man einige
Hölzchen in eine Pfanne, legt Zwiebeln, Lorbeerblätter, dann das Wildpret darauf, bestreut es mit
Pfeffer, Salz und Nelken, gießt Butter oder
sonst gutes Fett darüber, giebt eine Zitronenscheibe, den Essig, worin das Wildpret gelegen hat,
und etwas Wasser hinzu, deckt es mit Papier zu,
und läßt es langsam braten. Wenn der Braten
angerichtet ist, so thut man das Fett von der

Sauce, gibt einige Löffel voll sauern Rahm dazu läßt sie einigemal aufkochen, treibt die Sauce durch einen Durchschlag und gibt sie besonders zum Braten. — Der Bug ist auch gut zum Braten, aber man schneidet erst die Knochen heraus, zieht ihn mit einem Bindfaden zusammen, daß er rund wird, spickt und legt ihn in Essig; wenn er gebraten ist, zieht man den Bindfaden heraus.

Auf dieselbe Art wird auch der Hirschschlegel zubereitet.

411. Rehschlegel zu braten.

Der Rehschlegel wird abgehäutet, gespickt, gewaschen und in Essig gelegt, dann so gebraten wie das Hirschwildbret.

412. Rehziemer zu braten.

Dieser wird eben so wie der Hirschziemer gemacht.

413. Einen Hasen zu braten.

Wenn der Hase abgestreift ist, wird das Schlußbein voneinander gehackt, daß das Unreine heraus kommt; dann wird er abgehäutet, gespickt, mit Essig ausgewaschen und einige Tage in Essig gelegt. Er wird auf die nämliche Art gebraten wie das Wildpret.

414 Junge Hasen auf eine andere Art zu braten.

Diese werden auf dieselbe Art zubereitet, wie die vorhergehenden; dann nimmt man ein Glas Essig, ein Stück Butter, Pfeffer, Salz, Nelken, Lorbeerblätter und Zitronenscheiben, macht es kochend, und wenn der Hase in der Pfanne liegt, gießt man es darüber, deckt ihn mit Papier zu und läßt ihn gelblich braten. Zur Sauce kann man auch einige Löffel voll sauern Rahm hinzu geben.

Salat auf verschiedene Art.

---

415. Salat von Sellerie.

Man putzi etliche Köpfe Sellerie, legt sie in's Wasser, dann kocht man sie in Salzwasser halb weich, thut sie heraus und läßt sie kalt werden. Alsdann schneidet man sie in dünne Scheiben, thut Zwiebeln Pfeffer und Salz darüber, und macht sie mit Essig und Oel an. Man kann den Sellerie auch ungekocht auf dieselbe Art zubereiten.

416. Salat von Sellerie & Schmalzkraut.

Der Sellerie wird wie der vorige zurecht gemacht; dann thut man eine Handvoll gewaschenes Schmalzkraut hinzu, und macht den Salat mit Zwiebeln, Salz, Essig und Oel an. Man kann auch jedes allein anmachen, dann thut man den Sellerie in eine Salatiere, theilet sie in 2 oder 3 Theile, und thut das Schmalzkraut da= zwischen.

417. Salat von Schmalzkraut.

Wenn das Schmalzkraut belesen und gewaschen ist, wird es gut mit Zwiebeln, Pfeffer und Salz angemacht, in eine Salatiere gethan und rings= herum mit eingemachten rothen Rüben belegt.

418. Salat von jungem Lattich.

Der junge Lattich wird gut belesen, gewaschen und dann läßt man ihn gut ablaufen, streut ge= hackte Petersilie, Kresse, Zwiebel, Pfeffer und Salz darüber, macht ihn mit Essig und Oel gut an, und gibt hartgekochte geschälte Eier dazu. Man kann auch die Eier der Länge nach durch= schneiden und den Salat damit belegen.

419. Salat von Kopflattich.

Von dem Kopflattich nimmt man nur das Zarte, Gelbe; dieses wird gut belesen, gewaschen, und im Durchschlag läßt man ihn gut ablaufen; dann thut man ihn in eine große Salatiere, streut fein-gehackte Zwiebeln, Petersilie, Estragon, Pimper-nel, Pfeffer und Salz, darüber, und macht ihn mit Essig und Oel gut an. Man kann auch hart-gekochte Eier dazu geben.

420. Salat von Spargeln.

Der Spargel wird geputzt, gewaschen, in Bünd-chen gebunden und in Salzwasser weich gekocht; dann thut man ihn heraus, läßt ihn abkühlen, legt ihn in eine Salatiere, verrührt in einer Schüssel, Pfeffer, Salz, Essig und Oel, thut gehackte Zwie-beln und Petersilie dazu, gießt es über den Spar-gel und trägt ihn auf.

421. Salat von grünen Bohnen.

Man nimmt zarte, frische, grüne Bohnen, schnei-det sie länglich, fein, kocht sie in Salzwasser nicht zu weich, schüttet sie in einen Durchschlag, gießt kaltes Wasser darüber und läßt sie gut ablau-fen. Nun thut man gehackte Zwiebeln, Petersilie, Pfeffer, Salz, Essig und Oel darüber, macht sie untereinander und richtet sie an. Man kann auch Zwergbohnen nehmen, halbfingerlang schneiden, abkochen und wie die vorigen anmachen.

422. Kraut=Salat.

Man nimmt einen Kopf weißes Kraut, schnei= det es fein, bestreut es mit ein wenig Salz, schnei= det ein Viertelpfund Speck fein würfelig, bratet ihn in einer Kasserole gelblich, gießt etwas Essig daran, thut den Salat hinein, deckt ihn zu und läßt ihn gar dämpfen. Man kann auch, wenn der Speck gelblich ist, ihn mit einem Schaumlöffel her= aus auf einen Teller thun, und wenn der Salat angerichtet ist, den Speck darüber streuen: auch kann man ihn mit Essig und Oel anmachen.

423. Härings=Salat mit Kartoffeln.

Man kocht Kartoffeln, schält sie, und wenn sie kalt sind, schneidet man sie in Scheiben. Hierauf schneidet man zwei geputzte Häringe würfelig, thut Zwiebeln, Petersilie, Pfeffer, Salz, Essig und Oel zu den Kartoffeln und macht sie an.

424. Kartoffel=Salat.

Wenn die Kartoffeln gekocht, geschält und in Scheiben geschnitten sind, so werden sie mit dem= selben Zubehör, wie beim vorigen, angemacht.

425. Härings=Salat.

Man nimmt 2 oder 3 Häringe, putzt sie, schnei= det sie der Länge nach von einander, macht die

Gräten heraus, schneidet sie würfelig oder länglich, sowie auch Kalbsbraten, hackt Zwiebeln, Petersilie, von drei hartgekochten Eiern das Weiße
und Gelbe, jedes allein, und etwas Kapern, thut
jedes allein, legt dann von allem diesen in eine
Salatiere einen Stern, ein Kreuz oder in die
Runde, thut Essig und Oel darüber und setzt es
so auf die Tafel. Wenn man den Salat serviren
will, so wird er mit einer hölzernen Gabel untereinander gemacht.

426. Sardellen-Salat.

Man nimmt acht Loth gewaschene Sardellen,
macht die Gräten heraus, schneidet sie länglich,
thut etwas Bricken, einige Aepfel, etwas abgeschälte Oliven, einige Kartoffeln, gehackte Zwiebeln, Petersilie, etwas geschnittenes Fleisch von
Geflügel, Pfeffer, Salz, Essig und Oel dazu, und
macht den Salat gut an, thut ihn in eine Salatiere
und gibt ihn auf die Tafel.

427. Kukumern oder Gurken-Salat.

Die Kummern werden geschält, in dünne Scheiben geschnitten, eingesalzen und läßt sie eine Weile
stehen, dann werden sie ausgedrückt und mit
Pfeffer, Salz, Zwiebeln, Essig und Oel ange-

macht. Statt des Baumöls kann man auch
süßen Rahm nehmen.

428. Salat von einem Ochsenmaul.

Das Ochsenmaul wird sauber geputzt, in Salzwasser weich gekocht, auf eine Schüssel gelegt und
läßt es kalt werden, macht die Knochen heraus
und schneidet es fein, thut es dann in eine Schüssel,
gibt fein geschnittene Zwiebel, Petersilie, Pfeffer,
Salz, Essig, Oel und etwas Senf hinzu, macht es
untereinander, thut den Salat in eine Affiette und
gibt ihn zu Tisch.

429. Eier, um den Salat damit zu zieren.

Man siedet die Eier hart schält u. schneidet sie in
der Mitte voneinander, thut das Gelbe heraus, hackt
es klein, kleingehackten Schnittlauch, Pfeffer und
Salz darunter, mengt es untereinander, füllt selbiges wieder fest in das Weiße vom Ei hinein,
und legt sie um den Salat herum.

Man kann auch das Weiße mit dem Backrädchen zerschneiden, und mancherlei Zickzack daraus
machen, und selbige in verschiedenen Formen um
den Salat legen.

Verschiedenes Fleisch und Fische mit Gelee.

———o———

430. a) Saure Gelee zu kochen.

Zur Gelee nimmt man acht ausgehackte frische Kalbsfüße, 1 Ochsenfuß, 1 Schweinsohr und läßt alles im kalten Wasser ausziehen; ferner 6 Pfund gebeiztes Rindfleisch oder Wildpret, zerschnittenen Sellerie, gelbe Rüben, Petersilienwurzeln, Zwiebeln und Loorbeerblätter, thut alles in einen großen Topf, gießt so viel Wasser dazu, daß es stark einkochen kann. Nun wird es aufs Feuer gesetzt, und wenn es kocht, so wird es rein abgeschäumt, dann gibt man noch anderthalb Schoppen Essig, Pfeffer, Ingwer, Zitronen und Salz hinzu und läßt es 3 Stunden langsam kochen, thut dann das Fleisch heraus und läßt es über Nacht stehen. Hierauf macht man das Feuer davon, schüttet es durch einen feinen Durchschlag in einen andern Topf, thut 1 Löffel voll braune Schü (oder wenn sie gelb sein soll, etwas ganzen Safran) dazu, stellt es wieder zum Feuer, bis es zum Kochen kommt. Indessen schlägt man 4—5 Eier zu Schaum, thut sie zur Gelee, läßt sie einigemal aufkochen, daß die Gelee hell wird. Hierauf

wird ein dünnes Tuch an die 4 Beine eines umge=
kehrten Stuhls gebunden, eine Kafferole unterge=
stellt und die Gelee langsam in das Tuch geschüt=
tet; wenn es hell durchläuft, setzt man ein reines
Geschirr unter daß die helle Gelee hineinfließt;
schüttet das erste Durchgelaufene wieder langsam
in das Tuch und läßt sie so lange laufen, bis sie
alle ist; ist aber noch Gelee in dem Tuch und sie
ist kalt, so macht man sie wieder heiß und schüttet
sie nochmals auf, damit sie alle durchläuft, und sie
ist fertig. Man kann sie nun zu verschiedenen
Fisch= und Fleischgerichten gebrauchen, wie folgt:

**431. Welsche Hähne, Kapaunen und
Poularden mit Gelee.**

Diese Fleisch=Gerichte werden mit Gelee gleich=
förmig auf folgende Weise zubereitet:

Man macht den welschen Hahn, Kapaun oder
die Poularden ganz sauber, schneidet sie auf dem
Rücken auf, thut die Knochen ganz heraus, doch
so, daß die Haut kein Loch bekommt und das
Fleisch alles darin bleibt, macht sie auseinander,
bestreut sie inwendig mit Salz und gestoßenem
Gewürze, füllt den Kapaun, oder was es sonst
ist, mit der Fülle (siehe am Ende dieses Artikels),
näht ihn mit einem Faden zu, und kocht ihn mit

Zwiebeln, Lorbeerblättern, gelbe Rüben und Salz (an Fleischbrühe oder Wasser muß es so viel sein, daß es über den Kaupaunen geht), deckt ihn mit Papier zu, thut einen Deckel darauf und läßt ihn langsam schön weiß und gar kochen. Ist er nun gar, so setzt man ihn ab und läßt ihn erkalten.

Soll er nun gebraucht werden, so thut man ihn heraus, läßt ihn ablaufen, macht das Fett davon, zieht den Faden heraus und schneidet das, was nicht daran sein soll, weg, thut in eine Kasserole recht helle Gelee, nicht ganz einen kleinen Finger dick, hinein, läßt sie kalt werden, schneidet von halben Zitronen halbmondförmige Scheiben, garnirt die Gelee damit und thut etwas Grünes dazwischen; in die Mitte legt man einen Stern, tropft etwas warme Gelee darauf, läßt es ein wenig stehen, daß es fest wird, thut dann einen Daumen dick flüssige kalte Gelee darauf und läßt es fest werden, dann wird der Kapaun mit der Brust auf die Gelee hineingelegt, und so viel Gelee darauf gegossen, daß sie dem Kapaunen gleich steht, stellt sie an einen kalten Ort, daß sie fest wird. Wenn sie angerichtet werden soll, taucht man die Form einen Augenblick in heißes Wasser, putzt dieselbe mit einem Tuche geschwind wieder ab, stürzt sie behutsam auf die Schüssel um, hebt die

Form langsam ab, garnirt sie mit etwas Grünem und trägt sie auf.

Die Fülle dazu wird auf folgende Weise gemacht.

Man nimmt ein halb Pfund feingehacktes Kalbfleisch, ein halb Pfund Schweinefleisch, eine feingehackte Zwiebel, ein halbes Pfund feingeschnittenen Speck, ein halb Pfund warme Butter, 3 abgeschälte, eingeweichte und wieder ausgedrückte Milchbrode, 4 Eier Salz und Gewürz; dies wird recht gemengt, und alsdann zur Fülle verwendet.

432. Junge Hähne und Tauben in Gelee.

Diese werden eben so gemacht, wie die Kapaunen.

433. Zahme Gänse und Enten in Gelee.

Werden auch nämlich so gemacht wie die Kapaunen.

434. Wilde Gänse und Enten in Gelee.

Werden auch nach vorgeschriebener Weise gemacht.

435. Auer= und Birkhühner in Gelee.

Diese werden aufgeschnitten und 4–5 Tage in Essig gelegt, dann thut man sie aus dem Essig, läßt sie recht ablaufen, farcirt oder füllt sie und kocht sie mit dem Essig, worin sie gelegen haben, nebst Zwiebeln, Lorbeerblättern, gelben Rüben, Gewürzen, Salz, etwas Fett oder Speck gar. Im Uebrigen werden sie gerade wie die Kapaunen behandelt. Wenn sie nun angerichtet sind, so legt man den Kopf mit einem rund geschnittenen Papier vor die Gelee auf die Schüssel und garniret sie mit etwas Grünem.

436. Hasel= und Feldhühner mit Gelee.

Diese werden eben so behandelt, wie die Auerhühner; nur muß man sie mit Papier zudecken, daß sie recht weiß bleiben.

437. Fasan in Gelee.

Diesem, wenn er geruft ist, schneidet man den Kopf und Schwanz ab, flammirt ihn und schneidet ihn aus, füllet oder farcirt ihn mit gut gemachter Fülle und kocht ihn wie den Kapaun, aber nicht sauer. Wenn er gebraucht wird, macht man das Fett und den Faden davon weg, legt ihn in eine garnirte Gelee und läßt ihn recht kalt werden.

Wenn er umgestürzt ist, steckt man den Kopf mit einem Krägelchen vorn in die Gelee und den Schwanz hinten hin, garnirt ihn mit etwas Grünem, so ist er fertig.

438. Rindfleisch in Gelee.

Man nimmt ein gutes Stück Rindfleisch, klopft und spickt es dick mit gewürztem Speck durch, legt es 3–4 Tage in Essig, und dämpft es mit dem Essig, worin es liegt, mit Salz, Wurzeln, Gewürze und Zitronen gar; wenn es kalt ist, thut man es heraus und schneidet es in beliebige Stückchen. Wenn die Gelee garnirt ist, so belegt man sie mit dem geschnittenen Fleisch, thut abgekühlte Gelee darüber, läßt es kalt werden, legt dann wieder Fleisch darauf, Gelee darüber, und fährt so lange fort, bis die Form voll ist. Wenn sie umgestürzt ist, wird sie mit etwas Grünem garnirt.

Auf diese Art wird alles Fleisch, das in Gelee gegeben wird, behandelt; wenn man will, kann man das Fleisch auch ganz lassen.

Das Wildpret wird wie das vorhergehende Fleisch zubereitet; auch kann man gesalzene Ochsenzunge und Schinken in Gelee geben.

439. Fische in Gelee.

Hierzu werden Salm, Forellen, Hechte, Karpfen, Barben und Aale genommen.

Die Fische, die in Gelee gemacht werden, muß man alle schuppen, ausnehmen, in beliebige Stücke schneiden, auswaschen und blau kochen. Wenn sie abgekühlt sind thut man sie mit einem Schaum-löffel heraus, legt sie auf ein Tuch oder auf Lösch-papier und läßt sie recht ablaufen. Wenn die Gelee in der Form garnirt, aufgefüllt und gestan-den ist, macht man so viel wie möglich aus dem Fische die Gräten und legt eine Lage Fische auf die gestandene Gelee und gießt kalte, flüssige Gelee darüber. Wenn es gestanden hat, legt man wieder Fische darauf und gießt kalte, flüssige Gelee darüber, fährt so lange fort, bis die Form voll ist und läßt es recht kalt werden. Wenn sie gebraucht werden sollen, stürzt man sie behutsam um und garnirt sie mit ganzer Petersilie.

440. Preßkopf zu bereiten.

Man nimmt einen halben Schweinskopf und einen fleischigen Strampel, nebst drei Pfund Rind-fleisch vom Backen, läßt dieses mit einander nebst zwei großen Stück Schwarten recht gar kochen, so lange, bis sich das Fleisch von den Knochen ganz ablöst; dann thut man es auf eine Schüssel, läßt es kalt werden, bis man Alles mit den Händen verrupfen kann. Ist dies geschehen, so schneidet man auch eine oder zwei recht weich gekochte Schweinszungen dazu, pfeffert und salzt dies ziemlich stark, thut ein wenig Majoran und Nelken dazu und mengt Alles, weil es noch warm ist, gut untereinander. Hierauf breitet man eine Serviette über eine Schüssel, legt ein großes Stück Schwarte hinein und füllt die Masse ein, legt die andere Schwarte darüber, bindet die Serviette fest zu und läßt es noch eine Viertelstunde kochen. Ist er etwas abgekühlt, so thut man ihn heraus legt ihn zwischen zwei Bretter und beschwert ihn bis den andern Tag. Nun macht man die Serviette ab, schneidet den Preßkopf in fingerdicke Scheiben und gibt ihn mit Essig und Pfeffer zu Tische.

441. b) Süße Gelee.

Man nimmt 1 Pfund geraspeltes Hirschhorn, und 2 Loth geklopfte Hausenblase, thut ein und ein halbes Maaß Wasser darauf, setzt es auf das Feuer, und läßt es ein und eine halbe Stunde langsam kochen, treibt dann das Gekochte durch einen feinen Durchschlag und drückt es mit einem

17

Kochlöffel recht fest durch, läßt es dann in einer irdenen Schüssel bis den andern Tag stehen, damit man sieht, wie steif es ist. Will man nun die Gelee fertig machen, so thut man in eine Kafferole einen Schoppen guten Wein, ein Stück ganzen Zimmet, von einer Zitrone die abgeschälte Schale und ein halb Pfund Zucker, läßt dies miteinader eine Viertelstunde kochen, thut dann den Hirschhornstand dazu und läßt es noch eine Viertelstunde kochen, setzt es vom Feuer und läßt es abkühlen. Indessen verrührt man von 4—5 Eiern das Weiße recht stark mit einem Besen, schüttet das abgekühlte Gelee dazu, drückt von 2 Zitronen den Saft hinein und schüttet es zur Gelee, versucht, ob es süß genug ist, läßt es noch einigemal aufkochen, daß es hell wird, schüttet es dann in ein dünnes Tuch, welches an die 4 Beine eines umgekehrten Stuhles gebunden ist, und läßt es hell durchlaufen, thut sie dann in einen tiefen Teller, läßt sie recht kalt und fest werden, garnirt sie mit rother Gelee und gibt sie zur Tafel.

442. Erdbeer-Gelee.

Drei Viertelpfund Hirschhorn wird auf bewußte Art nur mit einem Maaß Wasser gekocht, damit es noch consistenter werde, wie zu dem vorigen

Gelee. Drei Schoppen reife Walderdbeeren werden mit ein wenig Wasser auf einem gelinden Feuer etwas gekocht, alsdann läßt man solche durch ein Haarsieb laufen; doch dürfen sie nicht durchgedrückt werden. Alsdann wird dieser Saft zu dem durchpassirten Hirschhorn gegossen, drei Eierweiß zu Schnee geschlagen und darunter gethan, dann auf dem Feuer einmal aufwallen lassen. Hierauf wird es zurückgesetzt ein halbes Pfund Zucker, der Saft von 2 Zitronen und einen Schoppen süßer Wein dazu gethan und wie gewöhnlich durch eine Serviette gegossen.

443. Rosen=Gelee.

Dies ist zwar ein sehr einfaches, aber äußerst wohlschmeckendes Gelee. Man thut zu dem Hirschhorn, welches, wie bei der Erdbeer=Gelee gesagt wurde, mit einer Maaß Wasser gekocht wird, 1 Loth Tournisol, und läßt es mit dem geschlagenen Eiweiß und Zucker einmal aufwallen, wovon es eine schöne Röthe bekommt. Man thut es alsdann vom Feuer, einen halben Schoppen von dem besten Rosenwasser nebst dem Saft von 6 Zitronen und einen Schoppen Rheinwein dazu, und verfährt auf obige Art.

444. Orangen-Gelee.

Diese Gelee wird eben so gemacht, wie die vorhergehende; nur daß statt Zitronen süße Orangen oder Apfelsinen dazu kommen.

445. Blanc-manger.

Diese Gelee wird wie die süße gemacht; aber man nimmt ein Viertelpfund geschälte, mit süßem Rahm feingestoßene Mandeln, thut einen Schoppen süßen Rahm dazu, treibt die Mandeln durch einen feinen Durchschlag oder Haartuch, thut es zur Gelee, macht es warm gut untereinander, füllt es in eine Form, läßt es stehen und stürzt es dann um; es darf aber kein Zitronensaft dazu gethan werden.

446. Creme von Reis.

Man nimmt ein Viertelpfund guten Reis, brüht ihn eine Viertelstunde in heißem Wasser ab; wenn er abgekühlt ist, wird er mit der Hand recht gerieben, das Wasser abgeschüttet und anderes darauf, schüttet es wieder ab und gießt ein halb Maaß kochende gute Milch darauf, kocht den Reis langsam zu Brei, treibt ihn dann mit einem Schoppen Rahm durch einen feinen Durchschlag, verrührt sechs Eierdotter mit etwas Milch, läßt sie durch einen feinen Durchschlag zu dem Reis laufen, gibt ein Viertelpfund gestoßenen Zucker, womit eine halbe Zitrone abgerieben wurde, ein wenig Zimmet- oder Orangenblüthen-Wasser dazu, rührt es recht untereinander, thut es in einen tiefen Teller, setzt es auf kochendes Wasser, einen Deckel mit schwachem Feuer darauf und läßt es so lange stehen, bis es fest ist (es darf aber oben nicht braun werden); nun thut man ihn ab, läßt ihn kalt werden, streut Zucker darüber, und brennt ihn mit einer glühende Schippe gelblich.

447. Creme von Chocolade.

Man nimmt zu einer Creme 4 auch 6 Loth geriebene Chocolade, thut sie mit 2 Eßlöffel voll Wasser in eine Kasserole, setzt sie auf schwaches Feuer, und wenn sie heiß ist, wird sie glatt gerührt, thut ein halb Maaß kochende Milch, ein Stückchen Zimmet, etwas Zitronenschale und so viel Zucker, daß sie süß genug ist, dazu, läßt dies zusammen eine halbe Viertelstunde kochen, und läßt sie dann abkühlen. Indessen verrührt man von 8 Eiern das Gelbe recht gut, treibt die Chocolade durch einen feinen Durchschlag dazu, füllt die Creme in einen tiefen Teller, setzt ihn auf kochendes Wasser, einen Deckel mit schwachem Feuer darauf, läßt ihn so lange stehen, bis er fest ist, dann setzt man ihn ab und läßt ihn kalt werden. Er wird mit kleinen weißen Tabletten garnirt.

448. Creme von Wein.

Man thut in eine Kasserole eine halbe Maaß guten weißen Wein, ein Stückchen ganzen Zimmet, einige ganze Nelken und von einer halben Zitrone die Schale, läßt dies zusammen eine Viertelstunde langsam kochen, setzt es dann ab und läßt es kalt werden. Indessen thut man in eine tiefe Kasserole von 5 Eiern das Gelbe und 3 ganze Eier, 12 Loth gestoßenen Zucker und von einer Zitrone den Saft, verrührt es recht fein, läßt den gekochten Wein durch einen feinen Durchschlag dazu laufen, rührt dann die Creme mit einem kleinen Besen auf schwachem Feuer ab, und wenn sie recht schäumig und steif ist, setzt man sie ab und rührt noch so lange, bis sie sich etwas abgekühlt hat; thut sie dann in einen tiefen Teller und läßt sie kalt werden. Will man diese Creme warm auf den Tisch geben, so muß sie kurz vor dem Anrichten erst abgerührt werden.

449. Creme von Erdbeeren.

Man nimmt 3 Schoppen reife Erdbeeren, liest

sie und sucht eine Handvoll der schönsten heraus, legt sie auf einen Teller und setzt sie zurück; die andern Erdbeeren werden dann mit einem hölzernen Löffel in einer irdenen oder in einer Porzellan-Schüssel ganz zerdrückt, thut einen halben Schoppen guten süßen Rahm dazu und treibt es durch einen feinen Durchschlag in ein anderes Geschirr, daß die Körner alle zurück bleiben, nimmt ein Stückchen Zucker, reibt eine Zitrone darauf ab, stößt ihn recht fein, rührt ihn nebst ein wenig fein gestoßenem Zimmet unter die Erdbeeren, nimmt dann einen Schoppen recht dicken süßen Rahm, schlägt ihn mit einem kleinen Besen dick und schäumig, rührt ihn dann langsam unter die Erdbeeren, thut es auf einen Teller und stellt es an einen kalten Ort; vor dem Auftragen garnirt man es mit den ausgesuchten Erdbeeren, so ist er fertig.

450. Creme von Vanille.

Man klopft eine Schale Vanille, schneidet sie in kleine Stücke, und läßt sie mit ein wenig Rahm recht aufkochen, alsdann thut man solche nebst 2 ganzen Eiern, 4 Dottern und einem Viertelpfund Zucker in ein Maaß Rahm und schlägt alles mit dem Schlagbesen wohl durcheinander, gießt es durch ein Haarsieb in eine Compotschale, und setzt diese in eine Kasserole mit kochendem Wasser; doch darf das Wasser nur etwas über die Hälfte der Compotiere reichen. Man deckt das Kasserol zu, und thut etwas glühende Kohlen auf den Deckel und läßt es eine gute Viertelstunde ganz langsam kochen.

451. Creme à la Portugaise.

Man nimmt 6 Eierdotter, rührt nach und nach ein Maaß süßen Rahm hinzu und thut ein Viertelpfund Zucker, ein wenig Zimmet, eine Zitronenschale, so fein wie möglich abgeschält, dazu, läßt dieses so lange unter stetem Umrühren kochen, bis es dick zu werden anfängt, alsdann thut man die Zitronenschale und den Zimmet heraus und füllt es in Schalen.

452. Gestandene Wein-Creme.

Man nimmt 2 Loth gute Hausenblase, klopft sie recht stark, schneidet sie klein, kocht sie in einem halben Schoppen Wasser langsam, daß sie sich ganz auflöst, thut dann einen Schoppen guten Wein dazu, rührt es auf dem Feuer recht untereinander, und läßt es dann durch einen Durchschlag laufen.

Hierauf thut man in eine Kasserole eine Messerspitze voll Mehl, von 6 Eiern das Gelbe und zwei ganze Eier dazu, verrührt es mit einem hölzernen Löffel recht gut, thut noch 12 Loth gestoßenen Zucker, ein wenig feinen Zimmet, von einer Zitrone die abgeriebene Schale und den Saft dazu, rührt es mit einem halben Schoppen Wein glatt, gießt dann den Wein mit der Hausenblase dazu, rührt dann die Creme mit einem hölzernen Löffel auf dem Feuer ab, daß sie dick wird. Wenn sie schon beinahe kochen will, so ist sie gut. Man setzt sie dann ab, und rührt noch ein wenig darin, läßt sie dann recht abkühlen, füllt sie in eine Form und stellt sie an einen kühlen Ort, daß sie fest wird. Will man sie anrichten, so taucht man die Form einen Augenblick in heißes Wasser, stürzt die Creme auf eine Schüssel um und garnirt sie mit etwas Grünem.

453. Süße Milch.

Eine Zitrone wird an Zucker abgerieben, dies in einen Topf gethan, das Gelbe von 10—12 Eiern daran gerührt, ein halb Maaß siedend gemachten Rahm daran gegossen, das Angerührte in eine Kasserole geschüttet und auf dem Feuer stark gerührt, bis es dick ist. Zum Kochen darf es ja nicht kommen. Dann wird es wieder in den Topf gethan, noch eine Zeitlang gerührt, und in Schalen oder Salatiern gegossen.

Man kann sie auch auf einem Topf mit Kohlen unter beständigem Rühren dick machen. Sie ist so besser zu verfertigen und gerinnt weniger.

454. Eierkäse.

Man verrührt mit einem kleinen Besen in einer Kasserole 16 ganze Eier recht fein, schüttet eine Maaß gute süße Milch und einen Schoppen sauern Rahm dazu, läßt es unter beständigem Rühren auf schwachem Feuer zusammenlaufen, doch so, daß die Eier nicht zu hart werden, setzt es vom Feuer, läßt es ein wenig abkühlen, füllt es dann in eine beliebige Käseform, läßt es recht ablaufen, stürzt es auf eine Schüssel und macht folgende Sauce dazu:

Man thut in eine Kasserole ein klein wenig Mehl, rührt es mit guter süßer Milch oder mit Rahm glatt an, thut dasjenige, nach welchem die Sauce schmecken soll, dazu, schüttet so viel Milch oder Rahm dazu, daß es genug Sauce wird und rührt sie auf dem Feuer ab. Wenn sie kochen will, so ist sie gut. Man setzt sie dann vom Feuer ab, thut einige mit Milch verrührte Eierdotter daran, rührt sie etwas langsam nach und nach hinein, läßt sie kalt werden und treibt sie dann durch einen feinen Durchschlag. Man läßt die Sauce so stehen, daß sie recht kalt wird.

455. Eierkäse mit Mandeln.

Man macht einen Eierkäse wie die vorhergehenden; wenn er zusammengelaufen ist, thut man ihn in einen feinen Durchschlag, läßt ihn gut ablaufen, drückt ihn dann mit einem hölzernen Löffel zusammen, daß das Wasser recht herausgeht, thut ihn, wenn er noch etwas warm ist, in eine Schüssel, gibt ein Stückchen Butter, eine Handvoll geschälte und fein gestoßene Mandeln, etwas Zimmet oder Orangenwasser, eine Handvoll gestoßenen Zucker und von einer Zitrone die fein abgeriebene Schale dazu, rührt es gut untereinander und läßt es kalt werden, dann reibt man es mit einem hölzernen Löffel durch einen Durchschlag in die Schüssel, worin er zu Tisch kommt. Wenn er aufgetragen werden soll, so bestreut man ihn mit Zucker und Zimmet.

Pasteten, Torten & anderes Backwerk.

---

456. Eine warme, große Kalbfleisch-Pastete.

Zu einer warmen, großen Pastete macht man

von einem Pfund Mehl, eben so viel Butter und
2 ganzen Eiern einen guten Butterteig, walkt ihn
einigemal aus, daß er nicht zu fein wird, theilt ihn
in zwei Theile, einen Theil etwas größer als den
andern, drückt jedes Stück rund zusammen, wie
ein Milchbrod und läßt sie liegen. Indessen
nimmt man 12 Bogen Makulaturpapier, reibt es
zusammen, damit es weich wird, macht es wieder
auseinander, nimmt eine flache Pastetenschüssel
von Blech oder Kupfer, ein Bogen von dem Ma=
kulaturpapier, bricht ihn in die Runde zusammen,
nach innen zu einen Bogen darüber, so daß es
in die inwendige Schüssel paßt, füllt das Uebrige
obenaus etwas kleiner zu und legt die glatte Sei=
te oben hin, so daß es ein runder Kopf wird, streicht
es dann mit der Hand ringsum recht glatt, thut
das Papier, sowie es gemacht ist, von der Schüssel
neben hin. Hierauf nimmt man das kleinere
Stück Teig, walkt es in der Rundung auseinan=
der, streuet etwas Mehl auf die Schüssel und legt
den Boden darauf, drückt ihn ein wenig an, so
daß er etwas über den Rand der Schüssel geht,
bestreicht den Rand mit Eiern und setzt den ge=
machten Papierkopf darauf in die Mitte, walkt
dann das andere Stück Teig eben so rund, aber

etwas dicker aus, legt es dann gerade auf das
Papier; es darf aber nicht gezogen werden; macht
dieses ringsum gleich, drückt es mit den Fingern
auf das Bestrichene fest, schneidet mit einem schar=
fen Messer den überstehenden Teig dicht an der
Schüssel ringsum ab, kerbt die Pastete, wo der
Teig abgeschnitten ist, mit einem Messerrücken
leicht ein, bestreicht sie, aber nicht wo der Teig
abgeschnitten ist, mit Eiern und bäckt sie in guter
Hitze, es muß aber bald nachgesehen werden, daß
sie nicht zu braun wird.   Wenn sie bräunlich ist,
deckt man einen Bogen Papier, der wie eine Kap=
pe gemacht ist, darauf, damit sie nicht zu dunkel
wird; sie muß anderthalb Stunden langsam
backen.   Man nimmt sie dann aus dem Ofen,
und schneidet mit einem Federmesser den Deckel
ein wenig groß oben egal ab, hebt ihn mit einem
breiten Messer ab und legt ihn daneben.   Wenn
sich nun die Pastete etwas abgekühlt hat, so nimmt
man das Papier behutsam herab und legt den
Deckel wieder so, wie er abgeschnitten ist, darauf
und läßt sie so stehen, bis man sie brauchen will ;
dann macht man sie ein wenig warm, läßt sie auf
eine andere Schüssel rutschen, nimmt den Deckel
davon und richtet ein gutes, weißes Kalbfleischra=

gout mit Champignons, Morcheln oder Trüffeln und Klößchen in die Pastete an, deckt sie wieder gut zu und gibt sie zur Tafel.

Der abgeschnittene Teig wird zusammengelegt, ausgewalkt, mit einem Glas oder mit einer Form ein Blättchen ausgestochen, und wenn die Pastete bestrichen ist, legt man das Blättchen in die Mitte darauf, drückt es an und bestreicht es, sticht noch ein kleineres aus, legt es darauf und bestreicht es auch; diese Blättchen formiren sich während des Backens zu einem Knopf, an welchem man den Deckel anfassen kann, ist er aber noch warm, so muß man behutsam damit umgehen, sonst bricht er ab. — Zum Bestreichen der Pastete nimmt man ein ganzes Ei, zerrührt es mit einem Pinsel recht gut und thut ein wenig Wasser dazu, sonst wird das Gebackene zu schwarz.

457. Warme Pastete mit jungen Hühnern.

Die Pastete wird wie die vorgeschriebene zubereitet.

Die Hühner zum Ragout in die Pastete werden ausgenommen, ausgewaschen und ein wenig in Fleischbrühe abgekocht. Dann legt man sie auf eine Schüssel und läßt sie kalt werden. Indessen thut man ein Viertelpfund Butter in eine Kasserole, läßt sie heiß werden, thut 1 Kochlöffel voll Mehl dazu, läßt es anziehen, thut dann einige fein geschnittene Zwiebeln dazu, füllt es mit der Fleischbrühe, worin die jungen Hühner gekocht wurden, an, doch so, daß es eine gute weiße Sauce gibt, schneidet die Hühner, wenn sie nicht zu groß sind, in 4 Theile, legt sie in die Sauce und läßt sie vollends gar kochen; während des Kochens gibt man einen halben Schoppen Wein, ein wenig Muskatnuß, von einer halben Zitrone die fein abgeschälte Schale, Salz und eine Handvoll gut gewaschene Morcheln oder Champignons dazu. Bevor man sie anrichtet, thut man den Saft von einer halben Zitrone, gehackte Petersilie und gekochte Klößchen hinzu, legirt sie mit Eiergelb, richtet sie in die Pastete an, so ist sie fertig.

458. Warme Pastete mit Tauben.

Diese wird wie die Hühnerpastete zubereitet, sollte sie aber von alten oder wilden Tauben sein, so muß man die Tauben erstlich ein wenig klopfen, einige Tage in Essig legen, daß sie mürbe werden und macht ein braunes Ragout. Man thut auch Trüffeln, Champignons, Morcheln oder

Capern und Oliven daran und richtet sie mit Klößchen in die Pastete an.

In eine warme Pastete kann man ein Ragout thun, was man für eins will, z. B. von Wildpret, Hasen, Fasanen, Feldhühnern, Schnepfen, Krammetsvögeln und Lerchen, aber alle mit brauner Sauce.

459. Eine offene Pastete.

Hierzu nimmt man einen guten Butterteig, der recht aufgeht, und macht es auf folgende Art.

Man nimmt ein Stück Teig, walkt ihn zwei Messerrücken dick, so groß die Schüssel ist, womit die Pastete auf die Tafel kommt rund aus, schneidet den Teig rund ab, und legt ihn auf einen Bogen Papier, dann nimmt man ein anderes Stück Teig, walkt es kleinen Fingers dick aus, schneidet ihn ebenso groß als das erste, schneidet mit einem scharfen Federmesser in der Mitte ein rundes Stück heraus, so, daß ringsherum ein guter Daumen breit Raum bleibt, thut das Stück heraus, bestreicht das erste rund geschnittene mit Eiern und stupft es ein wenig mit einem Messer, dann legt man den geschnittenen Rand auf das bestrichene Stück, doch so, daß er ringsherum an das unterste paßt, und drückt es fest an ; drückt dann mit einem Messer Bogen ein, bestreicht es und bäckt es in nicht zu starker Hitze, sieht im Anfange darnach, daß es schön rund aufgeht. Hierauf wird kein Deckel gethan. Wenn er angerichtet wird, rangirt man das Ragout gut ein und gibt es zur Tafel.

460. Eine Pastete auf eine andere Art.

Man macht einen guten Butterteig, walkt ihn kleinen Fingers dick aus, schneidet ihn in die Runde so groß, als man ihn haben will, legt ihn auf ein Papier, macht mit einem Federmesser oben darauf einen Einschnitt ungefähr eines Strohhalms dick, so daß es einen daumenbreiten Rand bekommt, bestreicht es oben darauf, macht einige Blättchen darauf so daß es einen Knopf formiret (siehe No. 457), und bäckt es dann bei gelinder Hitze; ist es gebacken so thut man es aus dem Ofen, läßt es etwas abkühlen, hebt den Deckel mit einem breiten Messer heraus, thut von innen das Weiche, was nicht gebacken ist heraus, und läßt sie kalt werden. Wenn angerichtet wird, so thut man sie von dem Papier auf eine flache Schüssel, rangirt das Ragout hinein, legt den Deckel darauf, und so ist sie fertig.

461. Jagdpasteten auf Reisen.

Man nimmt von allen Sorten Fleisch, als

Kalb-, Rind- und Hammelfleisch, rothes Wildpret, von jedem 2 Pfund, häutelt es ab, schneidet
das Fett rein davon und das Fleisch zu 2 fingerbreiten und fingerlangen Stückchen, klopft es wohl
mit dem Messerrücken, legt die Stückchen in eine
Schüssel, macht 1 Schoppen Essig siedend, thut
Basilikum, Dragon, Zitronenkraut, Lorbeerblätter
etwas Salz und Zitrorenrädchen hinein, läßt den
Essig, wenn er gesotten hat, wieder erkalten, gießt
ihn an das geschnittene Fleisch, läßt es über Nacht
stehen, und macht dann einen aufgeriebenen Teig
von 1 Pfund Mehl, einem halben Pfund Butter,
einem Ei und Wasser. Zur Fülle braucht man
2 Pfund mageres Kalbfleisch, 4 Loth Kapern, 4
Loth Sardellen, 1 ganze Zitrone mit Schale und
Mark nebst Zwiebeln; dies hackt man zu einer
feinen Farce, vermengt es in einer Schüssel mit
Salz und Muskatnuß, thut einige Löffel voll Essig,
worin das Fleisch gebeizt ist, hinzu, walkt den Teig
der Länge nach gut aus, legt etliche dünne Schnitten frischen Speck in die Mitte, auf diesen die
Hälfte des eingebeizten Fleisches, auf solches die
ganze gehackte Farce und das übrige eingebeizte
Fleisch vollends darauf; es muß aber der Länge
nach wie ein langes Laibchen Brod gelegt werden.
Hierauf thut man wieder ganz dünne Schnitten

Speck auf das Fleisch, bestreicht mit einem Ei
ringsum das Fleisch, überschlägt dann den Teig
wieder recht fest gegen einander, macht eine Form
daraus wie ein langes Laibchen Brod, bestreicht
3–4 Bogen weißes Papier, jeden besonders, mit
Butter, schlägt einen um den andern fest um das
Laibchen, macht oben durch das Papier zwei Oeff-
nungen durch den Teig, daß der Dampf heraus
kann, bestreut einBlech mit Mehl, legt die Pastete
darauf, und läßt sie 2 Stunden im Ofen backen.
Wenn sie fertig ist, wird sie nebst dem Papier an
einem kühlen Ort aufbehalten, bis sie kalt ist,
das Papier davon losgemacht, alsdann gießt man
langsam durch die Oeffnung warme Gelee, und
läßt sie stehen und erkalten. Wenn man sie an-
schneidet, wird sie wie eine Wurst zu Scheiben geschnitten. Auf die Jagd sind dies wegen des
Packens die besten Pasteten.

462. Eine umgestürzte Farce-Pastete.

Von acht Pfund Kalbfleisch, von der Schale,
schneidet man das Aederige und Häutige ab, hackt
es nebst drei Viertelpfund grünem Speck so fein
als möglich, schneidet 4 Loth Kapern, 4 Loth Sardellen, von einer Zitrone die Schale nebst Mark,
jedes besonders, fein, thut all dieses nebst ein we-

nig Salz, Pfeffer, Nelken und einigen Löffeln voll
Essig zu dem gehackten Fleisch und rührt es recht
untereinander. Alsdann macht man einen gerie=
benen Teig von 1 Pfund Mehl, 3 Viertelpfund
Butter, 1 Ei, etwas sauern Rahm und Wasser,
wirkt ihn zu einem festen Teig, wallt ihn einen
Messerrücken dick aus, bestreicht eine Kasserole
oder ein rundes, tiefes Blech stark mit frischer
Butter, schneidet mit dem Backrädchen einen Fin=
ger breite Streifen von dem ausgewellten Teig,
belegt den Boden kreuzweise damit, und neben
herum einfach, streicht von der angerührten Farce
fingersdick darauf, legt das Wildpret, welches zu=
vor gebeizt, mit Speck gespickt und so viel wie
möglich ausgebeint sein muß, darauf, streicht die
übrige Farce darüber, deckt einen Deckel von Teig
darauf, macht oben eine Oeffnung hinein, bestreicht
die Pastete mit einem Ei, und bäckt sie in einem
nicht zu heißen Ofen. In 2 Stunden ist sie fertig,
und kann, auf eine Schüssel gestürzt, kalt oder
warm zu Tisch gebracht werden.

463. Pastete von Kartoffeln.

Man rührt 12 Loth Butter leicht, schlägt 6 Eier
langsam hinein, thut 12 Loth zuvor gesottene und
am Reibeisen geriebene Kartoffeln nebst einem

Eßlöffel voll dicker Bierhefe, etwas Salz und
Muskatenblüthe dazu, rührt einen Eßlöffel voll
geriebenes Milchbrod oder feines Mehl mit
lauer Milch glatt an, rührt es auch an die Masse
und läßt es bei gelinder Wärme gehen. Inzwischen wäscht und putzt man einen oder auch zwei
Häringe, grätet sie aus und schneidet sie zu ganz
kleinen Stückchen, dämpft in einem Stückchen
Butter zwei kleine, so fein als möglich geschnittene
Zwiebeln, und gießt einen Viertelschoppen sauern
Rahm dazu. Alsdann wird ein rundes, tiefes
Blech mit Butter bestrichen, mit geriebenem Milchbrod bestreut, die Hälfte von der gegangenen
Masse hinein gefüllt, die geschnittenen Häringe
nebst Zwiebeln darauf gelegt, die andere Hälfte
von der Masse darüber gestrichen, im Ofen gelb
gebacken und umgestürzt, oder in dem Blech auf
den Tisch gegeben.

464. Warme Pasteten mit Fischen.

Die Pastete wird eben so gemacht, wie die vorhergehenden.

Die Fische, welche in Pasteten gegeben werden,
sind: Hechte, Karpfen, Aale, Salme & Stockfische.

Das Ragout von Fischen in Pasteten wird auf
folgende Art gemacht:

Der Fisch wird geschuppt, ausgenommen, aus=
gewaschen, in beliebige Stückchen geschnitten und
eine Stunde eingesalzen. Dann setzt man Wasser
mit Essig und Salz aufs Feuer; wenn es kocht,
thut man den Fisch hinein und läßt ihn einigemal
aufkochen, setzt ihn dann ab, läßt ihn ein wenig so
stehen, thut ihn mit dem Schaumlöffel heraus und
läßt ihn abkühlen. Nun macht man eine gute,
weiße Sauce, thut eine feingehackte Zwiebel, Pe=
tersilie, ein Lorbeerblatt, Muskatnuß, ein Glas
Wein, fein geschnittene Zitronenschale und Saft
dazu. Kurz vor dem Anrichten thut man den Fisch
hinein und läßt ihn noch einigemal aufkochen; doch
darf er nicht zu weich werden. Wenn er angerich=
tet wird, legirt man ihn mit Eiergelb und rangirt
ihn in die Pastete.

Dem Aal, wenn er in eine Pastete zugerichtet
wird, zieht man die Haut ab, und schneidet das
Faserige vom Rücken und vom Bauche weg.

Der Stockfisch, wenn er gekocht ist, wird aus
dem Wasser genommen, auf eine flache Schüssel
gelegt, und so viel wie möglich ist, die Gräten her=
aus gemacht; thut dann ein Stück Butter in die
Kasserole, wenn sie heiß ist, gißt man feingehackte
Zwiebeln und so viel Mehl hinein, daß es zur
Sauce genug ist; ist sie heiß, füllt man sie mit

süßem Rahm oder guter Milch an, rührt es recht auf dem Feuer, damit es nicht anbrennt, thut etwas gehackte Petersilie, Muskatnuß und Salz dazu, läßt sie ein wenig langsam kochen, thut dann den Stockfisch hinein und läßt ihn einigemal aufkochen; will man ihn in die Pastete anrichten, so wird er mit Eiergelb legirt und in die Pastete gefüllt.

465. Eine kalte Pastete mit Feldhühnern.

Man nimmt junge Feldhühner, rupft sie bis an den Kopf, schneidet diesen ab, putzt die Hühner, nimmt sie aus, flammirt sie, wäscht sie aus und läßt das Wasser recht gut ablaufen, reibt sie inwendig mit Pfeffer, Salz und Nelken ein, und läßt sie so liegen. Indessen macht man den Teig zur Pastete.

Man thut 2 Pfund Mehl auf ein Brett, ein Pfund Butter, zwei ganze Eier, ein wenig Salz und Wasser und macht hiervon einen geriebenen Teig; er muß aber etwas fest sein. Nun walkt man ihn einigemal aus, schlägt ihn wieder zusammen und läßt ihn eine halbe Stunde liegen; dann macht man die Fülle dazu: Man nimmt eine halbe geputzte Kalbsleber, ein Stück Speck,

2 abgeschälte, eingeweichte und wieder ausgedrückte Milchbrödchen, hackt dieses recht fein, thut in
eine Kasserole ein Viertelpfund Butter, eine fein
gehackte Zwiebel und Petersilie, läßt es ein wenig
dämpfen, setzt es dann ab, thut das Gehackte dazu und rührt es untereinander, thut noch gestoßenes Gewürz, Kapern, vier Loth Sardellen, Basilikum, Salz, das Mark von einer Zitrone, 2
Eier und 4 Eßlöffel voll dicken, sauern Rahm
hinzu, rührt dies Alles eine halbe Viertelstunde,
theilt dann den Teig in 2 Theile, einen aber größer wie den andern, walkt das kleinere Stück aus,
doch nicht zu dünn, nimmt einen dicken Bogen
Papier, bestreicht ihn, so groß die Pastete werden
soll, mit Butter, und legt den ausgewalkten Teig
darauf, schneidet ihn rund und etwas größer, als
die Pastete werden soll. Nun thut man etwas
von der Fülle auf den Teig und macht es auseinander, legt die Feldhühner dicht ebeneinander darauf, die übrige Fülle neben herum, und darüber,
streicht sie mit einem Messer glatt, belegt es mit
dünn geschnittenen Speckscheiben, walkt den andern
Teig aus, bestreicht den leer gelassenen Rand des
Bodens mit Eiern, deckt den ausgewalkten Deckel
darüber, daß er gleich liegt und drückt ihn mit
der Hand fest auf den Boden. Nun wird der

Teig ringsum drei Finger breit von der Fülle ab=
wärts gleich geschnitten, drückt den Rand ein we=
nig dünn, bestreicht und legt ihn neben herum an
die Pastete in die Höhe fest an und bestreicht dann
die ganze Pastete. Alsdann wird noch ein Stück=
chen Teig recht dünn ausgewalkt und nach der
Größe des Pastetendeckels rund geschnitten, so, daß,
wenn er auf die Pastete gelegt wird, er ringsum
bis an den aufgeschlagenen Rand paßt. Er wird
nun in die Hälfte zusammengelegt und mit einem
Federmesser nach Belieben Figuren hinein ge=
schnitten. Man bestreicht dann die ganze Pastete
und legt den Deckel recht gleich darauf, drückt ihn
an und bestreicht ihn, dann nimmt man einen
Bogen Schreibpapier, bestreicht ihn mit kalter
Butter, schneidet ihn in drei Finger breite Streifen,
legt sie unten um die Pastete herum, umwickelt sie
mit Bindfaden, damit sie während des Backens
nicht auseinander laufen kann; oben auf der Pa=
stete macht man ein kleines Loch in den Teig, da=
mit der Wind und Dampf heraus kann, setzt von
dem Teig einen runden Knopf, der inwendig hohl
und offen ist, darauf, bestreicht ihn und bäckt die
Pastete in mittelmäßiger Hitze 2 Stunden schön
gelb; sollte sie anfangen braun zu werden, so
deckt man sie mit einem naß gemachten Bogen

Papier zu ; ist sie fertig gebacken, so thut man sie aus dem Ofen und läßt sie auf dem Bleche kalt werden. Wenn man sie auf den Tisch geben will, so macht man sie einige Stunden vorher warm, das Papier davon ab, setzt sie auf eine Schüssel, macht das etwas sauere Gelee fließend, aber nicht warm, und gießt sie durch ein kleines Trichterchen oben durch das eingemachte Loch in die Pastete, bis sie voll ist, und stellt sie an einen kühlen Ort. Wenn sie aufgetragen wird, steckt man in den Knopf einen Feldhühnerkopf, damit man sieht, daß es eine Feldhühnerpastete ist.

Hat man alte Feldhühner zu Pastete, so müs=sen sie mit stark gewürztem Speck gespickt werden, dann 4—5 Tage in Essig gelegt und mit Wurzeln, Zwiebeln, Lorbeerblättern und Zitrone gar ge=dämpft werden ; den Essig, worin sie gelegen, thut man auch dazu, nebst Salz, ganzem Pfeffer und Nelken. Sind sie gar, so thut man sie her=aus und läßt sie kalt werden.

466. Eine kalte Pastete mit Hasel-hühnern.

Diese wird eben so gemacht, wie die Feldhühner.

467. Eine kalte Pastete mit Schnepfen.

Diese wird eben so gemacht, wie die mit Feld=

hühnern, nur daß man nicht viel Fülle hinein thut und den Schnepfendreck mit unter die Fülle hackt.

468. Eine kalte Pastete mit Gänse=leber.

Man macht einen steifen, geriebenen Butterteig (siehe 465), dressirt ihn 8–9 Zoll hoch (der Teig mit dem Boden darf aber nur wie ein Strohhalm dick sein und kein Loch haben). Wenn nun der Teig hoch genug getrieben und mit einem Pastetenpetzer gepetzt ist, so läßt man ihn stehen. Indessen thut man 1 auch 2 große Gänselebern, welche nicht im Wasser gelegen, dazu, sondern bevor man sie brauchen will, legt man sie eine Viertelstunde in's Wasser und wischt sie dann recht ab, macht die Galle heraus, spickt sie mit langeschnittenen, gewaschenen, frischen oder eingemachten Trüffeln, läßt sie so stehen und macht die Fülle dazu : Man nimmt einige kleine, weiß geputzte Gänselebern, hackt sie mit Zwiebeln, Petersilie, etwas Basilikum fein, thut es in eine Kasserole, ein Viertelpfund Butter dazu und läßt es ein wenig dämpfen, thut ein und ein halbes eingeweichtes und wieder ausgedrücktes Milchbröd=chen, sechs Loth gewaschene und gehackte Sardellen oder einen halben Häring, gestoßenes Gewürz, 3 ganze Eier, etwas Salz und einen Viertelschoppen

sauern Rahm dazu. Dieses rührt man eine Vier=
telstunde lang, so ist die Fülle gut. Nun thut man
etwas davon in die Pastete auf den Boden und
streicht sie auseinander, reibt die Leber mit ein
wenig Salz und Gewürze ein, und legt sie in die
Pastete auf die Fülle, einige Zitronenscheiben da=
rauf, thut die noch übrige Fülle vollends darüber
und streicht sie glatt, walkt den Deckel rund aus,
bestreicht die Pastete inwendig neben herum mit
Eiern, legt den Deckel auf die Fülle und drückt
ihn neben herum an, treibt den Teig noch etwas
in die Höhe, daß der Rand noch 2 Finger dick hö=
her ist, als der Deckel, schneidet den Rand oben
gleich, bestreicht zwei Bogen Papier mit Butter,
schneidet sie in 3 Finger breite Streifen, legt sie
fest um den Deckel der Pastete an, umwickelt sie
mit Bindfaden, aber nicht zu fest, macht noch einen
dünnen Deckel, der in die Pastete paßt, schneidet ihn
schön aus, bestreicht den Pastetendeckel, legt den
ausgeschnittenen darauf, drückt ihn an, bestreicht
auch diesen, setzt die Pastete in eine kupferne oder
blecherne, flache Schüssel und bäckt sie drei Stun=
den langsam, setzt sie dann heraus und läßt sie
kalt werden.

469. Blätterteig zu Torten und sonstigem feinen Backwerk.

Man nimmt zu 1 Pfd. feines Mehl 1 Pfd. Butter, 1 Ei, 2 Tassen Wasser, ein wenig Salz und 2 Löffel voll guten Franzbranntwein. Das durchgesiebte Mehl thut man auf eine Tafel, macht in der Mitte ein Loch, thut das Salz hinein, rührt es mit dem Wasser und dem Ei zu einem Teig an, arbeitet denselben recht zähe, er darf aber nicht zäher sein, als ungefähr die Butter ist. Hierauf legt man ihn in einer Serviette an einen kühlen Ort, wo er eine bis zwei Stunden liegen bleibt. Die Butter arbeitet man, nachdem man sie mit frischem Wasser ausgewaschen hat, auf der Tafel durch, bis sie zähe und geschmeidig ist, arbeitet sie in Wasser nochmals durch, drückt sie zu einer breiten Scheibe und läßt sie im Wasser liegen. Nun wird der Wasserteig auf einem Tische einen kleinen Finger dick ausgerieben, die Butter mit einem Tuch gut abgetrocknet, mit ein wenig Mehl eingepudert, und mitten auf den Tisch gelegt, den Teig schlägt man von vier Seiten darüber und reibt ihn von der Stärke eines Pfeiffenrohrs nicht aus. Nun legt man ihn übereinander, doch so, daß beide Enden in der Mitte zusammenstoßen, schlägt ihn noch ein mal durch und treibt ihn wie das Erstemal aus; dieses wiederholt man auch zum Drittenmal. Nunmehr läßt man den Teig eine gute halbe Stunde ausruhen und treibt ihn zum Letztenmal aus.

470. Aepfel-Torten.

Man nimmt 4–6 große saure Aepfel, schält sie, schneidet den Krips heraus, thut sie in eine Kasserole, 4 Loth große und 4 Loth kleine gewaschene Rosinen, ein Stück frische Butter, eine Handvoll gestoßenen Zucker, etwas gestoßenen Zimmet, Nelken, zwei Loth Pomeranzenschale, eine fein geschnittene Zitronenschale, etwas Wein dazu, und läßt es auf schwachem Feuer dämpfen. Wenn die Aepfel gar sind, läßt man sie erkalten, legt dann in ein Tortenblech einen Boden von Butterteig, der den ganzen Rand heraufgeht, thut die Aepfel hinein, breitet sie auseinander, mengt 4 Loth geschälte und grob gestoßene Mandeln mit einem geriebenem Milchbrödchen, eine Handvoll gestoßenen Zucker und etwas Zimmet, streut dies über den Kuchen, schneidet 4 Loth frische Butter darauf und bäckt sie schön gelb; wenn sie nun gebacken ist bestreut man sie mit Zucker und Zimmet.

471. Zitronen-Torte.

Zwei gute Zitronen werden an Zucker abgerieben, thut das Abgeriebene nebst 8 Loth gesiebtem Zucker in eine Schüssel, rührt den Zucker mit acht Eierdottern eine gute Viertelstunde, thut dann 6 gestoßene Zwieback nebst ein wenig gestoßenem Zimmet dazu, schlägt das Eierweiß zu Schaum, thut von 2 Zitronen den Saft nebst dem geschlagenen Schaum in die Masse und rührt es langsam untereinander, belegt dann ein Tortenblech mit Zukkerteig, füllt die Masse hinein und bäckt sie langsam.

472. Butter=Torten.

Man schält 20 Loth Mandeln, stößt sie mit Rosenwasser recht fein, rührt 16 Loth frische Butter zu Schaum schlägt 16 Eierdotter nach und nach an die Butter, thut dann die gestoßenen Mandeln nebst 12 Loth gesiebtem Zucker zu Butter, nimmt etwas fein geschnittene Zitronenschale, gestoßenen Zimmet, Nelken nebst 6 Loth geriebenem Milchbrod, schlägt von acht Eiern das Weiße zu einem steifen Schaum, thut sämmtliches dazu, rührt Alles recht gut untereinander, füllt sie gleich in eine mit Butter bestrichene und mit geriebenem Milchbrod bestreute Form und läßt sie in einem Ofen langsam backen; bevor sie auf den Tisch gegeben wird, bestreut man sie mit Zucker und Zimmet.

473. Butter-Torte anderer Art.

Man rührt erst 12 Loth frische Butter zu
Schaum, thut dann von 12 Eiern das Gelbe, ein
halbes Pfund geschälte und mit Rosenwasser fein
gestoßene Mandeln, 12 Loth gestoßenen Zucker
und 8 Eßlöffel voll süßen Rahm dazu, rührt es
eine halbe Stunde, schlägt von sechs Eiern das
Weiße zu Schaum, thut noch die fein geschnittene
Schale einer Zitrone hinzu, rührt es langsam
untereinander, belegt eine Tortenschüssel mit Butterteig, füllt die Masse hinein und bäckt sie langsam; vor dem Anrichten bestreut man sie mit
Zucker und Zimmet. Man kann auch kleine Rosinen hinein thun.

474. Warme Torte.

Man verrührt das Gelbe von 8 Eiern mit einem
halben Schoppen süßen Rahm und einigen Eßlöffeln voll Rosen- oder Orangenwasser, nimmt
hierauf ein halbes Pfund geschälte und zart gestoßene Mandeln, nebst 1 Viertelpfund gestoßenen
Zucker in eine Schüssel, rührt beides mit den verrührten Eiern glatt an, thut 4 Loth länglich geschnittenen Zitronat nebst einer an Zucker abgeriebenen Zitronenschale dazu, zerläßt in einer andern

Schüssel ein Viertelpfund frische Butter, gießt das Angerührte langsam hinein, rührt es so lange, bis es eine dicke Masse ist, und richtet es zum Erkalten auf eine Schüssel an. Nun wird von gutem Butterteig eine Torte in ein Tortenblech oder auf ein Papier aufgesetzt, die Masse hinein gefüllt, ein anderer Boden oder ein Gitter darüber gemacht, mit einem verklopften Ei bestrichen und gebacken. Diese Torte darf warm, aber nicht heiß aufgestellt werden.

475. Aprikosen-Torte.

Man verfertigt die Torte von Butterteig, thut die Aprikosen einige Minuten in kochendes Wasser, schält und spaltet sie, belegt die Torte damit, läßt jedoch am Rande einen zwei Finger breiten Raum. Man bestreut sie stark mit gestoßenem Zucker, setzt den Rand darauf; die Aprikosen werden mit einem rundgeschnittenen Papier belegt, damit sie ihre Farbe behalten, und die Torte gebacken; wenn sie aus der Röhre kommt, legt man die Kerne, die man vorher schält und von einander spaltet, zur Zierde auf die Aprikosen.

476. Biscuit-Torte.

Man rührt 1 Pfund Zucker mit 18 Eierdottern

19

und 4 ganzen Eiern, bis die Masse weiß und schäumig ist, thut hierauf das Abgeriebene einer Zitrone hinzu, schlägt das Weiße von den 18 Eiern zu steifem Schnee, rührt es langsam unter den Zucker, dann thut man 24 Loth feines, trockenes und durchgesiebtes Mehl nach und nach hinein, aber langsam; sobald alles recht untereinander gerührt ist, thut man es in eine gewöhnliche Tortenform, welche vorher mit Butter ausgestrichen wird, und läßt es bei mittelmäßiger Hitze 2 Stunden lang backen. Um zu prüfen, ob die Torte ausgebacken sei, sticht man mit einem dünnen, geschälten Hölzchen auf zwei Seiten in die Mitte der Torte und zieht alsdann das Hölzchen durch die Finger. Wenn es teigig und klebrig ist, so lasse man sie noch ein wenig stehen, lege einen Bogen Papier auf ein umgewendetes Haarsieb, stürze die Torte darauf, lasse sie kalt werden, lege einen Bogen Papier darauf, stürze sie auf den äußern Theil eines Siebes, und setze sie noch ein wenig in die Röhre.

477. Biscuit-Torte von Vanille.

Das Biscuit wird auf die gewöhnliche Art verfertigt. Zu einem halben Pfund thut man ein fingerlanges Stückchen Vanille, trocknet sie auf einem Ofen, stößt sie ganz fein, und rührt sie, ehe das Mehl hineinkommt, ein wenig mit der Masse, füllt sie alsdann in eine Form, und bäckt sie bei gelinder Hitze im Ofen.

478. Englische Torte.

Man macht von 1 Pfund Mehl, 3 Viertelpfund Butter, einem halben Pfund gestoßenen Mandeln, 2 Eiern und einem Viertelpfund Zucker einen Teig, wellt ihn zu 6 Kuchen 2 Messerrücken dick auf, schneidet sie nach der Schüssel, worauf man die Torte legen will, aus, legt sie, jeden besonders, auf ein mit Mehl bestreutes Papier und bäckt sie langsam; hierauf bestreicht man jeden Kuchen mit etwas Eingemachtem (schöner ist's, wen man auf jeden etwas anderes thut), legt sie untereinander, faßt dann die Torte neben herum mit Oblaten ein, welche zuvor mit Eiern bestrichen sein müssen, macht oben darauf ein Zimmeteis und trocknet es.

479. Kraft-Torte mit Pomeranzen.

Drei Viertelpfund gesiebten Zucker rührt man mit dem Gelben von 13 Eiern recht schäumig, reibt eine süße Pomeranze an Zucker ab, thut die- sen nebst einem halben Pfund des Biscuitmehls hinein, rührt den festgeschlagenen Schaum der 13

Eier darunter und bäckt sie in einer bestrichenen und bestreuten Form in gelinder Hitze.

480. Tourte admirable.

Ein Pfund fein gestossene Mandeln und ein Pfund fein gesiebter Zucker werden in einer Kasserole auf gelindem Feuer so lange gerührt, bis sie sich von der Kasserole ablösen, dann thut man sie auf die Tafel, arbeitet eine Handvoll feines Mehl darunter, macht eine Torte mit einem Rande daraus und läßt sie langsam backen. Wenn sie durch und durch hart ist, läßt man sie verkühlen, schlägt von 5 Eiern das Weiße zu einem steifen Schnee, vermischt denselben mit 5 Loth Zucker und streicht ihn über die Torte, nachdem solche vorher mit Aprikosen- oder Pfirsich-Marmelade oder andern Konfituren gefüllt worden, bestäubt sie hierauf stark mit Zucker, und läßt sie noch einmal langsam backen, wozu eine gute halbe Stunde hinreichend ist.

481. Mark-Torte.

Man nimmt 16 Loth feingehacktes Ochsenmark, 2 abgeschälte, in Milch eingeweichte und ausgedrückte Milchbrödchen, 16 Loth geschälte und gestoßene Mandeln in eine Schüssel, nebst 8 Loth

Zucker, etwas Muskatnuß und rührt dies mit 10 Eiern eine gute Viertelstunde, legt in eine Torten= form einen Boden von Butterteig mit einem zwei Finger hohen Rand, füllt die Masse hinein, streut geriebenes Milchbrod eine Handvoll, mit Zucker und Zimmet vermischt, darüber, bäckt sie schön gelb und gibt sie warm auf den Tisch.

482. Brod=Torte.

Man schält drei Viertelpfund Mandeln, stößt sie mit 3 Eiern recht fein, thut 1 Pfund gesiebten Zucker, 10 ganze Eier und 10 Eierdotter dazu, rührt es eine Stunde untereinander, reibt 8 Loth schwarze Brodrinde auf dem Reibeisen, feuchtet es mit einem Viertelschoppen guten rothen Wein an, schneidet 2 Loth Zitronat, 2 Loth Pomeranzen= und 1 Zitronenschale fein, thut etwas Zimmet, Nelken und Muskatblüthe dazu, und, sobald die Masse gerührt ist, das geriebene Brod hinein, rührt es recht untereinander, dann schlägt man das Weiße von den Eiern zu Schnee und rührt es langsam darunter, thut es gleich in eine bestrichene Form und bäckt es langsam.

483. Mandel=Torte.

Man nimmt ein halb Pfund geschälte Mandeln,

stößt sie mit 2 Eiern recht fein, thut sie in eine
Schüssel nebst einem halben Pfund gesiebten
Zucker, 8 Eierdottern, 2 ganzen Eiern, rührt es
eine gute halbe Stunde, daß es dick wird, dann
thut man 4 Loth fein geschnittene Pomeranzenschale, 4 Loth Zitronat, ein halb Loth gestoßene
Nelken und ein halb Loth Zimmet hinzu, rührt es
recht untereinander, schlägt das Weiße von den 8
Eiern zu Schnee, rührt es langsam darunter, thut
es in eine bestrichene Form, setzt es in den Ofen
und läßt es eine kleine Stunde langsam backen.

484. Sand=Törtchen.

Man schmelzt ein Pfund frische Butter, rührt
nach und nach von 12 Eiern das Gelbe, die abgeriebene Schale einer Zitrone und ein Pfund fein
gesiebten Zucker darunter.   Das Weiße von den
Eiern schlägt man in einen Kessel oder Reibasch,
mit einem gewöhnlichen Schlagbesen von geschäl-
tem Birkenreisig zu einem Schaum, thut es unter
die Masse und rührt ein Pfund Mehl löffelweis
darunter. Dann nimmt man kleine Blechformen,
welche, nachdem sie mit zerlassener Butter bestrichen und mit der Masse halb angefüllt sind, auf
ein Backblech gesetzt und bei gelindem Feuer eine
halbe Stunde gebacken werden.

485. Prinzessin-Törtchen.

Man zerläßt ein Pfund frische Butter, rührt solche mit dem Gelben von 12 Eiern und 1 Pfund fein gestoßenen Zucker recht schäumig, ein halbes Pfund süße Mandeln, nebst etwas Eiweiß in einem Mörser recht fein gestoßen, die abgeriebene Schale von 6 Zitronen, 2 Loth gestoßenen Zimmet, 6 Gewürznelken, ein halbes Quentchen Cardemomen und 1 Pfund gutes getrocknetes Mehl wird ebenfalls darunter gerührt und das Weiße von vier Eierst, zu Schnee geschlagen, dazugethan. Das Backblech belegt man mit Papier, setzt mit einem Eßlöffel die Masse in kleine Häufchen in der Größe eines Thalers darauf, doch nicht zu eng aneinander, bestreicht es mit einem Pinsel mit zerschlagenem Eierweiß, bestreut es mit Zucker und fein gehackten Mandeln, und läßt es bei gelinder Hitze eine kleine halbe Stunde langsam backen.

486. Guß auf Torten von frischen Früchten.

Man setzt ein halbes Maaß Rahm und eben so viel Milch zum Feuer, rührt ein Viertelpfund feines Mehl mit etwas Milch flüßig, und quirlt, wenn das Uebergesetzte kocht, das gerührte Mehl hinein. Ein Viertelpfund gestoßene süße Mandeln, ein Viertelpfund Butter nebst etwas Zucker und Zimmet dazu gethan, läßt es erkalten und schlägt von 6 Eiern das Gelbe hinzu.

487. Weiße Glace.

Um eine Torte von gewöhnlicher Größe zu machen, nimmt man 1 Viertelpfund feinen Kanarienzucker, stößt und siebt ihn durch einen feinen Durchschlag, rührt ihn mit einem Eiweiß und dem Saft einer Zitrone zu Brei; mit dieser Glace bestreicht man mittelst eines Messers die Torte und belegt sie nach Belieben mit eingemachten Orangenschalen, Zitronat u. s. w., oder bestreuet solche in artigen Figuren mit buntem Streuzucker. Damit die Torte einen Glanz bekommt, setze man sie nunmehr in eine mäßig warme Röhre, um sie zu trocknen.

488. Chokolade-Glace.

Man reibt die Chokolade auf einem Reibeisen ganz fein, thut eine gleiche Quantität gestoßenen Zucker hinzu und rührt sie mit Eiweiß zu Brei. Hierauf wird die Torte bestrichen und nach Belieben belegt.

489. Glace á la rose.

Man rührt ganz fein gesiebten Kanarienzucker mit gutem Rosenwasser an und färbt ihn mit ein wenig Karmin rosenroth. Diese Glasur wird in der Regel nur zum kleinen Backwerk gebraucht.

490. Hiepen.

Man rührt ein Viertelpfund geschälte, feinge= stoßene Mandeln mit einem Viertelpfund Zucker und 2 ganzen Eiern, eine gute Viertelstunde recht stark, dann werden drei Loth zergangene Butter, 4 Loth Mehl, klein geschnittene Zitronenschalen, Zitronat, Zimmet und Nelken dazu gethan, mit diesem macht man den Teig untereinander, be= streicht ein reines Blech mit Butter, streicht mit einem Eßlöffel Messerrücken dicke Plätzchen darauf, und läßt sie im Ofen schön gelb backen; dann thut man eins nach dem andern von dem Bleche weg, legt sie über ein rundes Holz und läßt sie kalt werden.

491. Hiepen anderer Art.

Ein Viertelpfund geschälte, mit etwas Rosen= wasser fein geriebene Mandeln, ein Viertelpfund gestoßener Zucker, ein halbes Pfund Mehl, die abgeriebene Schale einer Zitrone und 2 Eier, thut dies in eine Schüssel, dann thut man in eine Kasserole einen Schoppen Wein oder Milch nebst vier Loth Butter und setzt es auf's Feuer. Wenn es recht heiß ist, so rührt man die Masse langsam damit an, daß sie wie ein dicker Pfannenkuchen= teig wird, macht dann das Eisen heiß, bestreicht es mit ungesalzenem Speck, thut einen starken Löffel voll Masse hinein, macht es nicht zu fest zu, läßt sie langsam schön gelb backen, krümmt sie dann über ein rundes Holz und läßt sie kalt wer= den.

492. Zimmet=Hohlhiepen.

Ein halbes Pfund geschälte und abgetrocknete Mandeln stößt man mit 3 Eierweiß fein, schlägt hierauf das Weiße von 3 oder 4 Eiern zu Schaum, nimmt ein halbes Pfund gesiebten Zucker dazu, rührt dies eine halbe Stunde, thut eine am Reib= eisen abgeriebene Zitronenschale, den Saft von einer halben Zitrone, 1 Loth gestoßenen Zimmet dazu, und rührt die gestoßenen Mandeln nach und nach damit an; dann bestreicht man ein Blech mit Butter, streicht mit einem Löffel von dem Teig so groß, als die Hohlhiepen werden sollen, eines Messerrückens dick darauf, bäckt sie im Ofen schön gelb, und krümmt sie warm über ein rundes Holz.

493. Mandel-Hiepen.

Es werden von den vorbeschriebenen Hiepen
ebacken, legt eine nach der andern auf einen
eller und auf diese ein Brett, damit sie gerade
leiben; wenn sie nun alle gebacken sind, dann
acht man auf folgende Art eine Masse dazu.

Man nimmt ein halbes Pfund geschälte und
estoßene Mandeln, ein halbes Pfund gestoßenen
nd gesiebten Zucker, schlägt von drei Eiern das
Beiße zu Schnee, ein wenig Zitronensaft dazu,
ührt es eine gute Viertelstunde in einer irdenen
chüssel, thut noch 4 Loth Zitronat, etwas fein
eschnittene Pomeranzenschale nebst Zimmet und
elken hinzu, und rührt es recht untereinander.
ie Hiepen werden dann von dieser Masse Mes-
rrücken dick überstrichen, auf ein Blech gelegt,
1 Ofen schön gelb gebacken und warm über ein
olz gekrümmt.

494. Mandel-Häufchen.

Man nimmt ein halbes Pfund geschälte und
nglich feingeschnittene Mandeln, 4 Loth Zitronat
Loth Pomeranzenschale, von einer Zitrone die
nglich feingeschnittene Schale, von 4 Eiern das
eiße zu Schaum geschlagen, thut noch ein halb
und gesiebten Zucker dazu, rührt es mit diesem

so lange, bis es recht dick ist, dann wird das G
schnittene dazu gethan und recht untereinander g
macht, hierauf setzt man Häufchen wie eine Wa
nuß groß auf Oblaten, überstreut sie mit Zuck
und läßt sie in einem nicht heißen Ofen langsa
gelblich backen.

495. Wasser-Küchelchen.

Man setzt einen halbe Schoppen Wasser n
vier Loth frischer Butter über das Feuer, scha
so viel feines Mehl darein, bis es wie ein gebrü
ter Teig ist, thut denselben in eine Schüssel, rüh
ihn mit 3 Eiern nebst ein wenig Salz an, thut i
auf ein Brett, würgt ihn ein wenig. wellt i
starken Messerrückens dick aus, sticht ihn n
einem Trinkglase aus, oder schneidet 2 Fing
breite und eben so lange Schnitten davon, legt
auf ein mit Mehl bestreutes Blech, bestreicht
mit zerlassener Butter, überstreut sie stark n
Zucker und Zimmet und bäckt sie im Ofen gel

496. Weinschnitten.

Zu einer Schüssel von mittlerer Größe verfe
tigt man von einem halben Schoppen Milch ein
gebrühten Teig, thut ihn in eine Schüssel, schlä
so viel Eier, eins nach dem andern hinein, bis d

eig von dem Rührlöffel. abläuft und thut ein
enig Salz dazu. Hierauf gießt man 1 halben
choppen Wein auf eine Schüssel, rührt eine
andvoll Zucker nebst ein wenig Zimmet hinein
neidet 2 Milchbrödchen zu runden Schnitten,
t sie in den Wein, kehrt sie, wenn sie ein wenig
legen sind, in dem Teig um, bäckt sie in heißem
chmalz, rüttelt die Pfanne während des Backens
rk, und bestreut nachher die Schnitten mit
icker.

497. Anisbrod.

Man stößt ein halbes Pfund Mandeln mit
osenwasser fein, thut sie in eine Schüssel, ein
lbes Pfund Mehl, eben so viel frische Butter,
i Viertelpfund Zucker, einen Kaffeelöffel voll-
ten Anis und die kleigeschnittene Schale einer
trone dazu, rührt dies Alles mit dem Gelben
n 3 Eiern und einem ganzen Ei, nebst ein wenig
ein zu einem Teig an, thut sie auf ein Brett,
ilkt ihn aus, schlägt ihn übereinander, walkt
1 2 Messerrücken dick aus, schneidet dann läng=
ge Stückchen davon, legt sie auf ein mit Mehl
treutes Blech, bestreicht sie mit einem Ei, über=
eut sie mit Zucker und Zimmet und läßt sie
ön gelb backen.

498. Pomeranzenbrod.

Man nimmt ein halbes Pfund gesiebten Zu-
ker, vier ganze Eier, rührt es eine halbe Stun..
daß es wie ein Biscuit=Teig wird, schnei..
vier Loth geschälte Mandeln würflig und b..
Loth fein geschnittene Pomeranzenschale, rü..
dies Alles nebst seinem Mehl in den Zucker, b..
der Teig dick und nicht mehr flüssig ist, bestrei..
dann die Bleche mit Butter, setzt mit einem K..
seelöffelchen kleine Häufchen auf das Blech, ab..
nicht zu nahe aneinander, bestreut sie mit fein g..
stoßenem Zucker, daß sie Glanz erhalten und bä..
sie bei gelinder Hitze im Ofen.

499. Zwiebackbrod.

Man rührt ein Pfund gesiebten Zucker mit 2..
Eiern eine Stunde, wenn die Masse recht di..
wird, thut man feingeschnittene Zitronenschale,
Loth Anis und 1 Pfund Mehl dazu, nimmt dan..
blecherne oder Papierene, lange, schmale Form, d..
eine Hand hoch sind, bestreicht sie mit Butter, fül..
sie mit der Masse und bäckt sie langsam schön gel..
stürzt sie dann um und läßt sie kalt werden, schne..
det es in Schnitten, legt sie aufs Blech und röst..
sie im Ofen schön gelb.

500. Belgrader=Brod.

Man nimmt ein halbes Pfund geschälte un..

fein würfelig geschnittene Mandeln, ein halbes
Pfund gesiebten Zucker, ein halbes Pfund feines
Mehl, ein Loth gestoßenen Zimmet, einige gesto-
ßene Nelken, eine halbe Muskatnuß, eine feinge-
schnittene Zitrone und 2 Loth Pomeranzenschale
2 Loth Zitronat, rührt dies Alles mit 2 ganzen
Eiern und 2 Eierdottern untereinander zu einem
Teig, walkt ihn 2 Messerrücken dick aus, schneidet
fingerlange und etwas stärker als fingerbreite
Stückchen davon, bestreut die Bleche stark mit
Mehl, legt die Stücke weitläufig darauf und bäckt
sie langsam schön gelb.

501. Chokoladebrod.

Man siebt ein halbes Pfund Zucker durch,
schlägt von 3 Eiern das Weiße in einer irdenen
Schüssel zu Schnee, thut es zu dem Zucker, rührt
es eine Viertelstunde, thut 3 Loth geschälte und
feingestoßene Mandeln nebst 4 Loth Chokolade zu
dem Zucker, rührt es recht untereinander, setzt
dann auf Papier Häufchen von der Größe einer
Wallnuß und bäckt sie sehr langsam.

502. Gehackte Mandelkränze.

Ein halbes Pfund Zucker, von 4 Eiern das
Weiße zu Schaum geschlagen, wird in eine Schüs-

sel gethan und eine Viertelstunde gerührt. Hierauf wird ein halb Pfund geschälte und feingehackte Mandeln, ein Loth feines Mehl, die abgeriebene Schale einer Zitrone dazu gethan, recht untereinander gemacht; dann legt man auf ein bestrichenes Blech ganze Oblaten, und setzt von der Masse kleine Kränzchen darauf. Wenn sie alle aufgesetzt sind, werden sie bei schwacher Hitze gebacken. Wenn sie gelblich sind, so thut man sie von dem Bleche ab und die Oblaten ringsum davon.

503. Mandelbretzeln.

Es wird 1 Pfund Mehl, ein halb Pfund fein gestoßener Zucker, ein halb Pfund mit Orangenblüthen Wasser fein gestoßene, süße Mandeln und ein halbes Pfund weiche, frische Butter nebst dem Gelben von 4 Eiern und 2 ganzen Eiern zu einem Teig gewirkt, dieselbe eine Stunde ins Kühle gesetzt; dann macht man Bretzeln davon, legt solche auf ein mit Butter bestrichenes Papier, bestreicht sie mit Eierweiß, bestreut sie mit nicht ganz fein gestoßenem Zucker; hierauf werden solche bei gelindem Fener hellgelb gebacken.

504. Rahm-Küchelchen.

Man rührt ein halb Pfund Butter mit 4 ganzen Eiern und 4 Eierdottern zu Schaum, thut etwas Muskatblüthe, einen halben Schoppen guten Rahm, und zuletzt 3 Viertelpfund feines Mehl nach und nach hinzu, läßt diese Masse eine Stunde im Kühlen stehen und thut sie sodann auf die Tafel; ist sie noch zu flüssig, so thut man ein wenig Mehl hinzu, bis sie sich mit dem Backwelger so dick wie ein Messerrücken austreiben läßt; hierauf sticht man mit einem blechernen Ausstecher runde Küchelchen, zweimal so groß als ein großer Thaler daraus, welche mit etwas Rahm und Eierdotter bestrichen, auf einem mit Butterpapier belegten Blech hitzig gebacken werden. Sie müssen auflaufen und hohl werden, sobald sie ausgebakken sind, bestreut man sie mit Zucker und Zimmet.

505. Kleine Königskuchen.

Nachdem man ein halbes Pfund Butter mit dem Gelben von 6 Eiern zu Schaum gerührt, rührt man 12 Loth Zucker, woran eine Zitrone abgerieben wurde, nebst einem halben Pfund feinem Mehl nach und nach darunter, thut ein Viertelpfund kleine Rosinen hinzu, schlägt das Weiße von sechs Eiern zu Schnee und rührt es darunter. Mit dieser Masse füllt man kleine mit

20

Butter ausgestrichene Formen etwas über die Hälfte und läßt sie eine halbe Stunde backen.

506. Zitronen-Küchelchen.

Ein Pfund feines Mehl, ein halb Pfund Butter und ½ Pfund Zucker, worauf 6 Zitronen abgerieben, werden mit 2 ganzen Eiern und 2 Eiergelb zu einem Teig angerieben, dann ausgetrieben und mit einem Ausstecher Küchelchen daraus gestochen, die man mit Eierweiß bestreicht und mit Zucker bestreuet. Man bäckt solche bei gelindem Feuer eine Viertelstunde auf einem mit Papier belegten Blech.

507. Kleine französische Kuchen.

Man nimmt ein halbes Pfund feines Mehl und eben so viel gesiebten Zucker auf ein Backbrett, schneidet ein Viertelpfund Butter hinein, thut 2 Loth Zitronat, die Schale von einer halben Zitrone, 2 Loth Pomeranzenschale, oder wenn man es hat, die Schale von einer halben frischen Pomeranze, Alles fein geschnitten oder gehackt dazu, schafft es mit einem ganzen Ei und 2 Eiergelb zu einem Teig, den man wellen kann, wellt ihn einen halben Finger dick aus, sticht mit einer kleinen Form runde Küchelchen davon aus, legt sie auf ein mit Butter bestrichenes Blech und bäckt sie gelb.

508. Schneeballen.

Man läßt ein halbes Maaß Wasser, ein Vier=
elpfund Butter, von einer Zitrone die Schale auf
¼ Loth Zucker abgerieben und etwas Zimmet
in einer Kasserole aufkochen, rührt 3 Viertelpfund
geinsiebtes Mehl hinzu und fährt damit fort,
bis sich der Teig von der Kasserole ablöst; alsdann
läßt man ihn abkühlen und rührt nach und nach
3 ganze Eier und 4 Dottern hinein. Nun taucht
man einen Löffel in die heiße Schmelzbutter, sticht
von der Masse Stücke von der Größe einer wel=
chen Nuß aus und bäckt sie in dem Schmalz unter
öfterem Herumschütteln, was, damit dies nicht
verbrennt, möglichst schnell geschehen muß. Hier=
auf werden sie mit Zucker und Zimmet bestreut.

509. Schneeballen anderer Art.

Man schlägt das Weiße von 12 Eiern zu Schnee,
macht ein halb Maaß Milch kochend und nimmt
einen tiefen Löffel oder eine Form voll Schnee,
hält sie in die kochende Milch, bis er gar ist, stürzt
ihn auf eine Schüssel, und nimmt wieder Schnee,
verfährt auf die vorige Art, bis er alle ist; als=
dann thut man in die Milch Zucker, Zimmet nebst
einigen verrührten Eierdottern, schüttet es über
die Schneeballen und läßt sie erkalten.

510. Königskuchen.

Man rührt ein halbes Pfund Butter zu Scha
schlägt 8 Eier eins nach dem andern hinein,
halbes Pfund Zucker, ein halb Viertelpfund
tere Mandeln, eine Zitronenschale und ein hal
Pfund feines Mehl, dieses Alles hübsch fein
stoßen und hinein gerührt. Alsdann bestre
man die Tortenpfanne gut mit Butter, schü
fingerdick von dem Teig in die Pfanne, m
oben Feuer darauf und bäckt es gelblich, hern
schüttet man wieder darauf und bäckt es, bis
Teig alle ist. Man macht oben und unten Fe
darauf.

511. Mandelkuchen.

Für circa 5–6 Personen stößt man 12 Loth
schälte Mandeln mit Rosenwasser fein, thut
nebst einem Viertelpfund gesiebten Zucker in e
Schüssel, rührt beides mit 2 ganzen und dem g
ben von drei Eiern eine Viertelstunde, thut e
halbe abgeriebene Zitronenschale, 2 Loth Zitron
zwei Loth Pomeranzenschalen und ein halbes Lo
gestoßenen Zimmet dazu. Nun wird ein Kuche
oder Potageblech von mittlerer Größe mit But
bestrichen, mit feinem Mehl bestreut, mit eine
eines Messerrückens dick gewellten Boden vo

tterteig ausgelegt, die gerührte Masse hinein
üllt und im Ofen halb ausgebacken. Hier=
uf schlägt man das Weiße von 3 Eiern zu
haum, rührt zwei Hände voll gesiebten Zucker
tein, daß es ein leichtes Eis wird, breitet es über
n halbgebackenen Kuchen aus und bäckt ihn
tlends.

512. Englische Schnitten.

Man rührt ein halbes Pfund feines Mehl mit
tehzehn Eiern und süßem Rahm zu einer Masse,
vas dicker, als sie gewöhnlich zum Eierkuchen
macht wird, gießt solche in eine Tortenpfanne,
elche man vorher stark mit Butter bestreicht,
id bäckt sie bei gelindem Feuer recht trocken.
lsdann schneidet man fingerlange und breite
ichnitten, ritzt solche in der Mitte mit einem Mes=
r, bäckt sie in heißem Schmalz, und bestreuet sie
ann mit Zucker und Zimmet.

513. Kleine Kräpfel auf englische Art.

Man rührt ein halbes Pfund Butter leicht,
hlägt das Gelbe von 6 Eiern hinein, rührt es
iit einem Viertelpfund gesiebten Zucker noch eine
Biertelstunde, thut von einer halben Zitrone die
Schale und 2 Loth Zitronat, beides fein geschnit=

ten, nebst einem halben Loth Zimmet, 4 Lot
kleinen Rosinen, schlägt das Weiße von 6 Eier
zu steifen Schaum, rührt ihn unter die Masse, thut
zuletzt ein Viertelpfund feingesiebtes Mehl dazu
rührt es aber nicht länger, als bis das Mehl nich
mehr gehen will, macht hierauf von weißem Pa=
pier runde oder ovale Formen, füllt sie von der
Masse halb voll, bäckt sie in gelinder Hitze und
macht das Papier davon ab.

514. Basler Lebkuchen.

Ein Pfund Zucker läutert man mit einem hal=
ben Schoppen Wasser, bis er spinnt, thut ihn
dann vom Feuer, thut ein Viertelpfund geschnit=
tenen Zitronat, von zwei Zitronen die Schale,
ebenfalls fein geschnitten, 1 Loth gestoßene Mus=
katnuß nebst einem Trinkglas voll guten Kirschen=
geist daran und läßt es erkalten. Hierauf rührt
man 1 Pfund Mehl hinein, thut es auf den Back=
tisch, macht Lebkuchen nach beliebiger Form dar=
raus legt sie auf ein mit Mehl bestreutes Blech,
bäckt sie in einem nicht zu heißen Ofen, überzieht
sie nachher mit geschlagenem Eierweiß, weißem
gestoßenen Zucker und läßt sie wieder abtrocknen.

515. Butterbiscuits.

Hierzu nimmt man ein halbes Pfund gesiebten

Zucker, ein halbes Pfund feines Mehl und thut jedes besonders, dann legt man sechs Eier in warmes Wasser, thut in eine Schüssel ein halbes Pfund Butter und rührt sie zu Schaum, thut dann einen Eßlöffel voll Zucker, 1 Löffel voll Mehl und 1 Ei zur Butter, rührt es recht, thut wieder einen Löffel voll Zucker, Mehl und 1 Ei hinzu, rührt es gut und fährt so fort, bis die Eier zu Ende sind; das Uebrige an Zucker und Mehl wird dann noch mit dem Gelben von 4 Eiern zur Masse gethan und noch eine gute Viertelstunde gerührt, thut dann die abgeriebene Schale einer Zitrone hinein, füllt kleine blecherne Förmchen oder papierene Kapseln halb voll und läßt sie langsam backen.

516. Chokoladebiscuit.

Man nimmt 12 Eierdotter, ein halbes Pfund Zucker, 5 Loth feingesiebte Chokolade, rührt sie eine gute halbe Stunde durcheinander, schlägt das Eiweiß zu feinem Schnee, rührt es langsam unter den Zucker, dann acht Loth feines Mehl darunter gerührt. Nun füllt man diese Masse in mit Butter leichtbestrichene Kapseln von der Größe eines Kartenblatts, bestäubt sie mit gestoßenem Zucker und läßt sie bei mittelmäßigem Feuer

anderthalb Viertelstunden backen, dann thut man
sie aus den Formen und legt sie auf ein Haarsieb
oder auf Papier.

517. Berner Biscuit.

Man rührt das Gelbe von 9–10 Eiern mit 3
Viertelpfund gesiebtem Zucker eine Viertelstunde,
schlägt das Weiße von den Eiern zu steifem Schaum,
rührt ihn auch hinein, thut dann die abgeriebene
Schale einer Zitrone nebst 3 Viertelpfund fein
gesiebtem Mehl dazu, macht von weißem Papier
kleine Kapseln, stellt sie auf ein Blech, füllt sie
von der Masse halb voll, überstreut sie mit ge=
siebtem Zucker und bäckt sie langsam. Sie können
im Papier aufgestellt werden.

518. Kleine Bäckereien.

Man nimmt ein halbes Pfund gestoßenen durch=
gesiebten Zucker, ein halbes Pfund geschälte, gröb=
lich gestoßene Mandeln, 3 Viertelpfund gutes
Mehl, 1 Loth gestoßenen Zimmet, 2 Loth feinge=
schnittenen Zitronat, etwas feingeschnittene Pom=
eranzenschale, von einer Zitrone die fein abgerie=
bene Schale, thut es auf ein Backbrett, 3 ganze
und das Gelbe von einem Ei dazu, macht es recht
untereinander zu einem Teig, wellt ihn einen star=

ken Messerrücken dick aus, sticht mit einer Form
heraus, was man will, bestreicht ein Blech mit
Butter, streut etwas Mehl darauf, legt das Aus=
gestochene nicht zu dicht darauf und bäckt sie lang=
sam eine Viertelstunde schön gelblich).

519. Zuckerstrauben.

Man thue ein halbes Pfund feines Mehl und
6 Loth gestoßenen Zucker in ein irdenes Geschirr,
rühre nach und nach das Weiße von 10 Eiern
nebst ein wenig Wein dazu; es darf nicht zu stark
gerührt werden, damit es nicht schäumt. Dann
läßt man diese Masse durch einen Trichter mit
einer engen Dille in heißes Schmalz laufen, wo=
durch runde Strauben formirt werden. Wenn
sie gar sind, biegt man solche über ein Wellgerholz,
damit sie krumm werden und bestreut sie mit
Zucker und Zimmet.

520. Zimmet=Waffeln.

Man nimmt ein gutes Pfund Mehl, läßt dann
ein Viertelpfund Butter zergehen, und rührt das
Mehl hinein nebst 2 Loth zerstoßenem Zimmet und
ein halbes Ei; dies alles wird zusammengeknetet,
hernach runde Klößchen davon gemacht, das Eisen
mit Butter beschmiert, das Klößchen hineingethan,
zusammengedrückt und gebacken.

521. Butter-Ringeln.

Drei Viertelpfund Butter wird mit 6 Eiergelb zu Schaum gerührt, alsdann 3 Viertelpfund gestoßenen Zucker und 1 Pfund feines Mehl löffelweis darunter gerührt, nebst der abgeriebenen Schale einer Zitrone. Das Weiße der sechs Eier wird zu Schnee geschlagen und ungefähr die Hälfte davon unter die Masse gezogen. Man formirt runde Ringel von beliebiger Größe daraus und bäckt sie auf mit Butter bestrichenem Papier. Vorher bestreicht man solche mit dem übrigen Eierschaum, worin man etwas klaren Zucker thut.

522. Räder-Gebackenes.

Zwei Pfund Mehl, 12 Loth gestoßener Zucker, ein wenig Salz wird mit 6 Eiern, 1 Viertelpfund zerlassener frischer Butter und ein wenig süßen Rahm zu einem Teig angerührt, wie man die Nudeln zu machen pflegt, doch nicht so steif. Dieser Teig wird aufgerollt und mit dem Backrädchen in daumenbreite Streifen geschnitten, nach Belieben in allerhand Figuren geflochten und in heißem Schmalz oder in Butter gebacken, auch noch warm mit Zucker und Zimmet bestreut.

523. Mandel-Kollatschen.

Ein halb Pfund Butter, 1 halb Pfund Zucker,

4 Loth bittere Mandeln, welche man mit etwas Eierweiß recht zart gestoßen hat, 4 ganze Eier und das Abgeriebene einer Zitrone wird mit einander gut gerührt, daß es recht schaumig wird, alsdann 3 Viertelpfund feines Mehl darunter gezogen. Von dieser Masse werden Häufchen auf ein mit Papier belegtes Blech gesetzt, mit länglich geschnittenen Mandeln bestreut und eine halbe Stunde langsam gebacken.

524. Butter-Kollatschen.

Ein Pfund Butter wird mit 8 ganzen Eiern und 8 Eierdottern recht schäumig gerührt, alsdann 18 Loth Zucker, worauf eine Zitrone abgerieben, und 1 Pfund feines Mehl nach und nach dazu gethan, übrigens ganz so verfahren, wie beim Vorigen, und eine halbe Stunde sehr langsam gebacken.

525. Zucker-Kollatschen.

Ein halb Pfund Butter wird mit eben so viel gestoßenem Zucker, 4 ganzen Eiern und 3 Eierdottern zu Schaum gerührt, das Abgeriebene einer Zitrone dazu gethan, zuletzt 20 Loth feines Mehl darunter gezogen, und eben so wie bei dem Vorhergehenden verfahren.

526. Zimmet-Sterne zu machen.

Man nimmt ein halb Pfund abgeputzte Man,

deln, stößt sie mit der Schale in einem Mörser fein, thut sie dann in eine Schüssel, dazu ein halb Pfund durchgesiebten Zucker, 1 Loth gestoßenen Zimmet, 3 Eierweiß zu Schnee geschlagen und dazu gethan, dann mit einem hölzernen Löffel recht untereinander gerührt, ein Viertelpfund Mehl darunter gemacht, etwas Mehl auf den Tisch gestreut, den Teig darauf gelegt, ausgewalkt, Sterne davon ausgestochen, ein Blech mit Butter bestrichen, ein wenig mit Mehl bestreut, bei gelinder Hitze 12–15 Minuten langsam gebacken, und vom Blech gethan; man kann es auch hernach glaciren und mit Zucker bestreuen.

527. Zuckerbretzeln.

Man nimmt auf einen Tisch ein halbes Pfund feines Mehl, ein Viertelpfund durchgesiebten Zucker, 1 Viertelpfund frische Butter, 1 Viertelpfund geschälte und fein gestoßene Mandeln, ein Ei, eine fein abgeriebene Zitronenschale, einen Eßlöffel voll süßen Rahm, macht dies zu einem geriebenen Teig, alsdann kleine Bretzeln davon, setzt sie auf ein mit Butter bestrichenes Blech und bäckt sie wie Obiges.

Hefenbackwerk.

Bei solcher Art von Backerei muß man haupt=
sächlich für weißes trockenes Mehl besorgt sein,
sonst sind die übrigen Zuthaten verschwendet; denn
von diesem, und nicht allein von den Hefen, hängt
die Güte und die Lockerheit des Backwerks ab.
Die Hefen müssen frisch, weiß und nicht zu dünn
sein; mehrmals muß man die Hefe mit frischem
Wasser abwässern, damit dem Backwerk kein bit=
terer Nachgeschmack bleibt. Milch und Butter
dürfen zum Einrühren nicht zu heiß sein, sondern
lauwarm; denn sonst verliert die Hefe ihre Kraft.
Sodann ist auch nothwendig, das Mehl nebst son=
stigen Zuthaten im Winter an einen warmen Ofen
setzen, damit der Teig recht leicht gehet.

---

528. Hefenteig zu verschiedenem Backwerk und zu Kräpfeln.

Man thut 3 Pfund Mehl in eine Backschüssel,
macht ein Loch in die Mitte, rührt einen halben
Schoppen gute Hefe und eben so viel lauwarme
Milch hinein, daß es wie ein dicker Brei wird.
Alsdann setzt man es an einen warmen Ort und
läßt es langsam gehen. Hierauf nimmt man

einen guten Schoppen lauwarme Milch, rührt 4
Eier hinein, thut es unter den Teig, sowie etwas
Salz, Rosenwasser, eine abgeriebene Zitrone und
ein Viertelpfund Zucker; wenn das Mehl ausge=
arbeitet ist, mengt man 1 Pfund Butter darunter
und schlägt den Teig mit einem hölzernen Koch=
löffel so lange, bis er sich ablöst, thut ihn alsdann
auf die Tafel und treibt ihn, nachdem man etwas
Mehl darunter gearbeitet, mit dem Wellgerholz
strohhalmsdick aus, schneidet sie mit dem Backrad
in beliebige Stücke, läßt sie gehen und bäckt sie in
Schmalz goldgelb.

529. Gefüllte Kräpfeln.

Diese werden wie die vorigen bereitet. Man
macht alsdann eine Reihe kleiner Häufchen einge=
machter Johannes= oder Himbeeren, oder auch
Apfelmarmelade mit Mandeln darauf, durch die
Breite des aufgerollten Teiges, schlägt die äußere
Seite darüber her, schneidet mit dem Backrad
Kräpfeln daraus, läßt sie in der Wärme aufgehen,
und bäckt sie in Schmalz goldgelb.

530. Ordinäre Hefenwaffeln.

Man nimmt 1 Schoppen süßen Rahm, quirlt
ihn mit 5 ganzen Eiern, 5 Eierdottern und 3 Eß=
löffeln voll guter Hefe wohl durcheinander, rührt

1 Pfund Mehl in einer Schüssel damit an, drei
Viertelpfund zerlassene Butter langsam darunter,
thut zwei Löffel voll guten Franzbranntwein und
etwas Zimmet dazu; sobald die Masse ein wenig
aufgegangen, werden die Waffeln auf dem heißen,
mit Speckschwarte ausgestrichenen Waffeleisen ge=
backen. Da die Masse steigt, so darf das Eisen
nur zur Hälfte damit angefüllt werden. Die
Waffeln bestreut man warm mit Zucker.

531. Augsburger Butter=Ringel.

Man thue einen Schoppen guten Rahm in eine
Kasserole, ein und ein Viertelpfund gut ausge=
waschene Butter hinein, setze es auf das Feuer
und rühre so lange, bis die Butter zergangen ist.
Wenn es wieder lauwarm ist, so rührt man einen
halben Schoppen gute Hefe, etwas Muskate, das
Abgeriebene einer Zitrone, 2 Eier und zuletzt 2
Pfund feines Mehl hinein. Der Teig wird mit
einem hölzernen Löffel so lange geschlagen, bis er
sich ablöst und steif wird, daß man auf dem Tische
runde Ringel davon machen kann. Diese legt man
auf ein mit Butterpapier belegtes Backblech, läßt
sie gehen und bestreicht solche vor dem Backen mit
Eierdotter, worunter etwas Rahm und zerlassene
Butter geschlagen, bestreut sie mit Zucker und
Zimmet und bäckt sie wie Kollatschen.

532. Braunschweiger Kuchen:

Man nehme 2 Pfund feines Mehl auf die Tafel, mache in der Mitte ein Loch und zupfe 3 Viertelpfund gewaschene frische Butter hinein, thut dann 3 Viertelmaaß Milch, 5 Eier, 4 Loth gestoßenen Zucker, das Abgeriebene einer Zitrone, Muskatnuß und 4 Löffel voll gute Hefe dazu, verarbeitet es zu einem Teig und thut ein halb Pfund kleine Rosinen dazu. Der Teig wird so ausgetrieben, daß er wenigstens kleinen Fingers dick bleibt, legt um den Rand große Rosinen und schlägt den Teig darüber. Hierauf zwickt man den Teig durch die Länge des Kuchens in erhabene Riesen, so daß eine Riese 2 Finger breit von der andern steht, läßt ihn an einem temporirten Ort langsam gehen, begießt ihn vor dem Backen reichlich mit zerlassener Butter, bestreut ihn mit Zucker und Zimmet und läßt denselben bei mittelmäßiger Hitze eine Stunde backen.

533. Rührkuchen.

Ein Pfund zerlassene Butter wird nach und nach mit 18 Eierdottern zu Schaum verrührt, thut einen halben Schoppen gute Milch dazu nebst vier Loth gestoßenen Zucker, Salz und Muskatblüthen, rührt 3 Viertelpfund feines Mehl löffel-

weis hinein, zuletzt ein Viertelpfund fein geschnittene Mandeln, worunter 2 Loth bittere, 6 Loth
Zitronat, 4 Löffel voll gute Hefe und das von 9
Eiern zu Schnee geschlagene Weiße, füllt dann den
Teig in die vorher mit Butter bestrichene Form,
nicht viel über die Hälfte, läßt ihn gehörig steigen
und bäckt ihn bei nicht zu starker Hitze ungefähr
anderthalb Stunden.

534. Potugiesische Kuchen,

Ein Pfund frische Butter läßt man langsam
zergehen, rührt nach und nach 5 ganze Eier, 4
Eiergelb nebst 3 Viertelpfund fein gesiebtem Zuk-
ker und die abgeriebene Schale einer Zitrone
darunter. Wenn die Masse anfängt, während
des Rührens schaumig zu werden, rührt man ferner ein Pfund weißes, trockenes, feingesiebtes
Mehl nach und nach darunter; dann bestreicht
man kleine Blechformen, wie sie gewöhnlich zu
Pastetchen genommen werden, vermittelst eines
Pinsels mit zerlassener Butter, setzt sie, mit der
Masse halb voll gefüllt, auf ein Backblech und
läßt sie bei gelindem Feuer eine halbe Stunde
backen.

535. Nadonkuchen.

Zu drei bis vier Pfund schönem Mehl, thut

man zweiLöffel voll Hefe und einen halbenSchop=
pen lauwarme Milch, macht dies zu einem Teig,
läßt ihn eine halbe Stunde gehen, dann nimmt
man sechs Eier, für 2 kr. Rosenwasser, ein Vier=
telpfund geriebenen Zucker, 3 Viertelpfund But=
ter, arbeitet dies Alles recht untereinander und
schlägt ihn 3 Viertelstundenlang, tüchtig. Auch
kann man 1 Viertelpfund Rosinen nebst einer ab=
geriebenen Zitronenschale daran thun, schmiert
alsdann die Pfanne aus, thut den Teig hinein,
läßt ihn gehen und bäckt ihn gehörig.

536. Mürbe Bretzeln.

Auf ein Kuchenbrett thut man 1 Pfund feines
Mehl, vermischt damit 3 Viertelpfund ausgewa=
schene und zerpflückte Butter, thut 2 ganze Eier
und 2 Eierdottern, drei Viertelpfund gestoßenen
Zucker und etwas Cedernöl hinzu, arbeitet Alles
gut untereinander und läßt alsdann den Teig eine
Weile stehen. Hierauf macht man kleine Bretzeln
daraus, legt sie auf ein mit Speck oder Butter
bestrichenes Blech, bestreicht sie mitEiweiß, bestreut
sie mit klein würfelig geschnittenen Mandeln und
bäckt sie schnell im Ofen.

537. Dünner Kuchen.

Hierzu nimmt man einen Bretzelteig nach Nro.

536, rollt ihn, nachdem er aufgegangen ist, einen Finger dick aus und läßt den Kuchen noch etwas aufgehen. Nachher sticht man ihn mit einem Messer, damit er keine Blasen erhält, bestreicht ihn reichlich mit zerlassener Butter, läßt ihn gut ausbacken, bestreicht ihn nochmals mit so viel zerlassener Butter, als er annehmen will und bestreut ihn reichlich mit Zucker und Zimmet.

538. Geschwinder Kuchen.

In eine Schüssel schüttet man ein Pfund Mehl, thut in die Mitte desselben ein halbes Pfund frische Butter, 12 Loth Zucker, etwas Muskate, die abgeriebene Schale von 2 Zitronen und 3 Eier. Nachdem man Alles zu einem Teig geknetet hat, rollt man denselben auf etwas starkem, mit Butter bestrichenem Papier einen Finger dick aus, bestreicht ihn mit Eiern, streut Mandeln darauf und bäckt ihn.

539. Saurer Rahmkuchen.

Sechs Eierdotter, ein Schoppen saurer Rahm, etwas gestoßener Zucker und Muskate werden gut zusammengequirlt, in etwas feines Mehl geschüttet und damit zu einem mäßig steifen Teig geknetet, der sich ausrollen läßt. Dann läßt man ihn an einem kalten Ort erstarren, rollt ihn hernach mit einem Pfund, in kaltem Wasser ausgewaschener und wieder abgetrockneter Butter und bäckt ihn. Nachher wird er mit Zucker und Zimmet bestreut.

540. Mandelkuchen.

Für ungefähr 5–6 Personen, stößt man 12 Loth geschälte Mandeln mit Rosenwasser, fein, thut sie nebst einem Viertelpfund gesiebten Zucker in eine Schüssel, rührt beides mit 2 ganzen und dem Gelben von 3 andern Eiern eine Viertelstunde, thut eine halbe abgeriebene Zitronenschale, 2 Loth Zitronat, 2 Loth Pomeranzenschalen und ein halbes Loth gestoßenen Zimmet dazu. Alsdann wird ein Kuchen- oder Potage-Blech von mittlerer Größe mit Butter bestrichen, mit geriebenem Milchbrod bestreut mit einem messerrückendick gewellten Boden von Butterteig ausgelegt, die gerührte Masse hineingethan und im Ofen halb ausgebacken. Hierauf schlägt man das Weiße von 3 Eiern zu Schaum, rührt 2 Hände voll gesiebten Zucker hinein, daß es ein leichtes Eis wird, breitet es über den halb gebacknen Kuchen aus und bäckt ihn vollends.

541. Chocoladekuchen.

Man quirlt 2 Tafeln geriebene Chokolade und

einige Löffel voll Kartoffelmehl in etwas kalte
Milch, gießt 2 Schoppen kochende dazu, und läßt
es damit unter beständigem Umrühren zu einem
dicken Mus kochen. Wenn dasselbe ausgekühlt
ist, rührt man ein halb Pfund Butter schaumig,
thut acht Eierdotter, etwas Zucker, Zimmet und
das Mus löffelweise dazu, rührt Alles mit ein=
ander gut durch und gibt zuletzt noch 5 zu Schnee
geschlagene Eiweiß hinzu. Zum Kuchenteige nimmt
man ¾ Pfund Mehl und drei Viertelpfund Butter,
zwei Eier, zwei bis 3 Löffel voll Wein, einige
Löffel voll gestoßenen Zucker und ein wenig Mus=
kate. Die Butter wird abgeklärt, nachdem sie
erkaltet ist, mit dem Mehl durchgeknetet, dann die
Eier mit dem Wein, Zucker und Muskate zusam=
mengequirlt und mit dem Vorigen unter einander
gemacht. Hierauf walkt man den Teig dünn aus,
legt ihn auf das mit Butter bestrichene Papier,
das mit geriebenem Milchbrod bestreuet ist, macht
einen umgerollten Rand darum und bestreicht
denselben mit Butter. Im Ausrollen muß man
sich sehr in Acht nehmen, daß der Teig, welcher
sehr mürbe ist, nicht zerreiße. Es ist daher rath=
sam, ihn so schnell als möglich an einem kühlen
Ort zu rollen.

542. Kirschkuchen.

Abgezupfte Kirschen läßt man in Butter über gelindem Feuer nur ein wenig dämpfen und legt sie mit einem Schaumlöffel zum Erkalten auf eine Schüssel. Nachher belegt man damit einen nach Nro. 536 gefertigten und zu einem Kuchen ausgerollten Teig, dessen Rand eingebogen und mit Butter bestrichen wird. Wenn der Kuchen mit Zucker und Zimmet bestreut ist, wird er rasch gebacken. Auch kann man hierzu noch einen Guß von zwei Schoppen süßer oder saurer Milch, acht Eierdottern, zwei Löffel voll Mehl, abgeriebener Zitronenschale, Zucker und dem ausgelaufenen Kirschensaft machen, welches mit einander gequirlt, über den halb gar gebackenen Kuchen gegossen und damit gelbbraun gebacken wird.

543. Aepfelkuchen.

Eine Anzahl guter Aepfel wird geschält, in dünne längliche Striemchen geschnitten, auf einen Kuchen von einem der hier angegebenen Teige gelegt, dünne Scheibchen Butter darüber, streuet kleine Rosinen, länglich geschnittene Mandeln, Zucker und Zimmet darauf, bäckt den Kuchen gar, und bestreut ihn mit Zucker und Zimmet.

544. Heidelbeer=Kuchen.

Nachdem man einen Hefenteig zu einem Kuchen ausgewalkt und solchen eingerändelt hat, bestreut man ihn mit geriebenem Milchbrod oder Zwieback, streut mit hinlänglich Zucker vermengte Heidel= beeren fingersdick darauf, noch etwas geriebenes Milchbrod darüber und bäckt den Kuchen, wenn man ihn mit Zucker und Zimmet bestreut und mit etwas Butter belegt hat.

545. Zwetschken=Kuchen.

Eine Anzahl Zwetschken kernt man aus, macht einen Kuchen von einem hier angegebenen Teig legt die Zwetschken verkehrt darauf, bäckt ihn, und wenn er gar ist, bestreut man ihn tüchtig mit Zucker und Zimmet.

546. Aniskranz.

Zu einem mittelgroßen Kranz thut man ein Pfund Mehl in eine Schüssel, rührt mitten in demselben 2 Eßlöffel voll Hefe und ein Trinkglas voll laue Milch an und läßt den Teig bei gelin= der Wärme gehen. Inzwischen verrührt man 6 Loth gesiebten Zucker nebst acht Loth frisch zerlas= sener oder nur weich gemachter Butter mit einem ganzen und zwei Eiergelben und ein wenig süßer

Milch recht stark, rührt es, wenn der Teig ge=
gangen ist, nebst der Schale von einer Zitrone,
zwei Loth Zitronat, eben so viel Pomeranzenschalen,
Alles fein, länglich geschnitten, ein Kaffeelöffelchen
voll Anis daran, schafft ihn mit einem Löffel recht
durch, thut ihn auf ein Brett, würgt ihn so lange
bis sich der Teig von der Hand losschält. Sollte
er zu feucht sein, so wird mit ein wenig Mehl nach=
geholfen ; dann macht man 3 gleiche Würstchen
daraus, sticht solche in einander wie einen Zopf,
formirt aus diesem einen Kranz oder ein Herz,
legt ihn auf ein mit Butter bestrichenes Blech,
läßt ihn bei gelinder Wärme noch einmal gehen,
bestreicht ihn dann mit einem Ei, überstreut ihn
mit einer Handvoll geschälten und kleingehackten
Mandeln, welche mit einer kleinen Handvoll Zuk=
ker und Zimmet vermischt sind, und bäckt ihn in
einem nicht zu heißen Ofen.

547. Gesottenes Backwerk.

Ein Pfund feines Mehl und ein wenig Salz
wird in eine Schüssel gethan, zwei Löffel voll gute
dicke Hefen mitten hinein, verrührt in einem an=
dern Geschirr 10 Eier mit 8 Loth weichgemachter
Butter und rührt damit das Obige zu einem Teig
an. Sind es nicht Eier genug, so thut man noch eins

oder zwei hinzu, würgt den Teig so stark,daß man
ihn ohneMehl auf demBacktisch verarbeiten kann,
und läßt ihn eine Stunde bei gelinder Wärme
gehen. Dann macht man von abgebrochenen
Teigstückchen runde, platte Kügelchen von der
Größe eines Hühnereies, läßt sie, wenn sie alle bei
neiander sind,in einergroßen Pfanne mitsiedendem
Wasser und Salz einigemal aufkochen, zieht sie
dann durch kaltes Wasser, thut sie auf ein reines
Tuch oder Sieb, daß sie ablaufen, legt sie hierauf auf ein sauberes Blech und bäckt sie im Ofen
gelb. Es ist ein gutes Backwerk zu Wein und
Kaffee.

Verschiedenes einzumachen.

548. Sauerkraut einzumachen.

Vom schönen, festen Kraut schneidet man den
dicken Dorschen heraus, wie auch die dicksten Rippen von den größten Blättern flach abgeschnitten
werden. Dieses wird dann auf einem scharfen
Hobel oder mit einem scharfen Messer schön fein
und lang geschnitten. Ist eine Mahne voll Kraut
geschnitten, so streut man eine Handvoll Salz darüber und mengt es recht durcheinander, läßt es

eine Viertelstunde stehen, thut es dann in ein Faß, das gut verpicht ist, und drückt es recht fest zusammen, und fährt damit so fort, bis alles zu Ende ist.

Ehe man das geschnittene Kraut in das Faß thut, legt man erstlich auf den Boden große Blätter, dann das Kraut darauf, ganz oben darauf eine Handvoll Salz, dann Krautblätter darüber, ein reines Tuch darauf und neben herum recht fest gedrückt, dann zwei passende Bretter darauf, und eines überzwerg, nachher entweder mit einer Schraube fest zugemacht, oder einen großen, schweren Stein darauf gelegt, daß es recht fest zusammengedrückt wird. In 4–5 Tagen sieht man nach, ob es Brühe genug hat ; sollte es zu trocken sein, so thut man etwas Wasser und eine Handvoll Salz hinein. Wenn das Salz im Wasser geschmolzen ist, schüttet man es darüber; wenn es ausgegohren hat, so wird es oben recht gereinigt, und dann ist es gut. Will man von dem Kraut herausnehmen, so wird es oben gut abgeputzt, so viel heraus gethan, als man braucht, das reingewaschene Tuch darauf und beschwert.

549. Bohnen einzumachen.

Weiche, frische Bohnen schneidet man schön fein,

legt in ein Fäßchen unten hin eine dicke Lage Traubenblätter, streut eine Handvoll Salz darüber, eine dicke Lage Bohnen darauf, eine Handvoll Salz darüber, fest zusammen gedrückt; dann so fortgefahren, bis die Bohnen alle sind; oben darauf eine Lage Traubenblätter, ein reines Tuch darüber, 2 passende Bretter darauf gelegt, eines überzwerg, dann mit einem dicken, schweren Stein beschwert. (Zur Mahne thut man 6 Pfund Salz.)

Wenn davon gekocht werden soll, so muß man sie über Nacht in frisches Wasser legen, und morgens mit kochendem Wasser beisetzen; wenn sie weich sind, werden sie in einen Seiher geschüttet, und wenn das Wasser abgelaufen ist, so schüttet man viel warmes Wasser darüber, daß der grunsige Geschmack davongeht. Die Bohnen werden dann gut gekocht, wie die frischen, mit gehackter Zwiebel, Petersilie und Bohnenkräutchen.

504. Bohnen auf andere Art.

Man schneidet zarte Bohnen nicht so ganz fein, thut über jeden geschnittenen großen Korb eine Handvoll Salz und stellt sie über Nacht in den Keller; den andern Tag, wenn man viel Bohnen hat, setzt man in einem großen Kessel Wasser auf, daß eine kleine Mahne kann hineingesetzt werden.

Wenn das Wasser kocht, so setzt man die Bohnen
hinein und läßt selbige halb weich werden; dann
hebt man sie heraus, kühlt die Bohnen mit kaltem
Wasser ab, und schüttet selbige auf einen reinen,
mit einem Tuch bedeckten Tisch, läßt sie verkühlen
und verfährt damit, wie bei obigen, nur daß man
nicht so viel Salz dazu thut. Auf eine Mahne
voll Bohnen thut man 2 Hände voll Salz.

551. Kleine Bohnen in Essig einzu= machen.

Die Bohnen müssen klein sein, und je später
sie in der Zeit abgebrochen werden, desto besser
ist 's; sie werden geputzt und gewässert, und dann
mit Wasser und Salz aufgesetzt. Wenn es kocht,
thut man die Bohnen hinein, läßt sie einigemal
aufkochen, schüttet sie in einen Seiher, läßt sie recht
ablaufen, schüttet sie auf ein Tuch, daß sie abtrock=
nen, thut dann in das dazu bestimmte Geschirr
eine Lage von Weintrauben und Lorbeerblättern,
Basilikum und grob gestoßenen Pfeffer, dann die
Bohnen darauf, ein wenig zusammengedrückt;
oben darauf werden sie mit etwas Pfeffer und
Salz überstreut, dann mit Basilikum, Lorbeer=
und Weinblättern belegt, gießt dann so viel Essig
darüber, daß die Bohnen damit bedeckt sind, legt

einen passenden Schieferstein darauf und noch einen kleinen Stein, damit sie beschwert sind. Will man davon auf den Tisch geben, so werden sie mit Oel, gehackter Zwiebel, Petersilie und Salz angemacht. Die andern werden wieder gut verwahrt.

552. Kopfsalat zum Einmachen.

Man nimmt guten, festen Kopfsalat, macht die äußern Blätter davon ab, schneidet ihn der Länge nach mitten durch, sieht zu, daß nichts Unreines darin ist, wäscht ihn recht gut und läßt ihn ablaufen, setzt etwas viel Wasser auf, thut eine Handvoll Salz hinein, wenn es kocht, den Salat dazu, taucht ihn mit einem Löffel unter, und wenn er einigemal aufgekocht hat, wird er abgesetzt, läßt ihn ein wenig so stehen, thut dann mit einem großen Schaumlöffel denselben heraus, legt ihn in kaltes Wasser, daß er abkühlt, darauf wieder in ein anderes kaltes Wasser. Wenn er dann eine Stunde darin gelegen hat, thut man ihn mit einem Schaumlöffel heraus, legt ihn auf ein Brett, damit er ablaufen kann, drückt den Salat mit der Hand, daß das Wasser recht herausgeht, und läßt ihn über Nacht liegen; thut dann in ein Fäßchen oder steinernen Topf etwas Salz, eine Lage Salat daran, dann streut man wieder Salz und legt eine Lage Salat darauf, und macht so fort, bis der Salat alle ist, streut oben darauf noch etwas Salz, legt sodann ein Tuch darauf, dann einen passenden Schieferstein oder zwei Bretter und be=schwert solche mit einem Stein.

Will man ihn kochen, so thut man davon heraus, legt ihn einige Stunden in kaltes Wasser, schüttet ihn in einen Seiher und setzt Wasser aufs Feuer. Wenn es kocht, wird der Salat hinein gethan, läßt ihn gar kochen, schüttet ihn in einen Seiher, kaltes Wasser darüber, drückt ihn fest aus und kocht ihn in einer Butter= oder Rahmsauce.

553. Römische Kohlstengel einzu=machen.

Man nimmt römische Kohlblätter, welche recht große, breite Stengel haben, macht das Grüne davon ab, schneidet sie quer halbfingerslang, zieht auf beiden Seiten die Fäden ab, schneidet sie nach Belieben; dann werden sie in Salzwasser halb gar gekocht, in einen Seiher geschüttet und mit kaltem Wasser gut abgekühlt; thut dann in einen steinernen Topf oder Fäßchen, unten hin etwas Salz, von den Stengeln eine Lage darauf, streut Salz darüber und wieder Stengel, macht dann so

fort, bis die Stengel alle sind, oben darauf etwas
Salz und wie bei den vorigen. Kocht man davon,
so thut man sie einige Stunden in kaltes Wasser,
setzt sie mit kochendem Wasser bei, läßt sie vollends
gar werden, schüttet sie in einen Seiher, mit kaltem Wasser abgekühlt und in einer weißen Buttersauce noch langsam gekocht. Ehe man sie anrichtet,
legirt man sie mit einigen Eiergelb.

554. Salzkukummern einzumachen.

Man legt halb gewachsene Kukummern 24
Stunden in kaltes Wasser, dann herausgewaschen,
mit einem Tuche abgetrocknet und einige Stunden
so stehen gelassen. Indessen werden 4—5 Maaß
Wasser, nachdem es viel oder wenig Gurken sind,
zu jeder Maaß Wasser ein und eine halbe Hand
voll Salz und ein halber Schoppen Essig, dies
Alles in ein Geschirr gethan und einigemal aufkochen lassen. Hiezu wird ein eichenes Fäßchen
verwendet, welches am Boden so eine Oeffnung
hat, daß man mit der Hand hinein kann, brüht
es aus, legt unten auf dessen Boden Trauben- und
Lorbeerblätter, Fenchel, ganzen Pfeffer und Dill,
dann eine Lage Gurken darauf, wieder einige Blätter u. s. w., Gurken darauf und so fortgefahren,
bis das Fäßchen voll ist, deckt sie mit Blättern zu,

gießt dann das Salzwasser lau darüber, läßt es einige Tage offen stehen und macht es dann fest zu. Das Fäßchen wird täglich einigemal umge= dreht; so werden sie gut und halten sich lange.

555. Essigkukummen einzumachen.

Kleine Gurken werden in frisches Wasser gelegt, mit einem Tuch sauber abgerieben, damit die kleinen schwarzen Flecken weggehen, thut sie in eine große Schüssel, streut 3 Hände voll Salz darüber, macht sie recht untereinander, etwas Wasser daran geschüttet, deckt sie zu, stellt sie einige Tag ein den Keller, und schwenkt sie täglich einmal um, damit die Gurken mit dem Salz recht untereinander kommen, schüttet sie dann in einen Seiher, läßt sie ablaufen, thut in einen steinernen Topf oder ein Fäßchen einige Traubenblätter, Dill, etwas ganzen Pfeffer, Nelken und Lorbeerblätter, thut die Gurken hinein, daß der Topf voll ist; oben darauf wieder Traubenblätter, schüttet soviel guten Essig darüber, daß er über die Gurken geht, legt einen Schieferstein darauf, der paßend ist, noch einen Stein oben darauf, damit die Gurken fest bei einander bleiben, bindet den Topf mit Papier fest zu und verwahrt ihn. Wenn der Essig oben darauf Schleim erhält, so hängt er sich in die Blätter und die Gurken bleiben schön.

556. Essiggurken einzumachen auf andere Art.

Kleine Gurken werden in Wasser sauber gewaschen, auf ein Tuch gelegt und getrocknet, dann in einen Topf gethan, einige Hände voll Salz darüber und läßt sie über Nacht stehen; dann werden sie wieder heraus gethan und getrocknet, in 1 Fäßchen oben und unten hin Traubenblätter, sodann schichtenweise die Gurken mit Dill, ganzem Pfeffer, Nelken und Lorbeerblätter dazwischen gelegt und stehen gelassen. Der Essig wird warm darüber geschüttet, nach zwei Tagen wieder aufgekocht und lau darauf geschüttet, so daß er darüber geht. Ist das Fäßchen bis oben angefüllt, so wird es zugeschlagen.

557. Hollunderblüthen in Essig einzumachen.

Die Hollunderblüthe wird, so lange sie Knospen hat, mit den Stielchen abgeschnitten, in Salzwasser einigemal aufgekocht, mit einem Schaumlöffel heraus gethan, auf ein Tuch gelegt, damit sie abtrocknet, dann in ein steinernes Geschirr oder in ein Glas mit grob gestoßenem Pfeffer, einigen Lorbeerblättern und ein wenig Salz hinein gethan, guter Essig darüber gegossen und fest zugebunden.

Wenn man davon auf den Tisch gibt, wird etwas Provenceröl daran gegossen.

558. Gute Erdschwämme oder Champignons in Essig.

Diese müssen klein und noch zu sein. Man schneidet die Stiele ein wenig ab, thut sie in kaltes Wasser, läßt sie eine Viertelstunde stehen, wäscht sie heraus, läßt sie dann ablaufen und abtrocknen, thut in ein Glas etwas Kräuter und ganze Gewürze, die Champignons darauf, dann so viel guten Essig dazu, daß die Champignons ganz darin liegen, und bindet sie zu.

559. Petersilie einzumachen.

Wenn die Petersilie gewaschen und gehackt ist, thut man sie in einen Topf, drückt sie recht ein, und schüttet hernach zerlassene Schmalzbutter darüber, daß sie ganz bedeckt ist, läßt sie erkalten, und hebt sie alsdann zum Gebrauche auf. Hiervon nimmt man mit einem silbernen Löffel so viel, als man nöthig hat.

560. Sauerampfer einzumachen.

Diesen pflückt man ganz rein ab, wäscht ihn und läßt ihn ablaufen; dann stellt man einen irdenen Topf auf das Feuer, thut den Sauerampfer hin-

ein, deckt ihn zu, öfters umgerührt und so etwas
weichlich darin gedämpft. Dann läßt man ihn abkühlen, thut ihn in einen steinernen Topf, begießt
ihn mit Hammelsfett und bewahrt ihn im Keller
auf.

561. Rothe Rüben einzumachen.

Nachdem die rothen Rüben rein gewaschen sind,
kocht man sie weich, schält und schneidet sie in ganz
dünne Scheiben. Während diese noch warm sind,
thut man sie in einen steinernen Topf, schüttet feingeschnittenen Meerrettig, Pfeffer und etwas Salz
dazwischen und gießt so viel kalten Essig darauf,
daß derselbe übersteht. Man deckt sie wie gewöhnlich zu und hebt sie an einem kühlen Ort auf. In
einigen Tagen kann man Gebrauch davon machen.

562. Süße Kirschen einzumachen.

Auf ein Pfund mit einem Federkiel ausgesteinte
Kirschen kocht man drei Viertelpfund Zucker mit
einigen Löffeln voll Wasser zu Syrup, thut die
Kirschen hinein und läßt sie weich kochen; dann
thut man sie mit einem nicht fettigen Schaumlöffel
heraus, läßt das Nasse recht rein ablaufen und
dann den Zucker vollends verdicken. Dann werden die Kirschen wieder hinein gethan und noch
einmal aufgekocht. Damit sie aber nicht ihr An-

sehen verlieren, läßt man sie nur kurze Zeit darin liegen. Abgekühlt, thut man die Kirschen in Einmachgläser. Sollte der Syrup nachgelassen haben, so kann man ihn abgießen und noch einmal aufkochen. Beim Einmachen muß der Schaum sowohl vom Zucker, als von den Kirschen gut weggethan werden. Zum Aufkochen des Eingemachten muß jederzeit ein Stück Zucker gethan werden.

563. Saure Kirschen einzumachen.

Man schneidet die halben Stiele von den Kirschen, thut zu 1 Pfund Kirschen 12 Loth Zucker, einen halben Schoppen Essig, etwas Nelken und Zimmet, läßt dieses mit einander kochen und schüttet es, wenn es beinahe kalt ist, über die Kirschen. Drei Tage hinter einander wird es überschüttet und auf dieselbe Art wiederholt.

564. Zwetschken einzumachen.

Diese werden auf dieselbe Art behandelt, nur thut man auf ein halb Hundert Zwetschken ein halb Pfund Zucker und einen Schoppen Essig; übrigens wie oben.

565. Johannisbeeren einzumachen.

Man nimmt schöne, reife Johannisbeeren und reinigt sie von den Stielen. Zu 1 Pfund Beeren nimmt man ein halb Pfund Zucker, thut beides in eine messingene Pfanne oder in einen Topf und läßt sie so lange als ein hartes Ei sieden; dann setzt man sie vom Feuer weg, thut die Beeren mit einem Schaumlöffel aus dem Zucker, läßt alsdann den Zucker sieden, bis er dick wird, und wenn er etwas erkaltet ist, gießt man ihn darüber.

566. Himbeeren einzumachen.

Man nimmt dem Gewicht nach so viel Zucker, als rothe Himbeeren, läßt jenen mit etwas Wasser so lange kochen, bis er sich spinnt, setzt ihn dann vom Feuer und schüttet, wenn er aufhört zu sieden, die Himbeeren hinein. Hierauf läßt man sie auf= kochen, thut sie, wenn sie etwas kalt geworden sind, mit einem Schaumlöffel aus dem Zucker in ein Glas. Der Zucker wird dann noch dicker einge= kocht und, abgekühlt, darüber gegossen.—Will man den Geschmack noch erhöhen, so werden Johannis= beeren unter die Himbeeren gemischt und mit die= sen zugleich eingemacht. Wenn sich der Zucker in einigen Tagen wieder verdünnt, so wird er mit einem Stück Zucker noch einmal umgekocht, und dann erkaltet auf die Himbeeren gegossen.

Brombeeren werden auf dieselbe Art eingemacht, nur bleiben bei diesen die Johannisbeeren weg.

567. Aprikosen einzumachen.

Man nimmt frische Aprikosen, wenn sie noch nicht mürbe sind, schält und schneidet sie von einander, thut den Kern heraus und läßt sie einmal aufsieden. Der Zucker muß aber gut geläutert und ziemlich dick sein, ehe die Aprikosen hinein kommen. Sobald sie nun einmal überkocht haben, so thut man sie heraus, läßt aber den Zucker noch ein wenig kochen, legt die Aprikosen in ein Einmachglas und wenn der Zucker etwas erkaltet ist, wird er darüber gegossen.

568. Borsdorfer Aepfel einzumachen.

Diese schält man ab, schneidet sie halb durch den Kreis heraus, legt sie nebst einem Stückchen ganzen Zimmet in kochendes Wasser und läßt sie darin noch einigemal aufkochen, worauf man sie herausthut und in einem Durchschlag rein ablaufen läßt. Indessen setzt man zu 12—15 Aepfeln ein Pfund Zucker mit einigen Tassen Wasser aufs Feuer, thut, nachdem er abgeschäumt und dick eingekocht ist, die klein gehackte Schale von 2 Zitronen und deren Saft, wie auch die Aepfel hinzu und läßt dies miteinander so lange kochen, bis die Aepfel klar und ziemlich weich sind. Dann thut man sie heraus, läßt den Zucker, wenn er noch nicht dick genug sein sollte, so lange kochen, bis er sich mit dem Löffel ziehen läßt, und füllt ihn ziemlich erkaltet nebst den Aepfeln in ein Einmachglas.

569. Quitten einzumachen.

Man schält gute Quitten, schneidet sie der Länge nach in mehrere Theile, und kocht sie mit Wasser, doch nicht zu weich. Dann seihet man sie ab, thut sie in einen Topf und läutert zu einem Pfund Quitten 1 Pfund Zucker mit einem halben Schoppen von dem abgegossenen Quittenwasser, schüttet ihn, wenn er klar ist, heiß über die Quitten und laßt sie 2 Tage lang damit zugedeckt stehen. Nachher gießt man den Zucker ab, setzt ihn auf's Feuer, thut, wenn er kocht, die Quitten dazu und läßt ihn eine halbe Viertelstunde langsam kochen. Dann nimmt man sie heraus, läßt den Zucker, wenn er noch nicht dick genug ist, mehr einkochen und füllt, nachdem beides etwas erkaltet ist, die Quitten in Gläser und den Zucker darüber.

570. Preiselbeeren einzumachen.

Zu einem Pfunde gut gelesener, gewaschener und wieder abgelaufener Preiselbeeren kocht und läutert man ein Pfund Zucker mit einigen Tassen weißen Franzwein, thut die Beeren nebst etwas

Zitronenschale und einigen Stückchen Zimmet hinein und läßt sie so lange kochen, bis sie durchsichtig werden. Dann thut man sie heraus, läßt den Saft, wenn er noch zu flüssig sein sollte, etwas einkochen, und bringt ihn, wenn er erkaltet, nebst Beeren in ein Einmachglas.

571. Maulbeeren einzumachen.

Zu zwei Pfund schwarzen Maulbeeren läutert man ein Pfund Zucker mit etwas Wasser, thut die Maulbeeren hinein, und läßt sie bei gelindem Feuer weich kochen. Nachher thut man sie mit dem Schaumlöffel heraus, bringt sie in ein Glas, läßt den Saft mit einigen Zitronenschalen dick einkochen und schüttet ihn ausgekühlt über die Beeren. Einige Tage nachher läßt man den Saft mit einigen Loth Zucker noch etliche Mal aufkochen, und gießt ihn erkaltet über die Maulbeeren.

572. Welsche Nüsse einzumachen.

Man nimmt halbreife Nüsse und ehe sie Holzschale ansetzen, vom Baume, durchsticht sie mit einem spitzigen Holz über's Kreuz, jedoch ohne sie zu zerplatzen und legt sie auf 6–12 Tage in kaltes Wasser, welches man aber täglich dreimal mit

frischem vertauschen muß. Alsdann setzt man die
Nüsse in einer Kasserole mit frischem Wasser auf
das Feuer, läßt sie weich kochen und gießt dann
das Wasser davon ab und thut frisches darauf.
Wenn sie eine halbe Stunde darin gelegen haben,
so thut man sie heraus, trocknet sie mit einem Tu=
che rein ab, spickt sie mit Zimmet, Nelken und Zit=
ronenschale und thut sie in ein Einmachglas. Hier=
auf kocht man zu 2 Pfund Nüssen ein Pfund Zucker
zu Syrup, gießt denselben, nachdem er erkaltet ist,
über die Nüsse, und deckt solche dann fest zu. Nach
drei Tagen gießt man den Zucker wieder ab, läßt
ihn mit einem Stückchen Zucker nochmal aufkochen
und gießt ihn hernach ebenfalls erkaltet über die
Nüsse. Auf diese Art muß er wohl 6—8mal auf=
gekocht und über die Nüsse gegossen werden. Wenn
man aber sieht, daß er die gehörige Dicke hat
und die Nüsse ihn gut angezogen haben, so beschwert
man diese mit einem gläsernen Deckel, bindet das
Glas fest zu und bewahrt es an einem kühlen
Orte auf.

573. Grüne Pomeranzen einzumachen.

Kleine grüne Pomeranzen durchsticht man ein=
mal mit einer großen Nadel und läßt sie über
Nacht in frischem Wasser weichen. Den folgen=

den Tag kocht man sie ziemlich weich, wechselt aber
dabei das Wasser so oft, bis es nicht mehr gelb
wird, damit das Bittere davon abgeht. Hierauf
wässert man sie einige Stunden in kaltem Wasser und kocht sie dann vollends weich. Zu einem
Pfund Pomeranzen thut man fünf Viertelpfund
Zucker, wovon die Hälfte mit etwas Wasser geläutert wird und läßt ihn auskühlen. Dann thut
man die Pomeranzen in ein Glas, gießt den ge-
läuterten Zucker darüber und läßt sie eine Nacht
stehen. Den folgenden Tag gießt man den Zuk-
ker wieder ab, läßt ihn mit dem erst zurückbehal-
tenen Zucker dick einkochen, und gießt ihn dann
völlig erkaltet über die Pomeranzen. Das Aufkochen des Zuckers muß noch so oft wiederholt
werden, bis er ganz ist; auch soll er jedesmal kalt
auf die Pomeranzen gegossen werden.

574. Süßer Senf.

Man nimmt süßen Most, siedet ihn und schäumt
ihn ab, läßt solchen auf die Hälfte einkochen, thut
etwas ganzen Zimmet und Nelken hinein; auf
die Maaß gesottenen Most thut man ein Viertelpfund grünes und eben so viel gelbes Senfmehl,
schüttet solches in eine große irdene Schüssel und
rührt den siedenden Most nach und nach hinein;

alsdann muß der Senf noch eine halbe Stunde gerührt werden und wenn er kalt ist, wird er in Bouteillen gefüllt.

575. Saurer Senf.

Der saure Senf wird auf folgende Art gemacht: Man nimmt etliche Zwiebeln, etliche Zehn Knoblauch, schneidet dies in Scheiben, gießt ungefähr einen Schoppen Essig daran, thut ferner noch 4 Lorbeerblätter, ein wenig ganze Nelken und Pfefferkörner dazu und läßt dieses mit dem Essig so lange als ein hartes Ei sieden. Dann läßt man den Essig durch einen feinen Durchschlag und rührt ein Viertelpfund Senfmehl damit an. Wenn er kalt gerührt worden ist, so füllt man ihn in Bouteillen.

576. Endivien lange Zeit frisch zu erhalten.

Sie werden vor völligem Eintritt des Frostes an einem recht trockenen Mittage aufgenommen, abgeputzt, zusammengebunden und so umgekehrt mit den Blättern in einem Keller in feuchten Sand eingeschlagen. Man muß sie aber vor der Kälte und vor den Mäusen verwahren.

577. Zwiebeln aufzubewahren.

Hierzu thut man die Zwiebel nicht eher heraus,

bis der Stiel umfällt und vergelbt. Ferner wählt
man hierzu einen recht trocknen Tag und bringt
sie an einen recht trocknen und luftigen Ort, wo
man sie in kleinen Bündeln aufhängt; doch muß
der Ort vor der Kälte gesichert sein.

578. Sellerie aufzubewahren.

Man läßt dem Sellerie nur die Herzblätter und
setzt ihn, so wie er aus der Erde gethan ist, in
frischen Sand ein, der zuweilen mit Wasser ange=
feuchtet wird. Auf diese Art kann man ihn den
ganzen Winter hindurch frisch erhalten.

579. Meerettig aufzubewahren.

Wenn man Meerettig auch im Sommer essen
will, so verfährt man damit auf folgende Art:
Man zerschneidet die Wurzeln im Frühjahr, trok=
knet sie schnell auf einem Ofen, stößt sie zu Pulver
und verwahrt dieses in wohlverstopften Flaschen.
Bei dem Gebrauch feuchtet man eine Portion da=
von mit frischem Wasser an und läßt sie einige
Minuten stehen, wodurch es dann die Stärke des
Meerettigs wieder erhält.

580. Märkische Rüben recht lange zu erhalten.

Die märkischen Rüben hebt man, nachdem die

Fasern davon abgelöst sind, in Fässern auf und stellt sie in trocknen Sand.

581. Küchenkräuter zu trocknen.

Die Küchenkräuter, als Perterfilie, Basilikum, Majoran, Rosmarin, Salbey, werden von den Stielen gemacht, hierauf jede Art besonders auf Bogen Papier dünn ausgestreut und an der Luft gut gedörrt. Wenn sie gehörig trocken sind, thut man jede Sorte besonders in ein leinenes Säckchen und hängt sie zugebunden an einem trockenen Ort auf. In diesem Zustande sind sie im Winter beinahe so gut zu gebrauchen, als die frischen.

582. Obst überhaupt frisch zu erhalten.

Man nehme Kirschen, Pfirsiche, Aprikosen, Johannistrauben, Aepfel, Birnen u. dgl. Obst bei trockner Witterung und wenn es reif ist vom Baum, trocknet es wohl ab, rangirt es zwischen Weintraubenblätter, die auch recht trocken sein müssen, in ein Fäßchen oder in einen Steintopf gelegt, gießt recht frisches Brunnenwasser hinzu, bindet eine Blase darüber und setzt es in einen Keller. Doch ist es noch besser, wenn man den Topf oder das Fäßchen in einen Brunnen versenken kann, so bleibt es lange Zeit gut.

583. Alle Obstarten, als: Pfirsiche, Zwetschken, Aprikosen u. dgl. auch Zitronen einzulegen und mehrere Jahre frisch zu erhalten.

Man nimmt weißen, saubern Sand und wässert ihn so lange, bis das Wasser auf demselben hell und klar stehen bleibt; dann gießt man das Wasser ab, trocknet den Sand an der Sonne und gießt guten Cognac oder reinen Franzbranntwein darauf. Nun nimmt man irdene oder hölzene Gefäße, um die Früchte, die aber weder unreif, noch überreif abgenommen sein dürfen, darin einzupacken und wohl aufzubewahren.

Man streue in das Gefäß jenen Sand, doch so, daß die Früchte überall Sand zwischen sich haben und einander nicht unmittelbar berühren. Auch darf der irdene Topf an einen nicht zu feuchten, so wie das hölzerne Gefäß an einen nicht zu warmen Ort gesetzt werden.

584. Zitronen lange Zeit frisch zu erhalten.

Zur Aufbewahrung der Zitronen wählt man einen luftigen und trocknen Ort, wo man sie entweder zwischen die Reiser eines neuen, aus Birkenreisig gebundenen Besens hineinsteckt, diesen verkehrt aufstellt, oder auch in trocknen Sand legt, wo zugleich die noch grünen die Nachreife und die gelbe Farbe der reif abgenommenen Früchte erhalten. Statt des Sandes kann man auch trockenes Salz nehmen und sie damit in ein Käsichen packen. Zuvor kann man jede Zitrone einzeln in Papier — nur in kein Löschpapier, weil dieses die Feuchtigkeit leicht anzieht — einwickeln, oder auch uneingewickelt lassen, in jedem Falle aber sie so legen, daß keine die andere unmittelbar berührt. Je weiter von einander entfernt, desto besser.

Noch eine andere Art der Aufbewahrung ist folgende: Man legt die Zitronen in einen ganz neuen, noch ungebrauchten, steinernen Topf, deckt diesen mit einem zinnernen Teller zu und gießt frisches Wasser darauf, welches jedesmal den dritten Tag abgegossen und durch anderes ersetzt wird. Sodann kann man umgekehrt verfahren, daß man den Topf mit frischem Wasser anfüllt, welches alle 3 Tage erneuert wird und die Zitrone in einer flachen Schüssel verdeckt darauf setzt.

585. Quitten zu erhalten.

Die Quitten werden vom Baume abgebrochen, geschält und der Krips herausgeschnitten, doch so, daß die Frucht oben, wo sich die Blüthe befindet ganz bleibt. Alsdann legt man sie in einen Kessel, gießt so viel Wasser darauf, daß es über die Quitten geht und läßt sie einmal aufkochen, worauf sie vom Feuer gethan und wenn sie erkaltet sind, in einen Steintopf gelegt werden. Hierbei hat man darauf zu sehen, daß der obere, ganz gebliebene Theil auch oben stehe. Nun gießt man von dem Wasser, worin sie aufgekocht wurden, so viel darauf, daß es 2 Finger hoch übersteht und beschwert sie. Man kann sie alsdann zu einem Compot brauchen und auf gewöhnliche Art zubereiten.

586. Welsche oder Wallnüsse einige Zeit zu erhalten.

Gute, frische Nüsse werden mit einem Tuche sauber abgetrocknet, damit keine Feuchtigkeit an den grünen Schalen bleibe; dann thut man auf den Boden eines Fäßchens trockenen Flußsand, Nüsse darauf und so abgewechselnd fort, bis es voll ist, doch so, daß oben wieder Sand liegt. Diesen belegt man dick mit Weinlaub und setzt das Fäßchen in den Keller oder sonst an einen kühlen Ort. Doch ist zu bemerken, daß hiezu der Sand weder zu trocken noch zu feucht sein darf.

587. Trauben aufzubewahren.

Die Trauben schneidet man, wenn sie recht reif

sind, vom Stock ab, petschirt sie sogleich an den Stielen zu, hängt sie dann in ein Faß oder an einen Ort, wo sie gar keine Luft haben. Wenn sie alsdann im Winter auf den Tisch gegeben werden, legt man sie eine halbe Stunde in Wein, damit sie frisch aussehen.

588. Wie man Weintrauben weit versenden kann.

Um dieses zu bewerkstelligen, packt man die Weintrauben in ein Fäßchen ein, füllt die Zwischenräume der Beeren und Trauben mit kleiner Hirse aus, die sich ihrer Kleinheit wegen in alle Höhlungen einsetzen.

589. Heidelbeeren zu trocknen.

Die Heidelbeeren werden rein gelesen, sodann auf einem reinen Tische breit auseinander gelegt und an der Luft getrocknet. Indessen wendet man sie mehrmals um, damit sie von allen Seiten trocken werden. Auf diese Art kann man sie mehrere Jahre hindurch erhalten. Zum Gebrauch kocht man sie in Wasser mit etwas Wein, versüßt sie mit Zucker und Zimmet, und gibt sie als süßen Salat zum Braten.

590. Eier aufzubewahren.

Man thut in ein Halbohmfaß 4 Pfund Kalk,

füllt dieses mit Wasser; wenn der Kalk gelöscht
und das Wasser kalt ist, so thut man Eier hinein,
die Ende August gesammelt werden. Auf diese
Art bleiben sie lange frisch.

Marmeladen.

591. Marmelade von Kirschen.

Man nimmt aus Kirschen die Stiele und Kerne
heraus und zerquetscht sie. Die Kerne aber zer-
stoßt man und macht das Weiße davon. Nun thut
man zu 2 Pfund Kirschen ein halb Pfund feinen
Zucker, so wie das Weiße aus den Kernen, läßt
dies mit einander unter beständigem Umrühren
mit einem hölzernen Messer dick einkochen und
thut zuletzt noch die abgeriebene Schale einer Zi-
rone dazu. Wenn die Masse erkaltet ist, wird sie
in Gläsern aufgehoben.

592. Marmelade v Aepfeln oder Birnen.

Man schält Borsdorfer oder andere gute Aepfel,
schneidet sie in Viertel, kocht sie in Wasser weich
und treibt sie hernach durch einen Durchschlag.
Hierauf kocht man zu 1 Pfund solchen Muses ein
Pfund Zucker mit Wasser und läutert ihn, schüttet
das Mus nebst abgeriebener Zitronenschale hinein

und kocht alles unter beständigem Umrühren so lange, bis die Masse steht, wenn sie auf einen Teller gegossen wird. Ist die Marmelade ausgekühlt, so wird sie in Büchsen oder Einmachgläser gefüllt und bis zum Gebrauche aufgehoben.

Marmelade von Birnen wird eben so bereitet, nur muß man dazu gute, saftige Birnen nehmen. Auch kann man einige Quitten darunter thun, welche ganz so wie die Aepfel behandelt werden.

593. Marmeladen von Aprikosen oder Pfirsichen.

Man schält die Aprikosen oder Pfirsiche, thut die Kerne heraus, und treibt sie durch einen Durchschlag, damit die Marmelade recht gut werde. Dann kocht man auf 2 Pfund Mus ein und ein halb bis 2 Pfund Zucker dick, rührt das Mus nach und nach hinein, läßt es unter öfterem Umrühren so lange kochen, bis es stark genug ist, und vermischt bald zuletzt etwas gestoßenen Zimmet und Nelken damit. Diese Marmelade wird ebenfalls in Gläsern oder Büchsen aufbewahrt.

594. Marmelade v. Johannisbeeren.

Die Johannisbeeren werden ausgepreßt, und der Saft so lange gekocht, bis er dick wird. Hernach vermischt man ihn mit so viel geläutertem Zucker, als er schwer ist, und kocht denselben noch so lange ein, bis ein Tropfen davon auf einem kalten Teller ganz steif wird.

Marmelade von Himbeeren, Brombeeren, Maulbeeren und Erdbeeren wird auf dieselbe Art bereitet; bei keiner aber darf das Abschäumen unterlassen werden.

Sollten eine der hier genannten Marmeladen nach einigen Tagen an Stärke nachlassen, so darf man sie nur noch einmal umkochen.

Warme und kühlende Getränke.

595. Mandelmilch.

Ein Pfund süße Mandeln werden einigemal in frischem Wasser gewaschen; dann in einem Mörser mit Zugießung etwas Wassers recht fein gestoßen, dann in ein anderes Gefäß gethan, nach und nach 4 Maaß Wasser darunter gerührt, durch eine Serviette wohl ausgepreßt und nach Belieben mit fein gestoßenem Zucker versüßt.

596. Mandelmilch v. welschen Nüssen.

Man zieht dazu die braune Haut von denselben stößt sie mit einem Löffel voll Wasser im Mörser, damit sie während des Stoßens nicht ölig werden, und preßt sie durch ein Tuch, gießt nach Gefallen Wasser hinzu und versüßt es hinlänglich mit Zucker.

597. Limonade.

Man thue zu 1 Maaß Wasser 8 Stück schöne saftige Zitronen, reibe das Gelbe von einer Zitrone auf Zucker ab, und den Saft von obigen Zitronen dazu, wohl durcheinander gerührt, mit einem Viertelpfund Zucker versüßt, und durch eine Serviette laufen lassen; nach Belieben kann man ein halb Maaß Wein darunter thun, wodurch der Geschmack der Limonade sehr erhöht wird.

598. Limonaden-Syrup.

Man nehme 18 Stück saftige Zitronen, reibe 6 Stück davon auf Zucker ab, drücke den Saft über das abgeriebene Gelbe, koche 2 Pfund Zucker mit 1 halben Maaß Wasser zu einem Syrup und rühre das abgeriebene Gelbe mit dem Zitronensaft noch warm darunter, lasse es durch ein feines Sieb laufen, und fülle es, wenn es erkaltet, in Boteillen. Von diesem Syrup braucht man nur eine kleine Portion in hinreichendes Wasser zu gießen und umzurühren, um in der Geschwindigkeit eine vorzügliche Limonade zu erhalten. Dieser Syrup erhält sich sehr gut.

599. Erdbeer-Wasser.

Man nehme ungefähr 4 Pfund reife Walderd=
beeren und 1 Pfund Himbeeren, zerquetsche sie in
einem irdenen Gefäß, drücke den Saft einer Zi=
trone dazu und gieße 2 Maaß Wasser hinein.
Nachdem es eine halbe Stunde gestanden, drückt
man es durch eine Serviette, versüßt es nach Be=
lieben und läßt es dann durch einen Durchschlag
laufen.

600. Himbeer-Wasser.

Man zerdrückt die Himbeeren in einem irdenen
Gefäß, preßt sie durch eine Serviette, thut zu einem
Maaß Saft 2 Maaß Wasser, den Saft einer
Zitrone hinzu, versüßt es und läßt es durch einen
Durchschlag oder eine Serviette laufen.

601. Himbeer-Syrup mit Weinessig

Man nimmt von dem auf bekannte Art berei=
teten Himbeer=Essig ein Maaß und kocht es mit 3
Pfund Zucker zu einem dicken Syrup, welchen man
zuvor mit Eiweiß abschäumt und klar macht.

602. Himbeer-Essig.

Auf ein halbes Maaß Himbeeren schüttet man
einen Schoppen Essig, läßt ihn 48 Stunden dar=
über stehen, alsdann dieselben so viel als möglich

ausgedrückt und durch ein Tuch gepreßt. Wenn der Essig wohl verschäumt hat, thut man ein halb Pfund Zucker hinein, läßt diesen verschäumen, dann alles eine halbe Stunde kochen, erkalten und in Bouteillen füllen.

603. Kirschenwasser.

Man nehme reife Kirschen, stoße sie, nachdem man die Stiele abgezupft, mit den Kernen, nebst etwas Nelken und Zimmet in einem Mörser, und lasse sie alsdann einige Stunden in einem irdenen Gefäß stehen. Hierauf preßt man sie durch ein leinenes Tuch, nimmt zu einem Maaß Saft zwei Maaß Wasser, versüßt es und läßt es durch eine Serviette oder Haarsieb laufen.

604. Kirschensaft.

Man stößt die Kirschen mit den Steinen, damit der Saft nach den gequetschten Kernen schmecke, und seihet ihn alsdann durch ein reines Tuch, welches man, nachdem er eine Weile ruhig gestanden hat, noch einmal wiederholt. Nun thut man zu jedem Pfund Saft ein halbes Pfund gestoßenen Zucker und etwas gestoßenen Zimmet und Nelken, und läßt ihn kochen, während dessen man ihn gut abschäumet. Ist er zum Perlenschlagen ein-

gekocht, so nähert er sich seiner Güte, und um die=
ses zu erproben, läßt man auf einem Teller einen
Tropfen Flüssigkeit erkalten. Sobald derselbe
rund bleibt und beim Hin= und Herneigen des
Tellers nicht abläuft, so ist der Saft gehörig gut.
Durch zu starkes Kochen verliert er seine ange=
nehme Farbe. Abgekühlt, füllt man ihn in Ein=
machgläser, welche man, nach dem völligen Erkal=
ten des Saftes, fest zubindet.

605. Pomeranzen=Wasser.

Man nimmt 3 Pomeranzen, klopft diese mit
einem Messerstiele, bis sie recht weich sind; dann
schneidet man sie in der Mitte durch und drückt
den Saft davon in ein halb Maaß Wasser, in
welchem man 8 Loth Zucker zerfließen läßt. Wenn
dieses Wasser fünf bis sechsmal aus einem Ge=
fäß in das andere gegossen wurde, wodurch der
Zucker leicht und gehörig verschmilzt, so kann es
getrunken werden.

606. Milchwasser.

Man thut auf 2 Schoppen gute Milch ein Glas
frisches Wasser, gießt es unter einander, mischt
ein Weinglas voll Pomeranzenblüthe und Zucker
nach Gefallen dazu, schüttelt es sehr stark, damit

sich nicht nur die Milch und das Wasser gehörig vermischt, sondern auch der Zucker verschmilzt. So= bald beides geschehen, ist es trinkbar.

607. Punsch auf gewöhnliche Art.

Nimm 1 Pfund Zucker, das Gelbe von 3 Zit= ronen darauf abgerieben, thue dies in eine Terrine, drücke den Saft von 6 Zitronen dazu und gieße anderthalb Maaß kochendes Wasser, worin ein halbes Loth Thee gezogen hat, nebst einem hal= ben Maaß Arak darüber, decke die Terrine zu bis es recht gezogen, so ist der Punsch fertig.

608. Punsch=Royal.

Ein Pfund Zuckrr in kleine Stücke geschlagen, in eine Schüssel gethan, den Saft von sechs Zit= ronen mit einem halben Schoppen Wasser, worin ein halbes Loth Thee gezogen hat, durchgesiebt und darüber gegossen: Wenn der Zucker geschmolzen, gießt man ein halbes Maaß Wein, ein halbes Maaß Burgunder, eben so viel Arak, auch näm= lich so viel Maraschino und einen Schoppen Cham= pagnerwein hinzu, wohl umgerührt, und dann wird der Punsch kalt servirt.

609. Eierpunsch.

Reibe von einer Zitrone die Schale auf Zucker

ab, den Saft von 2 Zitronen, ein halb Pfund Zucker, ein halbes Maaß Wein, einen halben Schoppen Arak, eben so viel Wasser und 6 ganze Eier in einen Topf gethan, aufs Feuer gesetzt und so lange geschlagen, bis der Schaum in die Höhe steigt und zum Serviren bereit ist.

610. Whist.

Nimm ein Loth feinen Thee zu einem halben Maaß Wasser, gieße dies gekocht durch eine Serviette auf ein Pfund Zucker, den Saft von sechs Zitronen dazu gedrückt, nebst 3 Maaß guten Medoc, auf dem Feuer kochend heiß gemacht und so in Gläsern servirt; dabei ist zu bemerken, daß dieses Getränk durchaus nicht kochen darf, weil es sonst seine Stärke verliert.

611. Nykus.

Zwei Maaß Pontac, ein Schoppen Wasser, das Abgeriebene nebst dem Saft von 2 Zitronen, ein Pfund Zucker, ein halbes Quentchen geriebene Muskatnuß, wird in einer Terrine auf Kohlfeuer gesetzt, bis sich ein weißer Schaum zeigt; alsdann drei Loth Bischoff=Essenz dazu gethan, noch eine Weile ziehen lassen und in gewöhnlichen Punsch=gläsern servirt.

612. Vin brulé.

Man nimmt 3 Maaß guter Franz= oder Rhein=
wein, nur keinen Champagner, welcher hierzu nicht
anwendbar ist, thut solchen mit etwas Zimmet,
Nelken und Zitronenschale, in eine zinnerne Ter=
rine, versüßt ihn mit drei Viertelpfund Zucker,
läßt ihn auf einer Kohlpfanne kochend heiß wer=
den, zündet ihn dann mit einem brennenden Pa=
pier an und läßt ihn so lange brennen, bis er von
selbst erlöscht. Man läßt ihn durch eine Serviette
laufen und servirt ihn warm.

613. Bischoff.

Vier Stück bittere Pomeranzen sind mit einem
Messer, aber von allen Seiten nur flach mit Schnitt=
chen in die Schale geritzt, zu nehmen und werden
auf gelindem Kohlfeuer gebraten, nachher kreuz=
weis mit tiefen Einschnitten versehen, in einen
irdenen Topf gethan, 2 Maaß guten rothen Wein
darüber gegossen, der Topf wohl verdeckt, 4 bis
6 Stunden auf heiße Asche gesetzt, damit die Pom=
eranzen genügsam extrabirt werden, noch besser
ist es, wenn man sie über Nacht kann stehen las=
sen, alsdann durch eine Serviette gepreßt und mit
1 Pfund Zucker versüßt. Man kann den Bischoff
sowohl warm als kalt trinken.

614. Hippocras.

Man nimmt 2 Maaß guten Wein, ein halbes Pfund Zucker, 1 Loth Zimmet, 1 Gran weißer ganzen Pfeffer und die Schale von einer Zitrone und läßt dies 24 Stunden verdeckt stehen. Nachher nimmt man einen Filtrirsack, legt ein halb Gran Ambra, mit etwas Zucker fein gestoßen, in ein Tuch gebunden, hinein und läßt den Wein einigemal so durchlaufen.

615. Milch=Chokolade.

Man thue ein halb Maaß Milch in einen Topf der jedoch größer sein muß und setze sie aufs Feuer. Sobald die Milch anfängt zu kochen schüttet man 8 Loth geriebene Chokolade und etwas Zucker, nachdem man die Süßigkeit liebt, hinein, läßt solchen in die Höhe steigen; nachdem dieses gehörig gekocht hat, werden 6 Eierdotter in eine Schüssel geschlagen und mit der kochenden Chokolade angerührt, auch noch einige Minuten auf das Feuer gestellt.

616. Reformirter Thee.

Man setzt ein halbes Maaß Milch aufs Feuer, schüttet, wenn sich kocht, einen reichlichen Theelöffel voll vom besten Thee hinein, und läßt ihn nebst gestoßenem Zimmt, Zimmetblüthen, Cardamomen, englischem Gewürz, 3—4 Nelken und hinläng-lichem Zucker einigemal aufkochen, bis er gehörig ausgezogen ist; dann seihet man ihn durch ein Haarsieb, zieht ihn, wenn er wieder kocht, mit 4–5 Eierdottern ab, und trägt ihn in einer Thee-kanne auf. Dieses Getränk ist außerordentlich wohlschmeckend.

617. Glühwein.

Zu einer Maaß Wein thut man ein halb Pfund Zucker, ein Loth ganzen Zimmet und setzt dieses in einer Kasserole auf's Feuer, von 8 Eiern das Gelbe geschlagen, sobald der Wein gekocht, wer-den die Eierdotter langsam darunter gerührt, noch ein wenig aufs Feuer gestellt, alsdann in Tassen servirt.

618. Warmes Bier.

Zu einem halben Maaß guten Biers quirlt man fünf Eierdotter, ein wenig kaltes Bier, etwas Mehl, Salz und gestoßenen Zimmet untereinan-der. Sobald nun das Bier hinzu kocht, wird es in das Eingequirlte gegossen, ein Stück Zucker und etwas frische Butter dazu gethan und dies Alles unter beständigem Umrühren am Feuer anziehen lassen. Das Bier muß aber, ehe es zu kochen anfängt, gut abgeschäumt werden.

619. Vinaigre des quatre voleurs.

Man thut in eine gläserne Flasche Wermuth, Rosmarin, Salbey, Krausemünz und Raute, von jedem 3 Loth. Sodann 4 Loth Lavendelblumen, Knoblauch, Kalmuswurzel, Nelken und Muskatnüsse, von jedem ein halbLoth, was aber klein geschnitten und zerstoßen sein muß. Dieses wird nun Alles in die gläserne Flasche gethan, mit 4 Maaß reinem Essig übergossen, mit einer nassen Blase zugebunden und 4 Wochen in einer temporirten Hitze erhalten. Hierauf wird das Flüssige herausgepreßt; nachdem der Essig nun destillirt, wird demselben ein Loth in Weingeist aufgelöster Kampfer beigegeben und alsdann zum Gebrauch aufbewahrt.

Dieser Essig ist gegen jede ansteckende Krankheit zu empfehlen. Wenn man damit die Zimmer ausräuchert und einige Eßlöffel davon täglich einnimmt, so kann man sicher sein, nie von einer Krankheit angesteckt zu werden.

Vom Braten.

620. Wie lang ein jedes Stück zu braten hat.

Eine Hirschkeule muß langsam braten vier bis
    fünfthalb Stunden,
eine Rehkeule, nachdem sie groß ist, drei Stunden,
ein Hirschziemer zwei bis dritthalb Stunden,
ein Rehziemer zwei Stunden,
ein Hase zwei bis dritthalb Stunden,
welscher Hahn vier Stunden,
  —   Henne drei Stunden,
eine wilde Gans drei Stunden,
eine zahme Gans drei Stunden,
eine Ente zwei Stunden,
eine junge Ente eine Stunde,
ein junges Huhn dreiviertel Stunden,
ein altes Huhn zwei Stunden,
ein junger Kapaun anderthalb Stunden,
Hasel- oder Rebhuhn ein bis drei Viertelstunden,
wilde Tauben drei Viertelstunden.
zahme Taube eine halbe Stunden,
Schnepfen drei Viertelstunden,
Krammetsvögel und Drosseln eine Viertelstunde,
alle kleinen Vögel eine Viertelstunde,

Kalbskeule dritthalb Stunden,
Hammelskeule drei Stunden,
Kalbsbrust zwei Stunden,
Nierenbraten zwei Stunden.
Kalbsrücken zwei Stunden.
Rolade anderthalb Stunde,
Lammsviertel anderthalb Stunden,
Ziegenviertel drei Viertelstunden,
Lendenbraten anderthalb Stunden,
Riemen drei Stunden,
Spanferkel drei Stunden,
Schweinebraten zwei Stunden,
Nieren eine halbe Stunde.

Von der Tafel-Ordnung.

621. Die Bedeckung der Tafel.

Vorerst stellt man die Tische oder Böcke, worauf die Tafel ruhen soll, gehörig fest, so daß sich Tische und Tafel nicht bewegen können; dann mißt man an der Tafel die Plätze aus, so viel als man braucht für die Gäste. Dieses geschieht dadurch, daß man die Stühle nimmt, um die Tafel setzt und bei jedem eine Hand breit zugiebt. Wenn es nur äußerst möglich gemacht werden kann, so

stellt man oben und unten halbrunde Tafeln vor,
die auf jeden Fall die Breite der Tafel haben.
Man rechnet gewöhnlich bei 20 Gedecken, daß die
Runde oben und unten für 3 Plätze groß genug
sein muß. Die Bedeckung der Tafel geschieht
durch ein schönes, weißes Tafeltuch, was aber die
ganze Länge haben und noch ziemlich überhängen
muß. In die Mitte setzt man gewöhnlich einen
schönen Aufsatz hübscher Figuren von Silber, Gold=
oder Bronce=Vasen mit Blumen und um dieselben
zur Nachtzeit so viel Lichter als nöthig.

Die Teller werden alsdann 3—4 Finger breit
vom Tischrande gesetzt, und zwar jedesmal in die
Mitte des Platzes, wo der Stuhl steht, auf jeden
ein kleines Weißbrod, und um dasselbe eine zier=
lich zusammengeschlagene Serviette gelegt. Als=
dann sind erforderlich schöne Bestecke von Messern
und Gabeln und silberne Löffel; letztere werden
über die Teller, Messer und Gabel aber zur
Rechten gelegt. Salz und Pfefferfässer müssen so
stehen, daß sie Jeder von seinem Platze erlangen
kann.

Zu jedem Gedecke kommt eine Flasche Wein.
Wo viel Wasser getrunken wird, stellt man zwi=
schen zwei Plätze eine schöne Flasche mit Wasser

nebst einigen Gläsern. Die Plätze, wohin die Schüsseln zu stehen kommen, müssen sehr geräumig sein und dazwischen sich die schön aufgeputzten Speisen befinden. Das Zimmer, worin gespeist wird, muß geräumig und schön dekorirt sein.

Die kleineren Cirkel der Mittelklasse.

Die runden Tafeln, die ungefähr 12 Gedecke haben, können einfach und ohne große Auslagen so hergerichtet werden, daß solche sehr entsprechen. In die Mitte setzt man eine schöne Vase mit Blumen oder eine geschmackvolle Conditor-Arbeit. Nebst diesem sind schöne Servietten, glänzende Bestecke, weißes Glas und reines Porzellan die Hauptbestandtheile. Die Bedeckung geschieht wie schon gemeldet.

Der Büffet-Tisch ist nur bei Bällen üblich, und wird im Hindergrunde eines Zimmers aufgestellt, wo entweder auf flachem Tisch oder auf einem Gerüste, nach Anzahl der Gäste, staffelförmig, breite Couverts aufgestellt werden; diese werden mit feinem Leinen überdeckt, die kalten Speisen und Getränke darauf gesetzt und die Zwischenräume mit Blumen verziert.

Das Auftragen & Anordnen der Speisen.

622. Ein häusliches Mahl aus vier Gerichten und acht Gedecken.

Das Bedecken geschieht, wie schon gemeldet. Der Hausvater oder sonst Jemand aus der Gesellschaft legt die Speisen vor. Zuerst wird die Suppe aufgetragen, nach dieser das Rindfleisch, das mit grüner Petersilie schön verziert ist; jederzeit wird es in die Mitte des Tisches gesetzt und mit 4 Tellern zierlich aufgerichteten Imbisses, z. B.: pikante Sauce, Kukummern, rothe Rüben u. s. w. umstellt. Hiernach kommt das Gemüse, das mit Bratwürsten, Fricadellen ꝛc. belegt wird, und zuletzt der Braten.

Zum Nachtisch wird verschiedenes Obst, einige Tellerchen im Haus verfertigter Kleinigkeiten von Zuckerwerk, die billig zu stehen kommen, nebst einem Tellerchen Schweizerkäse (unter Glaskegel) und verzierter Butter, was aber Alles ordnungsmäßig aufgesetzt werden muß. Nebst diesem ist eine freundliche Mittheilung und freundliche Stimmung das Angenehmste.

623 Häusliches Mahl aus 5 Berichten und 12 Gedecken.

Suppe, Rindfleisch mit Zugehör, Gemüs mit Beilage.

Eingemachtes oder Mehlspeise, Braten und Obst zum Nachtisch.

Der reinlich bedeckte Tisch wird in der Mitte durch eine Blumenvase u. dgl. bestellt, und alles andere so geordnet, wie schon bemerkt worden; hierauf wird die Suppe aufgesetzt, dann das Rindfleisch nebst vier Teller Imbiß und dann das Gemüs mit Beilage. Zum dritten Auftrag kommt Pudding (Auflauf, Fisch oder Ragout), zuletzt der Braten und Imbiß. Es werden einige Teller weggeräumt, und zweierlei Salate oder Compote an den Platz gesetzt. Zum fünften Auftrag kommt der Nachtisch, bestehend aus zierlichen Tellern oder Körbchen mit hochaufgerichtetem verschiedenen Obst, vier Tellern mit Zuckerwerk, Wein, Käse, Butter ꝛc.

Bei 24—30 Gedecken wird auf dieselbe Art verfahren, wie bei diesen, nur daß hierzu zweierlei Suppe, zwei Schüsseln mit Rindfleisch nebst gehörigem Imbiß, zweierlei Gemüse mit Beilage, Pudding, junge Hahnen, zweierlei Braten, Gans oder Welschen, auch Wildbraten ꝛc. kommen, nebst einem gut besetzten Nachtisch.

Die Speisen richten sich nach der Jahreszeit, in welcher man sich gerade befindet.

Servier=Ordnung. (siehe Tafel I.)

Um das Arrangement der Tafeln nun noch be= greiflicher zu machen, ist hier noch eine Tafel mit einigen Abbildungen beigefügt, auf welcher die verschiedenen Schüsseln nach ihrer gehörigen Ord= nung bei der Aufstellung durch Nummern oder Alphabete bezeichnet sind, die sich bei den angege= benen Speisen ebenfalls befinden.

Fig. 1.

Mittagessen von 4 Servierungen, jede zu acht Schüsseln für 30 Personen, mit 2 kleinen und 1 großen Aufsatz.

1. Servierung.

No. 1. 1.	2 Terinen mit Reis u. Krebssuppe
„ 2. 2.	2 Schüssel mit Rindfleisch.
„ 3. 3.	2 „ mit Blumenkohl.
„ 4. 4.	2 „ mit frischen Bohnen.
„ 5. 5.5.5.	4 Assietten mit grüner Sauce.
„ 6. 6.6.6.	4 „ mit Gurken=Salat.
„ 7. 7.7.7.	4 „ mit Spanisch Brod.
„ 8. 8.8.8.	4 „ neue Häring.

2. Servierung.

Die Suppe und Rindfleisch werden abgetragen und ferner serviert

No. 1. 1.   2 Schüsseln mit Hahnen Ragout.
  „ 2. 2.   2   „   „ Pudding oder dergl.

3. Servierung.

Bei dieser Servierung werden erst sämmtliche Assietten abgetragen, und wird alsdann servirt.

No. 1.1.   2 Schüsseln mit Fischspeise.
„ 2 2.   2   „   „ Gänsebraten.
„ 3 3.   2   „   „ Junge Hahnen.
„ 4 4.   2   „   „ Rehbraten.
„ 5.5·5.5.   4 Assietten m. eingem. Zwetschken.
„ 6.6.6.6.   4   „   „ grüner Salat.
„ 7.7.7.7·   4   „   „ Kirschen-Compot.
„ 8.8.8.8.   4   „   „ Sardellen-Salat.

4. Servierung.

No. 1.1.   2 Schüsseln mit Cremm.
„ 2.2.   2   „   „ Kirschen-Tort.
„ 3.3.   2   „   „ Brod-Tort.
„ 4.4.   2   „   „ Mandel-Hiepen.
„ 5.5.5.5.   4 Assietten mit Confect.
„ 6.6.6.6.   4   „   „ Obst.
„ 7.7.7.7.   4   „   „ Krachmandeln.
„ 8.8.8.8.   1   „   „ Makronen, 1 mit Biscuit, 1 mit Butter, 1 mit Käse.

Die Aufsätze werden hiebei zertheilt.

Fig. 2.

Ein Abendessen mit 8 Schüsseln besetzt, für 18 Personen. Die Servierung geschieht hierbei auf

einmal und zwar auf einer ovalen Tafel wie Fig.
zeigt.

a. a. 2 Terinen mit Jus=Suppe.

b. b. 2 Schüsseln mit Schwarzwurzeln.

c. c. „ „ Fleischtörtchen.

d. d. „ „ Kapaunen.

No. 1.1 2 Assietten mit Bratwürstchen.

„ 2. 1 „ „ Ochsenzunge.

„ 3. 1 „ „ Cotletts.

„ 4. 1 „ „ gesalz. Rindfleisch.

„ 5. 1 „ „ Pastete.

„ 6. 1 „ „ Pudding.

„ 7. 1 „ „ Reisauflauf.

„ 8. 1 „ „ Wildbraten.

„ 9.9.9.9. 4 Salatieren mit div. Salaten.

„ 10. 10. 2 Assietten mit Torten.

„ 11. 11. 2 „ „ Obst.

„ 12. 12. 2 „ „ anderem Dessert.

Fig. 3.

Servierung einer runden Tafel.

a. a. eine Terine mit Sago=Suppe, eine mit
grüner Kersuppe,

b. b. eine Schüssel mit Zuckererbsen, eine mit
Koloraben,

No. 1. 1 Schüssel mit Kapaunen=Braten.

No.   2.   1 Schüssel mit Enten-Braten.

„   3. 3.   2 Assietten mit Hirnschnitten und gebackenen Kalbsmilzen

„   4. 4.   2 Assietten, eine mit engl. Pudding eine mit Reisauflauf.

„   5. 5.   1 Bisquit, 1 Apfel=Torte.

„   6. 6.   2 Assietten mit divers. Salat.

„   7. 7.   2 Assietten, eine mit Confect, eine mit Krachmandeln.

„   8. 8.   2 Assietten mit Obst.

„   9. 9.   2   „   „   Käs und Butter.

Bei den Speisen, wozu Sauce gehört, wird dieselbe eigens und zwar kochend herumgegeben.

Fig. 4.

Stellt eine einfache Tafel mit 4 Schüsseln für 14 Personen vor; die Hauptschüsseln sind wie bei der vorhergehenden Tafel mit a, b, c und d bezeichnet, in der Mitte der Tafel ebenfalls ein Aufsatz; außerdem wird dieselbe nach Belieben und der Jahreszeit gemäß, wie Fig. 1, mit Speisen servirt.

624. Vom Tranchiren (siehe Tafel II)

Hierzu ist besonders ein sehr scharfes Tranchir=messer nebst Gabel und Stahl erforderlich. Das Tranchiren, Zerschneiden, Voneinanderschneiden,

Vorschneiden u. f. w. besteht hauptsächlich darin, daß man die Fasern aller Fleischgattungen durchschneidet, wodurch dieselben angenehmer für den Genuß und verdaulicher für den Körper gemacht werden. Dieses Zerschneiden kann aber nur dann Statt finden, wenn man die Lage der Muskeln genau beobachtet, und die Verbindung der Knochen auf eine leichte Art zu trennen weiß. Ein anderer Vortheil des Tranchirens besteht darin, daß man dem Vorgeschnittenen ein gefälliges Ansehen zu geben sucht, so daß die Haut oder die Knochen nicht an dem Stücke zu hängen scheinen. Geschwindigkeit dabei ist besonders zu empfehlen, damit der Braten nicht zu kalt werde, weil sich sonst der Geschmack verliert.—Geschieht das Tranchiren bei Tische, so hat man besonders darauf zu sehen, daß es mit Reinlichkeit verrichtet werde, weßhalb man sich eine Serviette an der Brust befestigt, um allenfallsige Beschmutzungen zu vermeiden. Das Ganze muß schnell und mit Sicherheit geschehen, ohne jedoch die anständige Haltung des Körpers und die gerade Bewegung außer Acht zu lassen. Die Trennung der Gliedmassen ist nicht schwer, wenn man sich einige Kenntnisse im Zergliedern angeeignet hat, oder sich solche durch wiederholte Versuche zu erwerben sucht. Besonders muß man sich aber in Acht nehmen, daß die Schnitte bei den weichgekochten Fleischarten von Rind oder Hirsch nicht auseinander fallen. Auch muß die Gabel richtig gesetzt werden, um dem Messer einen Gegendruck zu geben, welch letzteres sehr leicht bewegt werden muß; weil sonst jeder unsanfte Zug oder Druck eine Quetschung oder Abschälung der Haut zur Folge hat.

625. Rindfleisch, Rindsbraten.

Dabei wird mehr Gewandtheit erfordert, da die Rückgratknochen, der Lungenbraten und die Lendenmuskeln daran befindlich sind. Man löse die knorpeligen und faserigen Theile, so wie das überflüssige Fett ab, schneide quer durch die Fasern dünne Stückchen, lege auf jedes derselben etwas von dem abgeschnittenen Fett, im Falle sich keines daran befinden soll, und lege es dann in geordneten Reihen auf den Teller.

Dasselbe gilt auch bei dem Rinderbraten, (siehe Fig. 1.)

626. Boeuf à la mode.

Bei diesem gilt dasselbe Verfahren, nur daß die Stücke etwas größer und dünner sein müssen, und die Speckschnitte, womit es gespickt ist, ebenfalls quer durchschnitten werden.

627. Nierenbraten.

Man löst zuerst die Rückgratknochen und die Bauchrippen=Muskeln an demselben ab, (s. Fig. 2.), nimmt dann die Nieren heraus und legt sie auf einen Teller. Man kann auch die Rippen so abschneiden, daß an jeder derselben etwas von der Niere bleibt.

628. Kalbskopf.

Man legt das Messer an der Nase an, macht einen Kreuzschnitt über den Kopf, zieht die Haut ab, öffnet mit der Spitze des Messers die Hirn=schale, nimmt das Hirn mit einem Löffel heraus und legt zu jedem der abgeschnittenen Stücke etwas davon. Die Augen werden ebenfalls mit dem Löffel ausgenommen. Dann schneidet man die Ohren und das Fleisch von den Schläfen ab, wendet die Kinnlade nach oben, macht einen Schnitt durch die Haut, einen quer über die Schnauze (s. Fig. 3) und löst sie von den Knochen, schneidet dann die Zunge heraus, sondert die Schnauze ab, zieht die Kinnbacken von einander und legt sie bei Seite. Beim gefüllten Kalbskopf ist dasselbe zu beobachten, nur ist darauf zu sehen, daß zu jedem abgeschnittenen Stück etwas von der Fülle gelegt wird.

629. Hammel- oder Schöpsenkeule.
(Kalbsschlegel.)

Die Muskel wird bei diesem gebratenen Schlegel abgelöst, und dann, von unten angefangen, dünne Stücke abgeschnitten, und so nach oben hin fortgefahren (s. Fig. 5.)

630. Bugstück.

Hierbei ist zu bemerken, daß das an den Knochen zunächst befindliche Fleisch, so wie das in der Vertiefung des Schulterblattes das beste ist, weßhalb man beobachte, daß zu jedem abgeschnittenen Stücke etwas davon gelegt wird (s. Fig. 6.)

631. Lämmer- oder Kalbsbrust.

Beim Tranchiren derselben ist darauf zu sehen, daß die Fülle bei jedem Stück bleibt und nicht zerfällt. Man trennt zuerst die Rippen vom Schulterblatt, schneidet dann das Fleisch in Scheiben, nimmt die Röhre aus, sondert die knorpeligen Theile ab und trennt die Rippen.

Wenn Lämmer in ganzen Hälften aufgetragen werden, so schneidet man sie der Länge nach in zwei gleiche Theile, fährt mit dem Messer zwischen die Rippen und sondert sie von einander ab, (s. Fig. 4.) Von den Keulen werden beliebige Stücke mit der Haut abgeschnitten.

632. Rehschlegel.

Wird wie der Kalbsschlegel tranchirt; da aber das Reh zarteres Fleisch hat, welches durch das Spicken hinreichend saftig erhalten wird, so müssen die Stücke über den Faden geschnitten und in den in der Schüssel befindlichen Saft gelegt werden.

633. Hirschziemer und Hirschrücken.

Werden nach den beim Rindfleisch gegebenen Regeln tranchirt; es dürfen aber die Stücke nicht grade über den Faden geschritten werden, weil sie sonst zerfallen würden.

634. Hammels= oder Schweinebraten.

Werden wie der Kalbsbraten tranchirt, nur dürfen die Stücke nicht zu groß werden.

635. Spanferkel.

Diesem wird erst der Kopf ab= und das Rückgrat durchschnitten, sofort von jeder Seite erst Hinter= und Vorderviertel, und dann das andere in gehörige Theile geschnitten. Das Gebratene muß immer nach oben liegen.

636. Schwarzwild.

Wird gerade so tranchirt wie der Kalbsbraten.

637. Wilder Schweinskopf.

Man schneidet sie, etwas über den Hauzähnen anfangend, quer durch, schneidet dünne Stückchen von oben nach unten herunter, und setzt dann die beiden Theile des Kopfes wieder aufeinander. Die abgeschnittenen Stücke werden mit feinge= häckelter Fleischsulze bekränzt.

638. Schinken.

Dieser wird in messerrückendicke Blättchen über die Fäden so geschnitten, daß ein jedes Stückchen das gehörige Fett erhält.

639. Gebratener Kapaun.

Dieser wird in 9 Stücke zertheilt. Man löst zuerst die Schenkel und Flügel ab, zertheilt dann den Körper, doch so, daß jeder Theil Haut und Knochen behält (s. Fig. 7. und 9.), legt dann die Stückchen in eine Schüssel und die Brust oben drauf. Bei eingesalzenen Kapaunen gilt dasselbe.

640. Welscher Hahn.

Man macht zuerst Querschnitte in die Flügel (s. Fig. 8.), fährt hierauf mit dem Messer bis unter die Knochenfügungen, löst diese von einander und trennt dann die Schenkel ab. Ist noch Brustfleisch vorhanden, so schneidet man es der Länge nach herunter, theilt das Fleisch in zwei Portionen und bricht das Gerippe in beliebige Theile. Man kann ein welsches Huhn auch blos in zwei Theile theilen, indem man das Messer bei den Rippen ansetzt, einen Schnitt bis an den Steiß führt und ihn der Länge nach zwischen beiden Schenkeln heruntergehen läßt Ist das Huhn mit Trüffeln gefüllt, so werden solche vorher sorgfältig herausgenommen.

Eine andere Methode zu tranchiren ist, daß man die Glieder nicht von einander trennt, sondern nur Scheiben von der Brust schneidet, doch dürfen solche nicht den Flügeln nach, sondern in die Quere geschnitten werden. Es wird dabei aber viel Saft eingebüßt und das beste Fleisch bleibt an den Knochen.

641. Gebratene Gans.

Man löst zuerst die Bügel oder Schenkel ab und zerschneidet sie, macht zwei der Länge nach gehende Abschnitte auf beiden Seiten des Brustbeins, und verfährt sodann wie bei dem welschen Hahn.

642. Gebratener Fasan.

Wird wie der Kapaun tranchirt. Den Birk-
und Auerhühnern werden beim Aufsetzen Flügel
und Schwanz gelassen.

643. Schnepfen.

Werden wie die Kapaunen behandelt. Die
Bekassinen aber, eine kleinere Art derselben, werden der Länge nach in zwei Theile getheilt
(s. Fig. 11.)

644. Feldhühner.

Werden ebenso behandelt (siehe Figur 13); nur
ist zu bemerken, daß die Flügel und das in ihrer
Nähe sich befindende Fleisch das beste davon ist.

645. Rebhuhn.

Wird wie der Kapaun tranchirt.

646. Wasserhuhn.

Da die Flügel desselben sehr tief im Fleische
stecken, so fährt man, nachdem man die Schenkel
abgeschnitten, mit dem Messer leicht über die
Mitte des Flügels bis an die Brust hinauf, und
da man dann von Innen beikommen kann, so ist
er leicht wegzunehmen.

647. Junge Hahnen.

Diese werden in der Mitte über den Rückgrat durch und beide Theile zu vier Viertel geschnitten.

648. Junge Tauben.

Diesen wird zuerst der Kopf abgeschnitten, und der Körper dann in vier Theile getheilt (s. Fig. 13.)

649. Haasen.

Ist der Haase ganz, so werden erst die beiden Lendenstücke abgenommen und zertheilt und dann die fleischigen Theile von den Schenkeln abge=schnitten (siehe Figur 14). Bei halben Haasen geschieht dasselbe siehe Figur 15.) Man schneidet den Rückgratwirbel vom Halse gegen den Steiß zu in schiefer Richtung durch, löst dann die Schlegel ab, theilt solche in den Kniegelenken und spaltet den Steiß.

Das Tranchiren der Fische.

Man ist dazu eines Tranchirlöffels sehr be=nöthigt, der die Form einer Maurerkelle hat, ge=hörig ausgearbeitet ist und wie ein Messer schnei=det. Man muß sich daher in Acht nehmen, daß man die Gräten nicht abstoßt, sondern das Fleisch sich behutsam ablöst.

650. Forelle.

Man fährt mit dem Löffel oder der Kelle der Länge nach vom Kopf bis an den Schwanz herunter, und theilt dann die langen Stücke der Quere nach; hierauf wendet man die Forelle, um das unten am Bauche Befindliche auf gleiche Weise zu zertheilen (siehe Figur 16.) Kleine Forellen werden ganz servirt.

651. Hecht.

Man nimmt zuerst den Kopf ab, und zerlegt ihn wie die Forelle (siehe Figur 18.)

652. Barben.

Diese werden auf dieselbe Art behandelt (siehe Figur 18.)

653. Butte.

Wird eben so zerlegt (siehe Figur 19); nur ist zu bemerken, daß der Rücken kein so gutes Fleisch hat als der Bauch. Die Kimmenstrahlen hält man für das Beste an der Butte.

654. Lachs.

Hiermit wird dieselbe Behandlungsweise angewendet.

655. Karpfen.

Ist der Kopf abgenommen, so schuppt man ihn mit der Kelle ab und legt die Schuppen bei Seite, zieht dann bis zum Schwanze eine Linie und durchschneidet diese vermittelst mehrere Querlinien (siehe Figur 20.)

Anhang.

Ueber homöopathische Kochkunst.

Da die Homöopathie sich so allgemein verbreitet hat, daß fast an jedem Orte Freunde dieses Systems und Aerzte, welche ihre Kranken darnach behandeln, anzutreffen sind, so hält die Verfasserin für nothwendig, diesem Kochbuch eine kurze Anweisung zu Bereitung der Speisen auf hömöopatische Weise anzufügen. Es geht daraus hervor, daß die meisten der im Kochbuch enthaltenen Recepte auch bei der Homöopathie angewendet werden können, sobald die mit dieser Heilmethode unverträglichen, also verbotenen Substanzen hinweggelassen werden. Es folgt hier also zunächst ein Verzeichniß sowohl der erlaubten, als auch verbotenen Genüsse:

Erlaubte Genüsse.

Fleischarten.

Wildpret, doch nicht zu altes, Rind- und Schöpsenfleisch, roher magerer Schinken ohne Pfeffer, Hühner, Truthühner, nicht allzu junge Tauben; (gebratenes Kalbfleisch ist auch für Kranke, die nicht an Unterleibsbeschwerden leiden, dann und wann zulässig).— Unter den Fischen; Forellen, Hecht, gewässerte Häringe, dergleichen Sardeïen, Karpfen, doch ohne Gewürze, Wurzeln und Essig.

Butter, nicht zu alter Käse ohne Kümmel, Weiche Eier.

Ungewürzte und nicht zu fett bereitete Mehl-Speisen.

Gemüse.

Spinat, Schoten, Bohnen, Möhren, Blumenkohl, Kohlrabi, weiße Rüben, Teltowerrüben, Weißkraut, Kartoffeln. Die verschiedenen Hülsenfrüchte, als: Reis, Gräupchen, Gries, Grütze, Hirse, Spelz, Sago, Salep, Erbsen, Linsen, Bohnen.

Reifes Obst.

Pflaumen, süße Kirschen, Aepfel, Birnen, Weintrauben, Himbeeren, Stachelbeeren, Mispeln, Aprikosen, Korneliuskirschen, Erdbeeren; die getrockneten, oder mit reinem Zucker ohne Gewürze eingemachte Früchte derselben, sowie bisweilen aus diesen bereitetes Eis, ebenfalls ohne Zusatz von Gewürzen. (Bei Colik und Durchfall sind auch die grünen Gemüse, die Obstarten und weichen Eier untersagt.)

Getränke.

Reines, oder bis zur angenehmen Süßigkeit mit Zucker, Himbeersaft (in einigen chronischen Krankheiten mit einem Theile Wein auf 12 Theile) gemischtes Wasser, völlig reines, nicht zu stark gehopftes, gut ausgegohrenes Weiß- und Braunbier, Luftmalz und Halbbier, ungewürztes Warmbier, Abkochungen von getrocknetem Obst, Habergrütze, Gerste, Reis, Gräupchen — Cacao und wie Kaffe gebranntes Korn, Rindfleisch-, Hühner- und Taubenbrühe, Kuhmilch, (seltener Buttermilch) Mandelmilch, die durchaus keine bittern Mandeln enthalten darf, ungewürzte Chocolade.

Verbotene Genüsse.

Fleischarten.

Kalb-, Schweine-, Enten-, Gänse-, Pöckelfleisch,

Wurst. Die meisten Fischarten: Aal, Lachs, einmarinirte Häringe, Pöcklinge, Austern, Krebse. —

Gänse- und Schweinefett, ranzige Butter, harte Eier, Honig.

Cewürzhafte Kräuter, Samen, Wurzel.

Sauerampfer, Spargel, Senf, Meerrettig, Petersilie, Zwiebeln, Knoblauch, Sellerie, Rettig, Radischen, Runkelrüben, Pfefferkraut, Kümmel, Majoran, Salbei, Dill, Koriander, Basilicum, Fenchel, Wachholderbeeren, Pilze, Hagebutten, Pfefferminze, Brunnenkresse, Pastinakwurzeln, Kalmus, Kräutersuppen, Kräuterkäse, Cichorien und Skorzonerwurzeln.

Eigentliche Gewürze.

Zimmt, Safran, Ingwer, Pfeffer, Muscatnuß, Vanille, Cayennepfeffer, Soja, Lorbeerblätter, Citronenschalen, Citronat, bittere Mandeln, Nelken, neue Würze, welsche Nüsse an Speisen, Saucen, Getränken, Confituren, eingemachten Früchten, Gefrornem, — gewürzte Chocolade, gewürztes Backwerk.

Getränke.

Mineral-Wasser, als: Selterer, Fachinger, Geilnauer 2c. Wein, Cognac, Arak, Rum, Brant-

wein, Liqueure jeder Art, Bischoff, Punsch, Car-
dinal, Necos 2c. Kaffe, starker chinesischer und
russischer Thee, die Theeaufgüsse aus Flieder-
blüthen, Camille, Baldrian, Ehrenpreis, Schaf-
garbe, Melisse, Pfefferminze, Quecken, Brust-
und Blutreinigender Thee, Biere, welche betäu-
bende Kräuter enthalten, Doppelbiere, Bier- mit
Zusatz von Ingwer oder anderen Gewürzen,—
Vegetabilische Säuren, wie Citronensäure, mit
scharfen Stoffen geschärfter Essig und damit bereitete Saucen, Salate, saure Gurken, italienische
Salate, Kräuteressig u. s. w.

Abweichungen von diesen allgemeinen Vor-
schriften wird der Arzt, nach der verschiedenen
Beschaffenheit der Krankheit und der Körpercon-
stitution besonders angeben.

———

Aus diesem Verzeichniß ist zu ersehen, daß bei
der homöopathischen Heilmethode alle Gewürze
bei Zubereitung der Speisen verboten sind; es ist
deshalb die Aufgabe der Kochkunst, die Nahrungs-
mittel kräftig und wohlschmeckend zuzubereiten um
dabei dem Einspruch des Arztes zu begegnen.

Ein Haupterforderniß zu Bereitung jeder kräf-
tigen Speise ist unstreitig die Bouillon. Suppen,

Gemüse und Fleischspeisen können durch sie nur jenen Wohlgeschmack erhalten, der durch die Entfernung aller Gewürze c. sonst so sehr vermißt werden dürfte. Haben wir erst unter dem bei homöopathischer Behandlung zum Genuß Erlaubten, die zur Bereitung dieses Haupterfordernisses unumgänglich nöthigen Nahrungsstoffe aufgefunden; dann wird es hoffentlich nicht schwer fallen, die Speisen,ohne die verbotenen Gewürze zuHülfe zu nehmen, mit Annehmlichkeit und Wohlgeschmack zuzubereiten.

Eine kräftige gute Bouillon, die dem angegebenen Zwecke durchaus entspricht, muß auf folgende Art zubereitet werden : zuerst schneide man eine gereinigte Gelberübe in Scheiben, lege sie nebst einem Stück frischer Butter in ein Gefäß und lasse dieses mit einer Parthie Kalbsknochen schön gelb braten, fülle es alsdann mit Rindfleischbrühe voll, verschäume es beim Aufkochen gehörig und lasse es langsam von der Seite einkochen. Ein altes Huhn darin gar gemacht, sowie die Hälse, Flügel und Magen von Federvieh. Die Hößen von Braten können diese nur verbessern. Uebrigens gewinnt jede Fleischbrühe (Bouillon) auch durch Vermischung verschiedener Fleischarten an

Wohlgeschmack und Kraft. Hauptsächlich aber ist immer ein zweiter Aufguß zu vermeiden, der nur schaal und schmacklos macht.

Alles Fleisch= und Federvieh, es sei zur Bouil= lon=Suppe oder zu einer Speise bestimmt, muß im Winter nothwendig 30 bis 36 Stunden, im Som= mer aber 16 bis 20 Stunden geschlachtet sein, da namentlich das letztere zu frisch verbraucht, nicht das Zarte und Wohlschmeckende erhalten würde, welches ein auf diese Art in freier Luft aufbewahr= tes und trocken gerupftes Stück Geflügel aus= zeichnet.

Möglichste Einfachheit bei Zubereitung der Speisen ist immer zu empfehlen, unerläßlich aber wird sie bei Patienten, welche sich einer homöopa= thischen Cur unterworfen haben.

Unter den Suppen sind deßhalb folgende zu empfehlen, bei deren Zubereitung alles vermieden ist, was nachtheilig einwirken könnte,

No. 5. mit Weglassung der Muskathblüthe.
 „ 13. „   „   „   „ Zitrone.
 „ 14. „   „   „   „   „
 „ 16. „   „   „ des Zimmet.
 „ 24 „   „   „ des Muscate und des Sellerie in der Bouillon.

No. 26. ohne Wurzeln.

„ 33. ohne Gewürz in der Chokolade.

„ 37. ohne Petersilie.

„ 40. ohne Muskate.

„ 57. „   „

Rücksichtlich der Gemüße ist in dem vorhergehenden Verzeichniß dasjenige zu ersehen, was dem Patienten überhaupt erlaubt ist, wobei es sich jedoch von selbst versteht, daß die Anwendung von Gewürzen durchaus vermieden werden muß. — Ein zu starker Verbrauch der Gewürze empfiehlt übrigens überhaupt nicht die Küche, ja, es läßt sich behaupten, daß deren Anwendung ohne Nachtheil für das Kräftige und Wohlschmeckende der Speisen ganz und gar vermieden werden kann, wenn sie durch eine kräftige Bouillon zu den Saucen ersetzt wird. Dieß gilt hauptsächlich von den Genüßen, von welchen wir vorzugsweise empfehlen wollen.

No. 96, 97, 101. Statt des Schmalzes Butter mit Weglassung der Zwiebel und Muskat. No. 105, 112 und 113 beide ohne Muskat. No. 115 ohne Zwiebel, Petersilie und Bohnenkraut, 131 ohne Zwiebel, 198 ohne Pfeffer.

Bei Zubereitung der nach dem Verzeichniß er-

laubten Fischarten, muß jede Säure und alles
Gewürz vermieden werden.

Was die in dem Verzeichniß aufgezählten Braten anbelangt, so darf bei deren Zubereitung kein
Speck angewandt werden. — Man bediene sich
deßhalb der frischen Butter, welche das Fleisch
nicht minder gut und zart macht. Dabei ist jedoch darauf zu sehen, daß die Hitze immer möglichst
gleichförmig ist.

Bei Ragouts wird dasjenige, das bei Zubereitung der Saucen rücksichtlich der Bouillon gesagt
wurde hier wiederholt und man wird dadurch den
Mangel der Gewürze ersetzen und auch diese Speise
kräftig und schmackhaft machen.

Uebrigens muß hier noch angeführt werden,
daß alle Gerichte, welche das vorliegende Werk-
chen enthält, wenn sie nicht in dem Verzeichniß
ausdrücklich verboten, in der homöopathischen
Küche erlaubt sind, die Hinweglassung des Uner-
laubten und die vorschriftsmäßige Zubereitung
versteht sich jedoch hierbei von selbst. — Auf diese
Weise wird es dem Patienten an Mannigfaltigkeit
nicht mangeln.

Register.

Suppen.

Verschiedenes Fleischwerk und Ragout.

1) Rindfleisch.

Mehl=, Milch= und Eierspeisen.

Hefen-Backwerk.

XVII   Register.

No.   Seite
530 Ordinaire Hefenwaffeln . . . 312
531 Augsburger Butterringeln . . . 313
532 Braunschweiger Kuchen . . . 314
533 Rührkuchen . . . „
534 Portugiesische Kuchen . . . 315
535 Radonkuchen . . . „
536 Mürbe Bretzeln . . . 316
537 Dünner Kuchen . . . „
538 Geschwinder Kuchen . . . 317
539 Saurer Rahmkuchen . . . „
540 Mandelkuchen . . . 318
541 Chokoladekuchen . . . „
542 Kirschkuchen . . . 320
543 Aepfelkuchen . . . „
544 Heidelbeerkuchen . . . 321
545 Zwetschkenkuchen . . . „
546 Aniskranz . . . „
547 Gesottenes Backwerk . . . 322

Verschiedenes einzumachen.

548 Sauerkraut einzumachen . . . 323
549 Bohnen einzumachen . . . 324
550 Bohnen auf andere Art . . . 325
551 Kleine Bohnen in Essig einzumachen . 326
552 Kopfsalat einzumachen . . . 327
553 Römische Kohlstenkel einzumachen . 328
554 Salzkukummern einzumachen . . 329
555 Essigkukummern einzumachen . . 330
556 Essigkukummern einzumachen auf andere Art 331
557 Hollunderblüthen in Essig einzumachen . .
558 Gute Erdschwämme oder Champignons in Essig 332
559 Petersilie einzumachen . . . „
560 Sauerampfer einzumachen . . . „
561 Rothe Rüben einzumachen . . . 333
562 Süße Kirschen einzumachen . . 333
463 Saure „ „ . : . 334

Marmeladen.

g 3.

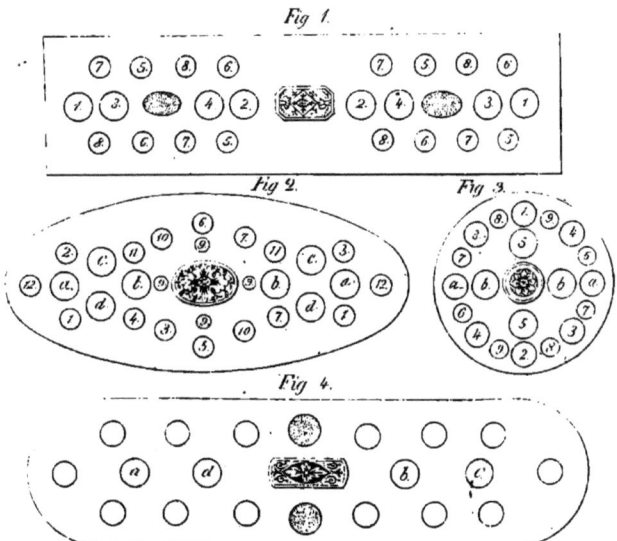

Fig 1.

Fig 2.

Fig 3.

Fig 4.

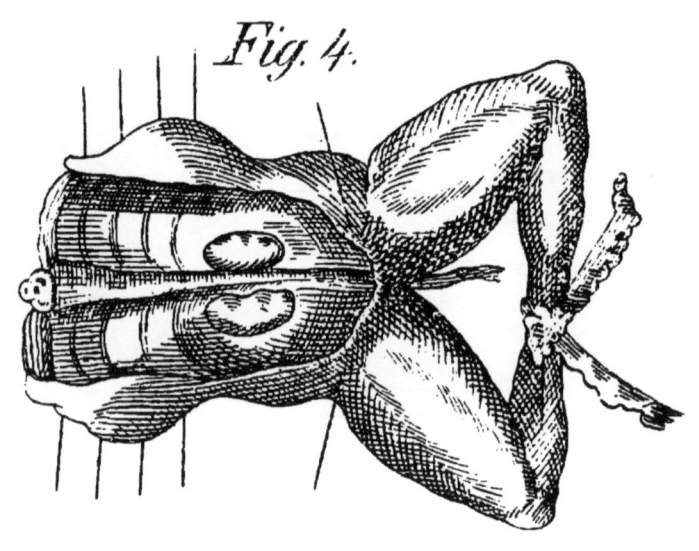

Fig. 4.

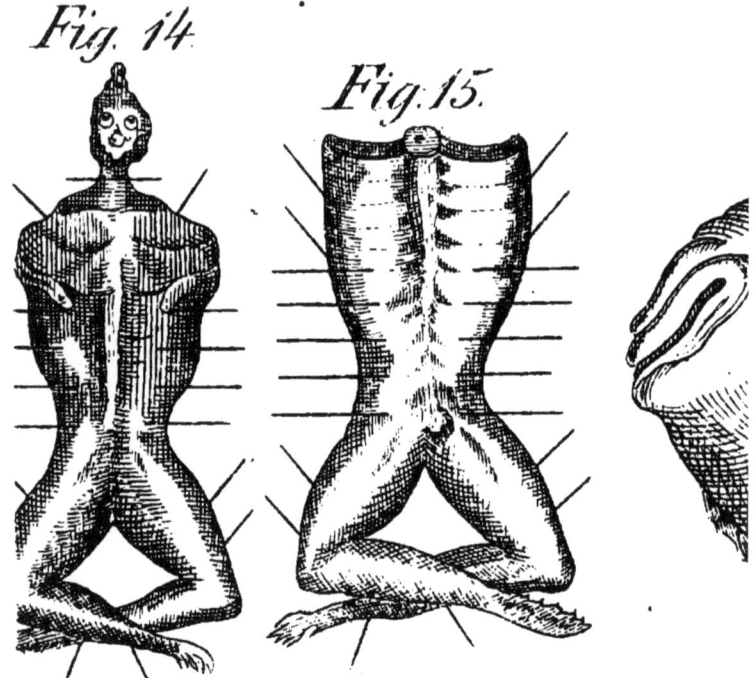

Fig. 14. *Fig. 15.*

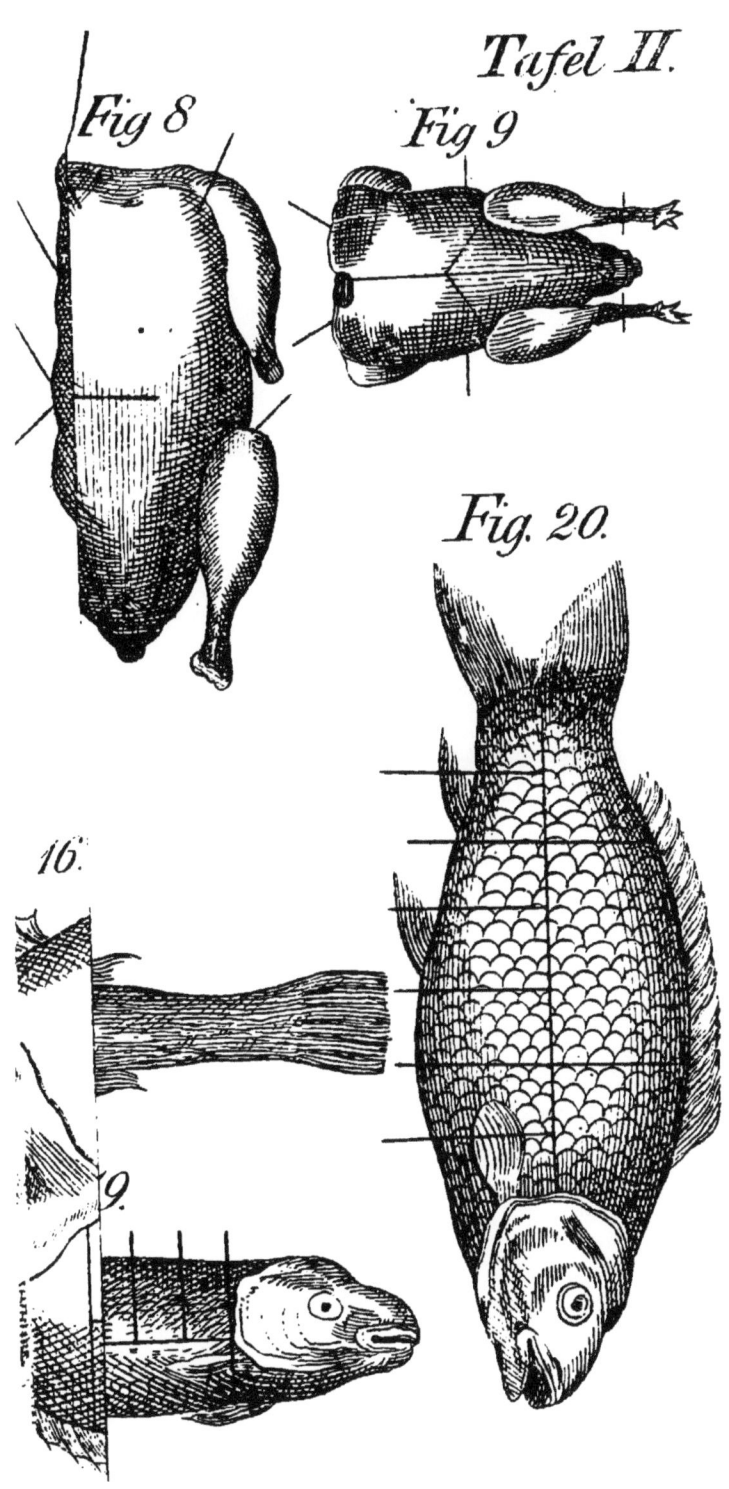

Tafel II.

Fig 8

Fig 9

Fig. 20.

16.

9.

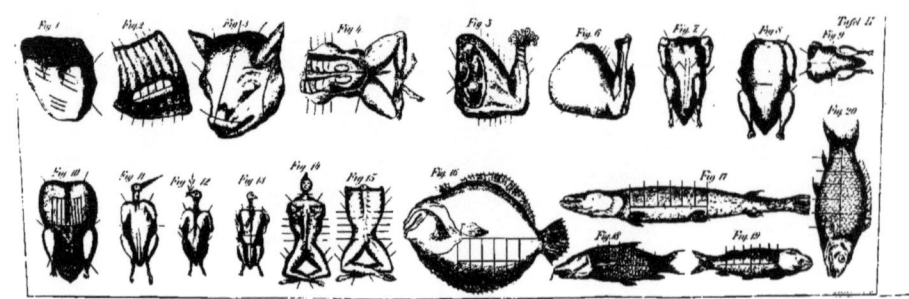